DR. OETKER
SPARREZEPTE VON A–Z

DR. OETKER SPARREZEPTE VON A–Z

Dr. Oetker Verlag

Abkürzungen

EL	=	Esslöffel
TL	=	Teelöffel
Msp.	=	Messerspitze
Pck.	=	Packung/Päckchen
g	=	Gramm
kg	=	Kilogramm
ml	=	Milliliter
l	=	Liter
evtl.	=	eventuell
geh.	=	gehäuft
gestr.	=	gestrichen
TK	=	Tiefkühlprodukt
°C	=	Grad Celsius

Kalorien-/Nährwertangaben

E	=	Eiweiß
F	=	Fett
Kh	=	Kohlenhydrate
kJ	=	Kilojoule
kcal	=	Kilokalorie
BE	=	Broteinheiten

Hinweise zu den Rezepten

Lesen Sie vor der Zubereitung – besser noch vor dem Einkauf – das Rezept einmal vollständig durch. Oft werden Arbeitsabläufe oder -zusammenhänge dann klarer.

Preisangaben

Die Kosten pro Portion oder Kuchen ergeben sich aus Durchschnittspreisen, die wir von Discountern und Supermärkten ermittelt haben. Sie können je nach Saison und aktueller Marktlage schwanken.

Zutatenliste

Die Zutaten sind in der Reihenfolge ihrer Bearbeitung angegeben.

Arbeitsschritte

Die Arbeitsschritte sind einzeln hervorgehoben, in der Reihenfolge, in der sie von uns ausprobiert wurden.

Zubereitungszeiten

Die Zubereitungszeit ist ein Anhaltswert für die Dauer der Vorbereitung und die eigentliche Zubereitung. Längere Wartezeiten, wie Kühl- oder Abkühlzeiten, Auftau- und Durchziehzeiten sind, sofern parallel keine weitere Tätigkeit erfolgt, nicht in der Zubereitungszeit enthalten. Die Gar- und Backzeiten werden gesondert ausgewiesen.

Backofeneinstellung und Back- und Garzeiten

Die in den Rezepten angegebenen Backofentemperaturen, Back- und Garzeiten sind Richtwerte, die je nach individueller Hitzeleistung des Backofens über- oder unterschritten werden können. Die Temperaturangaben in diesem Buch beziehen sich auf Elektrobacköfen. Die Möglichkeiten der Temperatureinstellung für Gasbacköfen variieren je nach Hersteller, sodass wir keine allgemeingültigen Angaben machen können. Bitte beachten Sie deshalb bei der Einstellung des Backofens die Gebrauchsanleitung des Herstellers. Ein Backofenthermometer eignet sich dabei gut, um die Backofentemperatur im Blick zu haben.

Schnellkochtopf

Bei Verwendung eines Schnellkochtopfes beachten Sie bitte die Gebrauchsanleitung des Herstellers.

Vorwort

Sie möchten maximalen Genuss bei minimalen Kosten? Oder ist Ihr Budget am Ende des Monats eher knapp bemessen?

Ganz gleich aus welchem Grund Sie sparen möchten oder müssen: Preiswert kochen und backen – das können Sie mit diesen Sparrezepten von A-Z.

Appetitliche Gerichte für jeden Tag und verführerisch duftende Kuchen für den Nachmittagskaffee sind bei guter Planung kein Problem für den schmalen Geldbeutel.

Alle Gerichte kosten pro Portion weniger als 2,50 €. Süße und pikante Backideen liegen unter der Preisgrenze von 5,- € pro Kuchen oder Torte.

Curry-Linsen-Suppe, Spaghetti-Salat, Puten-Champignon-Gulasch oder Wackelpeter – von der Suppe bis zum Dessert: Hier sparen Sie nicht am Genuss.

Selbst ein perfekt vorbereitetes 3-Gänge-Menü für den Hochzeitstag oder ein Essen mit Freunden, zubereitet mit frischen Zutaten und Tiefgekühltem aus Ihrem Vorrat, reißt kein Loch in die Haushaltskasse.

Selbstverständlich bewegen sich auch die Kosten für eine Kaffeetafel im Limit. Probieren Sie: Apfel-Sahne-Kuchen vom Blech, Russisch-Brot-Torte aus der Springform und Stracciatella-Schoko-Torte aus dem Kühlschrank.

Varianten und Tipps unter den Rezepten sorgen für Abwechslung mit Kostenkontrolle.

Im Ratgeber finden Sie allgemeine Hinweise, Vorschläge zum vorausschauenden Kochen und Backen sowie zur Vorratshaltung.

Alle Rezepte wurden von uns ausprobiert und sind so beschrieben, dass sie garantiert gelingen.

Allgäuer Käsesuppe I

Schnell – mit Alkohol

4 Portionen

Pro Portion: E: 33 g, F: 32 g, Kh: 23 g, kJ: 2304, kcal: 550, BE: 2,0

200 g Weißbrot
750 ml (3/4 l) Fleischbrühe
400 g geriebener Allgäuer Emmentaler-Käse
250 ml (1/4 l) trockener Weißwein
Salz
1 Prise Zucker

1 EL gehackte Petersilie

Zubereitungszeit: 30 Minuten

1. Die Rinde vom Brot entfernen. Das Brot in Würfel schneiden.

2. Die Brühe in einem Topf zum Kochen bringen. Die Brotwürfel hinzugeben, kurz aufkochen lassen. Das Ganze pürieren.

3. Den Käse langsam nach und nach unter Rühren in die Brühe geben. Den Weißwein hinzugießen.

4. Die Suppe unter Rühren nochmals erhitzen, mit Salz und Zucker abschmecken.

5. Die Käsesuppe mit Petersilie bestreut servieren.

Allgäuer Krautspätzle | Vegetarisch

4 Portionen

Pro Portion: E: 14 g, F: 25 g, Kh: 48 g, kJ: 1996, kcal: 477, BE: 4,0

250 g Weizenmehl
3 Eier (Größe M)
½ gestr. TL Salz
etwa
100 ml Wasser oder Milch

3 l Wasser
3 gestr. TL Salz

1 Zwiebel
50 g Butter
500 g Weinsauerkraut
125 ml (⅛ l) Gemüsebrühe
gerebelter Majoran
frisch gemahlener Pfeffer
2 EL Butter

Zubereitungszeit: 25 Minuten

1. Mehl in eine Schüssel geben, in die Mitte eine Vertiefung drücken. Eier, Salz und Wasser oder Milch verschlagen, etwas in die Vertiefung geben, von der Mitte aus mit einem Holzlöffel verrühren.

2. Nach und nach die Eier-Flüssigkeit hinzugießen, den Teig so lange rühren, bis er eine zähe, dickflüssige Konsistenz hat und Blasen wirft.

3. Das Wasser in einem großen Topf zugedeckt zum Kochen bringen, Salz zugeben. Den Teig portionsweise mit einem Spätzlehobel oder durch eine Spätzlepresse in das kochende Salzwasser geben und 3–5 Minuten gar kochen. (Die Spätzle sind gar, wenn sie an der Oberfläche schwimmen.)

4. Die Spätzle in ein Sieb geben, mit kaltem Wasser abschrecken und abtropfen lassen. Spätzle zugedeckt warm stellen.

5. Zwiebel abziehen und fein würfeln. Butter in einer großen Pfanne zerlassen. Die Zwiebelwürfel darin glasig dünsten. Das Sauerkraut locker zupfen und zu den Zwiebeln in die Pfanne geben. Gemüsebrühe hinzugießen. Das Sauerkraut 10–15 Minuten dünsten, mit Majoran, Salz und Pfeffer abschmecken.

6. Butter zerlassen. Spätzle und Kraut vermengen, zerlassene Butter daraufträufeln.

Andalusischer Salat | Mit Alkohol

4 Portionen

Pro Portion: E: 10 g, F: 17 g, Kh: 14 g, kJ: 1093, kcal: 260, BE: 0,5

1 grüne Paprikaschote
1 gelbe Paprikaschote
1 rote Paprikaschote
4 Tomaten (etwa 600 g)
9 grüne, gefüllte Oliven
3 hart gekochte Eier
1 Gemüsezwiebel

8–10 Kopfsalatblätter

Für die Salatsauce:
4 EL Speiseöl, z. B. Olivenöl
3 EL Kräuteressig
½ TL Salz
grob gemahlener Pfeffer
1 Msp. Knoblauchpulver
gerebelter Oregano
1 EL Weinbrand

Zubereitungszeit: 35 Minuten

1. Paprikaschoten halbieren, entstielen, entkernen und die weißen Scheidewände entfernen. Schoten abspülen, abtropfen lassen und in feine Streifen schneiden.

2. Tomaten abspülen, abtrocknen, halbieren und die Stängelansätze herausschneiden. Tomaten in Scheiben schneiden.

3. Oliven in Scheiben schneiden. Eier schälen und in Scheiben schneiden. Zwiebel abziehen und in dünne Ringe schneiden. Salatblätter abspülen und gut abtropfen lassen oder trocken schleudern.

4. Für die Salatsauce Speiseöl mit Essig, Salz, Pfeffer, Knoblauchpulver, Oregano und Weinbrand verschlagen.

5. Eine große Salatplatte oder 4 Teller mit den Salatblättern auslegen. Darauf die Tomaten-, Oliven- und Eierscheiben, die Paprikastreifen und die Zwiebelringe anrichten. Salat mit Salatsauce beträufelt servieren.

Apfeldessert mit Zimtsahne | Einfach

4 Portionen

Pro Portion: E: 5 g, F: 28 g, Kh: 52 g, kJ: 2028, kcal: 485, BE: 4,5

Für das Apfelkompott:

1 kg säuerliche Äpfel, z. B. Boskop oder Elstar
250 ml (1/4 l) Wasser
1–2 EL flüssiger Honig
3 EL Zitronensaft

Für die Knuspermischung:

15 g Butter
25 g kernige Haferflocken
25 g Sonnenblumenkerne
25 g gehobelte Haselnusskerne
25 g brauner Zucker
20 g Rosinen

Für die Zimtsahne:

200 g Schlagsahne
1 EL Zucker
1/4 TL gemahlener Zimt

Zum Bestreuen:

etwas gemahlener Zimt

Zubereitungszeit: 40 Minuten, ohne Abkühlzeit

1. Für das Apfelkompott Äpfel schälen, vierteln, entkernen und grob zerkleinern.

2. Die Apfelstücke mit Wasser, Honig und Zitronensaft in einem Topf zum Kochen bringen. Zugedeckt bei schwacher Hitze etwa 10 Minuten garen (bis die Apfelstücke gar sind, aber nicht zerfallen), dabei gelegentlich umrühren.

3. Den Topf von der Kochstelle nehmen. Apfelkompott mit einem Schneebesen durchschlagen (das Kompott soll noch stückig bleiben). Das Apfelkompott erkalten lassen.

4. Für die Knuspermischung inzwischen die Butter in einer Pfanne zerlassen. Haferflocken, Sonnenblumen-, Haselnusskerne und Zucker darin unter Rühren leicht anrösten, herausnehmen und in eine Schüssel geben. Die Rosinen unter die gesamte Knuspermischung rühren und abkühlen lassen.

5. Für die Zimtsahne die Sahne mit Zucker und Zimt steif schlagen. Das Kompott mit der Knuspermischung und der Zimtsahne abwechselnd in 4 Gläser oder eine große Glasschüssel schichten. Die Oberfläche mit Zimt bestreuen.

Apfel-Frischkäse-Torte |

Fruchtig

Insgesamt: E: 111 g, F: 384 g, Kh: 402 g, kJ: 23038, kcal: 5506, BE: 33,5

Für den All-in-Teig:

100 g gehobelte Mandeln
125 g Butter oder Margarine
100 g Weizenmehl
25 g Speisestärke
3 gestr. TL Dr. Oetker Backin
125 g Zucker
1 Pck. Dr. Oetker Vanillin-Zucker
1 Prise Salz
3 Eier (Größe M)

Für den Belag:

6 Blatt weiße Gelatine
250 g Schlagsahne
400 g Doppelrahm-Frischkäse
75 g Zucker
2 EL Zitronensaft
1 Glas Apfelkompott (Einwaage 360 g)

Zum Garnieren:

1 Apfel mit roter Schale
1 EL Zitronensaft

Zubereitungszeit: 40 Minuten, ohne Kühlzeit
Backzeit: 25–30 Minuten

1. Für den Teig Mandeln in einer Pfanne ohne Fett bei schwacher Hitze leicht bräunen, dann auf einem Teller erkalten lassen. Butter oder Margarine in einem kleinen Topf bei schwacher Hitze zerlassen, abkühlen lassen.

2. Den Backofen vorheizen.
Ober-/Unterhitze: etwa 180 °C
Heißluft: etwa 160 °C

3. Mehl, Stärke und Backpulver in einer Rührschüssel mischen. Zucker, Vanillin-Zucker, Salz, Eier und Butter oder Margarine hinzufügen und mit Handrührgerät mit Rührbesen auf höchster Stufe etwa 1 Minute zu einem glatten Teig verarbeiten. Zum Schluss 75 g Mandeln kurz unterrühren.

4. Den Teig in eine Springform (Ø 26 cm, mit Backpapier belegt) geben und glatt streichen.

5. Die Form auf dem Rost auf mittlerer Einschubleiste in den vorgeheizten Backofen schieben. Den Tortenboden **25–30 Minuten backen.**

6. Die Form etwa 10 Minuten auf einem Kuchenrost abkühlen lassen. Den Kuchen mit einem Messer aus der Form lösen und auf einen mit Backpapier belegten Kuchenrost legen. Tortenboden etwa 1 Stunde erkalten lassen.

7. Für den Belag Gelatine nach Packungsanleitung einweichen. Sahne steif schlagen. Den Doppelrahmfrischkäse mit Zucker und Zitronensaft mit Handrührgerät mit Rührbesen gut verrühren. Apfelkompott unterrühren.

8. Die Gelatine leicht ausdrücken und in einem kleinen Topf bei schwacher Hitze unter Rühren auflösen. 4 Esslöffel der Apfel-Frischkäse-Masse in den Topf geben und unterrühren.

9. Die Gelatinemasse sofort mit der restlichen Apfel-Frischkäse-Masse verrühren. Sahne kurz unterrühren.

10. Den Boden auf eine Tortenplatte legen und mitgebackenes Backpapier entfernen. Den gesäuberten Springformrand darumstellen.

11. Die Creme einfüllen und glatt streichen. Die Torte etwa 2 Stunden in den Kühlschrank stellen. Dann den Springformrand lösen und entfernen.

12. Zum Garnieren Apfel waschen, vierteln, entkernen und die Viertel quer in dünne Scheiben schneiden.

13. Die Apfelscheiben mit Zitronensaft bestreichen, auf die Torte legen und mit den restlichen Mandeln bestreuen.

Tipp: Den Frischkäse durch Speisequark (20 % Fett) ersetzen, dann sparen Sie etwa 0,65 €.

Pro Torte: etwa
4,20 €

Pro Kuchen: etwa
3,70 €

Apfel-Rahm-Kuchen | Beliebt

Insgesamt: E: 45 g, F: 229 g, Kh: 447 g, kJ: 16948, kcal: 4053, BE: 37,5

Für den Knetteig:

180 g Weizenmehl
½ TL Dr. Oetker Backin
75 g Zucker
1 Prise Salz
100 g Butter
1 Ei (Größe M)

Für den Belag:

etwa 800 g Äpfel

Für den Guss:

1 Pck. Gala Bourbon-Vanille-Pudding-Pulver
75 g Zucker
1 Pck. Dr. Oetker Finesse Geriebene Zitronenschale
400 g Schlagsahne
1 Ei (Größe M)

Zum Bestreichen:

2 EL Aprikosenkonfitüre
1 EL Wasser

Zubereitungszeit: 40 Minuten, ohne Abkühlzeit
Backzeit: etwa 70 Minuten

1. Für den Teig das Mehl mit Backpulver in einer Rührschüssel mischen. Restliche Zutaten hinzufügen und mit Handrührgerät mit Knethaken zunächst kurz auf niedrigster, dann auf höchster Stufe gut durcharbeiten. Anschließend den Teig auf der leicht bemehlten Arbeitsfläche verkneten. Sollte er kleben, ihn in Frischhaltefolie gewickelt eine Zeit lang in den Kühlschrank stellen.

2. Gut die Hälfte des Teiges auf einem Springformboden (Ø 26 cm, gefettet) ausrollen und den Springformrand darumstellen. Den Rest des Teiges zu einer Rolle formen, sie als Rand auf den Boden legen und so an die Form drücken, dass ein etwa 3 cm hoher Rand entsteht.

3. Den Backofen vorheizen.
Ober-/Unterhitze: etwa 180 °C
Heißluft: etwa 160 °C

4. Für den Belag die Äpfel schälen, vierteln, die Kerngehäuse entfernen und die Oberfläche der Äpfel mit einem Messer leicht einschneiden. Apfelviertel auf dem Boden verteilen.

5. Für den Guss das Pudding-Pulver mit Zucker und Zitronenschale verrühren. Nach und nach die Sahne unter Rühren hinzugießen. Zuletzt das Ei unterrühren. Den Guss gleichmäßig über die Äpfel gießen.

6. Die Form auf dem Rost im unteren Drittel in den vorgeheizten Backofen schieben. Den Kuchen **etwa 70 Minuten backen.**

7. Zum Bestreichen die Form auf einen Kuchenrost stellen. Konfitüre durch ein Sieb streichen und mit dem Wasser in einem kleinen Topf unter Rühren aufkochen lassen. Den Apfel-Rahm-Kuchen sofort nach dem Backen damit bestreichen. Den Kuchen in der Form erkalten lassen.

8. Vor dem Servieren Springformrand und Springformboden lösen und entfernen. Den Kuchen auf eine Tortenplatte legen.

Tipps: Nach Belieben den Tortenrand mit 1 Teelöffel Puderzucker bestäuben (Zusatzkosten: etwa 0,05 €). Wenn Sie statt Gala-Pudding-Pulver einfaches Vanille-Pudding-Pulver verwenden, sparen Sie etwa 0,15 €.

Apfel-Sahne-Kuchen I

Für Gäste – fruchtig

Insgesamt: E: 49 g, F: 334 g, Kh: 539 g, kJ: 22587, kcal: 5398, BE: 45,0

Für den Streuselteig:

225 g Weizenmehl
1 gestr. TL Dr. Oetker Backin
75 g Zucker
1 Ei (Größe M)
150 g Butter oder Margarine

Für die Füllung:

2 Pck. Dr. Oetker Pudding-Pulver Vanille-Geschmack
100 g Zucker
500 ml (1/2 l) Orangensaft
3–4 säuerliche Äpfel (etwa 500 g)

Für die Belag:

600 g Schlagsahne
2 Pck. Dr. Oetker Sahnesteif
2 Pck. Dr. Oetker Vanillin-Zucker

Zubereitungszeit: 30 Minuten, ohne Abkühlzeit
Backzeit: etwa 30 Minuten

1. Für den Teig Mehl mit Backpulver in einer Rührschüssel mischen. Zucker, Ei und Butter oder Margarine hinzufügen, mit Handrührgerät mit Rührbesen zunächst kurz auf niedrigster, dann auf höchster Stufe zu feinen Streuseln verarbeiten. Die Streusel gleichmäßig auf einem Backblech (30 x 40 cm, gefettet) verteilen und gut zu einem Boden andrücken.

2. Den Backofen vorheizen.
Ober-/Unterhitze: etwa 180 °C
Heißluft: etwa 160 °C

3. Für die Füllung aus Pudding-Pulver, Zucker und Orangensaft nach Packungsanleitung, aber mit den hier angegebenen Zutaten einen Pudding kochen. Äpfel schälen, vierteln, entkernen, raspeln und unter den Pudding rühren. Die Puddingmasse auf dem Teig verteilen und glatt streichen.

4. Das Backblech auf mittlerer Einschubleiste in den vorgeheizten Backofen schieben. Den Kuchen **etwa 30 Minuten backen.**

5. Das Backblech auf einen Kuchenrost stellen und den Kuchen erkalten lassen.

6. Für den Belag Sahne mit Sahnesteif und Vanillin-Zucker steif schlagen und in Wellen auf dem Kuchen verstreichen.

Tipps: Den Apfel-Sahne-Kuchen maximal 1 Tag vor dem Servieren zubereiten. Zum Garnieren 1 Blatt weiße Gelatine nach Packungsanleitung einweichen, ausdrücken und in 75 ml erwärmten Orangensaft auflösen. Gelatine-Saft-Mischung in den Kühlschrank stellen. Sobald die Masse beginnt fest zu werden, die Masse mit einem Teelöffel zwischen den Sahnewellen verteilen (Zusatzkosten: etwa 0,35 €).

Apfel-Sellerie-Rohkost | Kalorienarm

4 Portionen

Pro Portion: E: 13 g, F: 12 g, Kh: 31 g, kJ: 1247, kcal: 298, BE: 2,5

Für die Marinade:

Saft von
2 Zitronen
2 EL flüssiger Honig
Salz

4 Äpfel (etwa 600 g)
800 g Knollensellerie
100 g Kasseler-Aufschnitt oder geräucherter Putenbrustaufschnitt
250 g fettarmer Naturjoghurt (1,5 % Fett)
60 g gehackte Walnusskerne

Zubereitungszeit: 20 Minuten

1. Für die Marinade Zitronensaft mit Honig verschlagen, mit Salz abschmecken.

2. Äpfel abspülen, abtrocknen, vierteln und entkernen. Sellerie putzen, schälen, abspülen und gut abtropfen lassen.

3. Äpfel und Sellerie grob raspeln und unter die Marinade rühren.

4. Kasseler-Aufschnitt oder Putenbrustaufschnitt in feine Streifen schneiden.

5. Joghurt glatt rühren und unter die Apfel-Sellerie-Mischung rühren.

6. Apfel-Sellerie-Rohkost mit Aufschnittstreifen und Walnusskernen servieren.

Apfeltarte | Fruchtig

Insgesamt: E: 48 g, F: 168 g, Kh: 372 g, kJ: 13344, kcal: 3204, BE: 30,0

Für den Knetteig:

200 g Weizenmehl
40 g Zucker
125 g Butter oder Margarine

Für den Belag:

5–6 säuerliche Äpfel (etwa 750 g)
2 TL Speisestärke
75 g Zucker
1 Pck. Dr. Oetker Vanillin-Zucker
3 Eier (Größe M)
125 g Schlagsahne

1–2 TL Puderzucker

Zubereitungszeit: 35 Minuten, ohne Kühlzeit
Backzeit: 30–42 Minuten

1. Für den Teig das Mehl mit Zucker in einer Rührschüssel mischen. Butter oder Margarine hinzufügen und alles mit Handrührgerät mit Knethaken zunächst auf niedrigster, dann auf höchster Stufe etwa 1 Minute durcharbeiten.

2. Den Teig auf der leicht bemehlten Arbeitsfläche mit den Händen zu einem glatten Teig verkneten. Den Teig in Frischhaltefolie gewickelt etwa 1 Stunde in den Kühlschrank stellen.

3. Den Backofen vorheizen.
Ober-/Unterhitze: etwa 200 °C
Heißluft: etwa 180 °C

4. Zwei Drittel des Teiges (restlichen Teig eingewickelt wieder in den Kühlschrank stellen) auf der leicht bemehlten Arbeitsfläche zu einer runden Platte (Ø etwa 28 cm) ausrollen. Den Teig erst zur Hälfte, dann zu einem Viertel einschlagen, in eine Tarteform (Ø etwa 28 cm, Boden gefettet, mit Backpapier belegt) legen. Die Teigplatte auseinanderklappen und an den Formboden drücken. Teigboden mit einer Gabel mehrmals einstechen.

5. Die Form auf dem Rost auf mittlerer Einschubleiste in den vorgeheizten Backofen schieben. Den Tarteboden **10–12 Minuten vorbacken.** Dann die Form auf einen Kuchenrost stellen. Vorgebackenen Teigboden etwa 20 Minuten abkühlen lassen.

6. Für den Belag Äpfel schälen, vierteln und entkernen. Die Apfelviertel längs halbieren. Speisestärke, Zucker und Vanillin-Zucker in einer Rührschüssel vermischen. Eier und Sahne dazugeben, alles mit einem Schneebesen gut verrühren.

7. Aus dem restlichen Teig zwei Rollen (je etwa 40 cm lang) formen. Die Teigrollen auf den vorgebackenen Teig legen und an den Tarteformrand drücken. Apfelachtel kranzförmig, von außen nach innen, auf dem Teigboden verteilen. Den Eier-Sahne-Guss über die Äpfel gießen.

8. Die Form wieder in den heißen Backofen schieben, bei gleicher Backofeneinstellung **weitere 20–30 Minuten backen.** Die Tarte auf einem Kuchenrost erkalten lassen.

9. Die Tarte mit einem Pfannenwender vorsichtig auf eine Tortenplatte legen. Backpapier entfernen. Tarte mit Puderzucker bestäuben.

Apfeltorte mit Zwiebackhaube

Einfach

Insgesamt: E: 42 g, F: 230 g, Kh: 479 g, kJ: 17529, kcal: 4191, BE: 40,0

Für die Füllung:

1 kg Äpfel
125 ml (1/8 l) Wasser
2 EL Zitronensaft

Für die Zwiebackhaube:

125 g Butter
5 Zwiebäcke (60 g)
75 g Zucker
1 Pck. Dr. Oetker Vanillin-Zucker

Für den Rührteig:

200 g Weizenmehl
1 1/2 gestr. TL Dr. Oetker Backin
125 g weiche Butter
100 g Zucker
1 Pck. Dr. Oetker Vanillin-Zucker
1 Prise Salz
2 Eier (Größe M)

Zum Bestäuben:

1–2 TL Puderzucker

Zubereitungszeit: 45 Minuten, ohne Abkühlzeit
Backzeit: etwa 50 Minuten

1. Für die Füllung Äpfel schälen, vierteln, entkernen und längs halbieren. Die Apfelachtel mit Wasser und Zitronensaft zugedeckt kurz aufkochen, 5–8 Minuten bei schwacher Hitze dünsten und abkühlen lassen.

2. Für die Zwiebackhaube die Butter in einem Topf zerlassen, dann abkühlen lassen. Die Zwiebäcke in Stücke brechen und in einen Gefrierbeutel füllen. Den Beutel verschließen. Die Zwiebackstücke mit der Teigrolle fein zerbröseln. Zwiebackbrösel mit Zucker, Vanillin-Zucker und Butter mischen.

3. Den Backofen vorheizen.
Ober-/Unterhitze: etwa 180 °C
Heißluft: etwa 160 °C

4. Für den Teig Mehl mit Backpulver in einer Schüssel vermischen. Butter mit Handrührgerät mit Rührbesen auf höchster Stufe geschmeidig rühren. Nach und nach Zucker, Vanillin-Zucker und Salz unterrühren. So lange rühren, bis eine gebundene Masse entstanden ist.

5. Die Eier nach und nach unterrühren (jedes Ei etwa 1/2 Minute). Mehlgemisch in 2 Portionen auf mittlerer Stufe unterrühren. Teig in eine Springform (Ø 26 cm, Boden gefettet) füllen und glatt streichen. Die Apfelachtel darauf verteilen, die Zwiebackmasse klecksweise daraufgeben.

6. Die Form auf dem Rost auf mittlerer Einschubleiste in den vorgeheizten Backofen schieben. Die Apfeltorte **etwa 50 Minuten backen.**

7. Die Form auf einen Kuchenrost stellen. Nach etwa 10 Minuten den Springformrand lösen und entfernen. Kuchen erkalten lassen. Die Apfeltorte vor dem Servieren mit Puderzucker bestäuben.

Tipps: Wenn die Äpfel etwas fester bleiben sollen, die Äpfel nicht dünsten, sondern nur mit Zitronensaft beträufeln. Sie können zusätzlich 2–3 Esslöffel abgezogene, gemahlene Mandeln unter die Zwiebackbrösel mischen (Zusatzkosten: etwa 0,45 €).

Apfel-Zimt-Schnecken | Für Kinder

16 Stück

Pro Stück: E: 3 g, F: 8 g, Kh: 28 g, kJ: 865, kcal: 207, BE: 2,5

Für die Füllung:

400 g säuerliche Äpfel
50 g Zucker
½ TL gemahlener Zimt
1 EL Zitronensaft
40 g Butter
1 leicht geh. EL Weizenmehl

Für den Hefeteig:

375 g Weizenmehl
1 Pck. Hefeteig Garant
50 g Zucker
180 g Schlagsahne
100 g weiche Butter oder Margarine

Zum Bestreichen und Bestreuen:

20 g Schlagsahne
1 EL Zimt-Zucker

Zubereitungszeit: 45 Minuten, ohne Teiggeh- und Abkühlzeit
Backzeit: etwa 20 Minuten je Backblech

1. Für die Füllung die Äpfel schälen, vierteln, entkernen und fein würfeln. Apfelwürfel mit Zucker, Zimt, Zitronensaft und Butter in einen Topf geben, bei mittlerer Hitze unter Rühren aufkochen lassen. Mehl auf die Apfelmasse streuen und unterrühren. Masse unter Rühren kräftig aufkochen lassen.

2. Die Apfelmasse von der Kochstelle nehmen und abkühlen lassen, dabei gelegentlich umrühren. Ein Backblech mit Backpapier belegen, einen weiteren Bogen Backpapier bereitlegen.

3. Für den Teig das Mehl in eine Rührschüssel geben und sorgfältig mit Hefeteig Garant vermischen. Zucker, Sahne und Butter oder Margarine hinzufügen. Die Zutaten mit Handrührgerät mit Knethaken zunächst kurz auf niedrigster, dann auf höchster Stufe in etwa 2 Minuten zu einem Teig verarbeiten.

4. Den Teig leicht mit Mehl bestäuben, auf der leicht bemehlten Arbeitsfläche kurz durchkneten und zu einem Rechteck (etwa 30 x 45 cm) ausrollen. Die Apfelmasse darauf verstreichen, dabei an den langen Seiten einen etwa 2 cm breiten Rand frei lassen.

5. Den Backofen vorheizen.
Ober-/Unterhitze: etwa 180 °C
Heißluft: etwa 160 °C

6. Den Teig von der längeren Seite her aufrollen. Die Rolle quer halbieren und jede Hälfte in 8 Scheiben schneiden.

7. Die Teigscheiben mit Abstand auf dem vorbereiteten Backblech und dem Backpapierbogen verteilen und etwa 5 Minuten stehen lassen.

8. Die Teigscheiben mithilfe eines Backpinsels mit Sahne bestreichen und mit Zimt-Zucker bestreuen.

9. Das Backblech auf mittlerer Einschubleiste in den vorgeheizten Backofen schieben. Schnecken **etwa 20 Minuten backen.**

10. Die Apfelschnecken mit dem Backpapier auf einen Kuchenrost ziehen. Den zweiten Bogen mit den Schnecken auf das Backblech ziehen und wie die ersten Schnecken backen. Schnecken erkalten lassen.

Rezeptvariante: Für **Marzipanschnecken** (im Foto rechts, für 16 Schnecken: etwa 4,15 €) für die Füllung 200 g Marzipan-Rohmasse in feine Würfel schneiden und mit 100 g weicher Butter oder Margarine mit Handrührgerät mit Rührbesen schaumig rühren. 1 Ei (Größe M) unterrühren. Den Hefeteig wie im Rezept beschrieben zubereiten. Statt der Apfelfüllung die Marzipanfüllung aufstreichen. Je 100 g gehackte Mandeln und Rosinen daraufstreuen und einrollen. Teigrolle in Scheiben schneiden und vor dem Backen mit Sahne bestreichen (sie müssen nicht mit Zimt-Zucker bestreut werden). Die noch warmen Marzipanschnecken mit einem Guss aus 100 g Puderzucker und 2–3 Esslöffeln Zitronensaft bestreichen.

Für 16 Stück:
etwa 3,- €

Arme Ritter | Schnell

6 Stück

Pro Stück: E: 6 g, F: 11 g, Kh: 25 g, kJ: 953, kcal: 228, BE: 2,0

300 ml Milch
2 Eier (Größe M)
50 g Zucker
6 etwa 1 ½ cm dicke Scheiben Kastenweißbrot (2–5 Tage alt)
5 EL Speiseöl, z. B. Sonnenblumenöl

Zubereitungszeit: 20 Minuten

1. Milch mit Eiern und Zucker verschlagen. Weißbrotscheiben in eine Schale legen, mit der Eiermilch übergießen und einweichen lassen (dabei 1–2-mal vorsichtig wenden), bis die Milch aufgesogen ist (die Scheiben dürfen nicht zu weich werden).

2. Etwas Öl in einer beschichteten Pfanne zerlassen. Die Brotscheiben darin portionsweise bei mittlerer Hitze von beiden Seiten etwa 8 Minuten knusprig braun braten. Die armen Ritter heiß servieren.

Tipp: Arme Ritter z. B. mit Apfelmus (1 Glas 720 ml, etwa 0,50 €), mit Zimt-Zucker (40 g, etwa 0,15 €) oder mit etwas Puderzucker (30 g, etwa 0,15 €) bestäubt servieren.

Asia-Suppe | Exotisch

4 Portionen

Pro Portion: E: 25 g, F: 6 g, Kh: 11 g, kJ: 895, kcal: 214, BE: 0,5

400 g Hähnchenbrustfilet
1 rote Chilischote
5 EL helle Sojasauce
Currypulver
1 große Fenchelknolle (etwa 250 g)
3 Möhren (etwa 300 g)
1 Bund Frühlingszwiebeln (etwa 250 g)
2 EL Speiseöl, z. B. Sonnenblumenöl
1 l Gemüsebrühe
frisch gemahlener Pfeffer

Zubereitungszeit: 35 Minuten, ohne Marinierzeit

1. Hähnchenbrustfilet unter fließendem kalten Wasser abspülen, trocken tupfen und quer in Streifen schneiden. Filetstreifen in eine flache Schale legen.

2. Für die Marinade Chili entstielen, längs halbieren, entkernen, abspülen und abtropfen lassen. Die Chilihälften fein hacken. Chili mit Sojasauce und Curry vermengen, über die Filetstreifen gießen und mit Frischhaltefolie zugedeckt etwa 15 Minuten im Kühlschrank marinieren. Das Fleisch gelegentlich wenden.

3. Inzwischen von der Fenchelknolle den Stiel dicht oberhalb der Knolle abschneiden. Braune Stellen und Blätter entfernen und etwas Fenchelgrün zum Garnieren beiseitelegen. Die Wurzelenden gerade schneiden. Die Knolle abspülen, abtropfen lassen, halbieren und in Streifen schneiden.

4. Die Möhren putzen, schälen, abspülen, abtropfen lassen und in Scheiben schneiden. Frühlingszwiebeln putzen, abspülen, abtropfen lassen und in sehr feine Ringe schneiden.

5. Speiseöl in einem Topf erhitzen. Fenchelstreifen, Möhrenscheiben und Frühlingszwiebelringe darin unter Rühren bei mittlerer Hitze 3–4 Minuten dünsten.

6. Brühe hinzugießen, die Zutaten zum Kochen bringen und zugedeckt etwa 6 Minuten bei mittlerer Hitze garen.

7. Anschließend die Hähnchenbrustfiletstreifen mit der Marinade hinzufügen. Die Suppe nochmals zum Kochen bringen und zugedeckt 6–8 Minuten bei mittlerer Hitze kochen lassen. Ab und zu umrühren.

8. Die Suppe vor dem Servieren mit Sojasauce, Pfeffer und Curry abschmecken. Beiseitegelegtes Fenchelgrün abspülen, trocken tupfen und fein hacken. Die Suppe mit Fenchelgrün bestreut servieren.

Bandnudeln mit Schinken und Erbsen | Einfach

4 Portionen

Pro Portion: E: 31 g, F: 21 g, Kh: 80 g, kJ: 2687, kcal: 642, BE: 6,5

1 Zwiebel
20 g Butter
300 g TK-Erbsen
Salz, frisch gemahlener Pfeffer

4 l Wasser
4 gestr. TL Salz
400 g Bandnudeln

1 TL Weizenmehl
100 g Schlagsahne
100 ml Gemüsebrühe
150 g gekochter Schinken

50 g geriebener Parmesan-Käse

Zubereitungszeit: 30 Minuten

1. Zwiebel abziehen und fein würfeln. Butter in einem Topf zerlassen. Zwiebelwürfel darin leicht bräunen. Gefrorene Erbsen hinzufügen, mit Salz und Pfeffer würzen. Die Erbsen zugedeckt etwa 5 Minuten dünsten, evtl. 1–2 Esslöffel Wasser hinzugeben.

2. In der Zwischenzeit Wasser in einem großen Topf zugedeckt zum Kochen bringen. Dann Salz und Nudeln hinzugeben. Die Nudeln im geöffneten Topf bei mittlerer Hitze nach Packungsanleitung kochen lassen, dabei gelegentlich umrühren.

3. Mehl mit Sahne anrühren, mit der Gemüsebrühe unter Rühren zu den Erbsen geben. Die Sauce unter gelegentlichem Rühren zum Kochen bringen und etwa 5 Minuten köcheln lassen. Schinken in feine Streifen schneiden und kurz in der Sauce miterhitzen.

4. Die Nudeln in ein Sieb geben, mit heißem Wasser abspülen, abtropfen lassen und in eine vorgewärmte Schüssel geben. Die Sauce darauf verteilen.

5. Die Nudeln mit Parmesan-Käse bestreut sofort servieren. Oder Parmesan-Käse dazureichen.

Tipps: Für kleinere Kinder Nudeln zubereiten, die sich leicht aufgabeln oder mit einem kleinen Löffel essen lassen (z. B. Gabelspaghetti). Oder die Bandnudeln vor dem Servieren sehr klein schneiden.

Bauarbeiterbrötchen | Schnell

4 Stück

Pro Stück: E: 17 g, F: 24 g, Kh: 32 g, kJ: 1711, kcal: 409, BE: 2,5

½ Bund Radieschen
50 g Salat, z. B. Eisbergsalat, Rucola
8 Scheiben Frühstücksspeck (Bacon, etwa 10 g)
20 g Margarine
4 Eier (Größe M)
Salz
4 Brötchen (Semmeln)
50 g Butter
frisch gemahlener Pfeffer

Zubereitungszeit: 10 Minuten
Garzeit: etwa 7 Minuten

1. Die Radieschen putzen, abspülen, abtropfen lassen und in dünne Scheiben schneiden. Salat putzen, abspülen, trocken tupfen oder schleudern und in Streifen schneiden.

2. Frühstücksspeck in einer Pfanne (Ø 28 cm) ohne Fett knusprig braten und herausnehmen.

3. Margarine in der Pfanne zerlassen. Die Eier vorsichtig aufschlagen und nebeneinander in das Fett gleiten lassen.

4. Eiweiß mit Salz bestreuen. Die Eier etwa 5 Minuten bei mittlerer Hitze braten, bis das Eiweiß fest ist. Dann die Eier wenden und weitere etwa 2 Minuten braten.

5. Brötchen halbieren und mit Butter bestreichen. Die unteren Hälften mit Radieschenscheiben, Salatstreifen, Spiegeleiern und knusprigem Frühstücksspeck belegen, mit etwas frisch gemahlenem Pfeffer bestreuen. Die oberen Brötchenhälften darauflegen.

Tipp: Der Eier-Frische-Test: Machen Sie die Aufschlagprobe mit einem auf einem Teller aufgeschlagenen Ei. Das Eiweiß eines frischen Eies umschließt das Eigelb fest, das Eigelb ist kugelig. Das Eiweiß eines etwa 7 Tage alten Eies beginnt zu fließen, es steht nicht mehr so fest. Das Eiweiß eines etwa 3 Wochen alten Eies ist wässrig, das Eigelb ist flach.

Birnen-Schoko-Kuchen | Fruchtig

Insgesamt: E: 73 g, F: 246 g, Kh: 572 g, kJ: 20082, kcal: 4801, BE: 47,5

Zum Vorbereiten:

1 Dose Birnenhälften (Abtropfgewicht 460 g)
120 g Zartbitter-Schokolade

Für den All-in-Teig:

250 g Weizenmehl
4 gestr. TL Dr. Oetker Backin
200 g Zucker
1 Pck. Dr. Oetker Vanillin-Zucker
4 Eier (Größe M)
125 g weiche Butter oder Margarine
125 g Schlagsahne

Zum Besprenkeln:

80 g Zartbitter-Schokolade

Zubereitungszeit: 30 Minuten, ohne Abkühlzeit
Backzeit: etwa 30 Minuten

1. Zum Vorbereiten Birnenhälften gut abtropfen lassen und mit Küchenpapier trocken tupfen. Schokolade in Stücke brechen, in einem kleinen Topf im Wasserbad bei schwacher Hitze schmelzen und etwas abkühlen lassen.

2. Den Backofen vorheizen.
Ober-/Unterhitze: etwa 180 °C
Heißluft: etwa 160 °C

3. Für den Teig das Mehl mit Backpulver in einer Rührschüssel mischen. Zucker, Vanillin-Zucker, Eier, Butter oder Margarine, Schokolade und Sahne hinzufügen. Die Zutaten mit Handrührgerät mit Rührbesen zunächst kurz auf niedrigster, dann auf höchster Stufe in etwa 2 Minuten zu einem glatten Teig verarbeiten.

4. Den Teig auf ein Backblech (30 x 40 cm, gefettet) geben, glatt streichen. Birnenhälften in dünne Spalten schneiden und gleichmäßig auf dem Teig verteilen.

5. Das Backblech im unteren Drittel in den vorgeheizten Backofen schieben. Den Birnen-Schoko-Kuchen **etwa 30 Minuten backen.**

6. Das Backblech auf einen Kuchenrost stellen. Den Kuchen erkalten lassen.

7. Zum Besprenkeln die Schokolade wie unter Punkt 1 angegeben schmelzen. Den Kuchen mithilfe eines Teelöffels mit der Schokolade besprenkeln.

Blätterteigpastetchen mit Leberwurst | Für die Party

10 Stück

Pro Stück: E: 11 g, F: 17 g, Kh: 19 g, kJ: 1194, kcal: 285, BE: 1,5

450 g TK-Blätterteig (10 Scheiben)
200 g Leberwurst, z. B. grobe Gutsleberwurst
250 g Kasseler-Aufschnitt
250 g säuerliche Äpfel, z. B. Boskop, Cox Orange
1 Zwiebel
1 TL gerebelter Beifuß
1 TL mittelscharfer Senf

Zubereitungszeit: 20 Minuten, ohne Auftauzeit
Backzeit: 15–20 Minuten

1. Blätterteigplatten nebeneinander auf zwei Backbleche (mit Backpapier belegt) legen und bei Zimmertemperatur auftauen lassen.

2. Den Backofen vorheizen.
Ober-/Unterhitze: etwa 200 °C
Heißluft: etwa 180 °C

3. Leberwurst aus der Hülle in eine Schüssel drücken. Kasseler-Aufschnitt in kleine Stücke schneiden.

4. Äpfel abspülen, abtrocknen, vierteln, entkernen und in kleine Würfel schneiden. Zwiebel abziehen, halbieren und in feine Würfel schneiden.

5. Leberwurst mit Aufschnittstücken, Apfel- und Zwiebelwürfeln vermischen, mit Beifuß und Senf würzen. Leberwurstmasse mit einem Teelöffel in die Mitte der Blätterteigplatten geben.

6. Die Backbleche nacheinander (bei Heißluft zusammen) im unteren Drittel in den vorgeheizten Backofen schieben. Die Pastetchen **15–20 Minuten backen.**

Rezeptvariante: Für **Blutwurstpastetchen** (pro Stück: etwa 0,45 €) können Sie statt der Leberwurst und dem Kasseler-Aufschnitt etwa 400 g in kleine Würfel geschnittene Blutwurst verarbeiten.

Blattspinat | Vegetarisch

4 Portionen

Pro Portion: E: 6 g, F: 6 g, Kh: 2 g, kJ: 364, kcal: 87, BE: 0,0

1 kg Blattspinat
1 Zwiebel
1 Knoblauchzehe
2 EL Olivenöl
Salz
frisch gemahlener Pfeffer
frisch geriebene Muskatnuss

Zubereitungszeit: 20 Minuten
Garzeit: 5–10 Minuten

1. Blattspinat verlesen. Die Wurzelenden und dicken Stängel entfernen. Spinat gründlich waschen und gut abtropfen lassen. Zwiebel und Knoblauch abziehen und in kleine Würfel schneiden.

2. Olivenöl in einem Topf erhitzen. Zwiebel- und Knoblauchwürfel darin unter Rühren andünsten.

3. Den Spinat hinzufügen, mit Salz, Pfeffer und Muskat würzen.

4. Spinat zugedeckt bei schwacher Hitze 5–10 Minuten garen, bis er zusammengefallen ist.

5. Spinat vorsichtig umrühren und mit Salz, Pfeffer und Muskat abschmecken.

Beilage: Den Spinat zu Salzkartoffeln von Seite 214 reichen oder dazu je Portion 2 Spiegeleier (pro Portion: etwa 1,05 €) servieren.

Rezeptvariante: Für **Mangoldgemüse** (pro Portion: etwa 0,65 €) 1 kg Mangold verlesen, waschen und abtropfen lassen. Die Blätter in grobe Streifen schneiden, evtl. die Haut von den Stielen abziehen. Die Stängel in Streifen schneiden. 2 Zwiebeln und 1 Knoblauchzehe abziehen und fein würfeln. 2 Esslöffel Olivenöl in einem großen, flachen Topf erhitzen und die Zwiebel- und Knoblauchwürfel darin andünsten. Den Mangold unterrühren, evtl. etwas Brühe hinzugießen. Mangold zugedeckt bei schwacher Hitze 8–10 Minuten garen, mit Salz und Pfeffer abschmecken.

Blattspinat, überbacken | Vegetarisch

4 Portionen

Pro Portion: E: 21 g, F: 43 g, Kh: 10 g, kJ: 2163, kcal: 518, BE: 0,5

2 kg Blattspinat
2 Knoblauchzehen
40 g Butter
Salz, frisch gemahlener Pfeffer

Für die Sauce:

30 g Butter
30 g Weizenmehl
200 g Schlagsahne
300 ml Gemüsebrühe
100 g geriebener Parmesan-Käse

Zubereitungszeit: 40 Minuten
Überbackzeit: etwa 5 Minuten

1. Spinat verlesen, putzen, dicke Stiele entfernen, waschen und abtropfen lassen. Knoblauch abziehen und zerdrücken.

2. Die Hälfte der Butter in einer großen Pfanne zerlassen. 1 zerdrückte Knoblauchzehe hinzugeben. Die Hälfte der Spinatblätter hinzufügen und unter gelegentlichem Rühren zusammenfallen lassen. Den Spinat mit Salz und Pfeffer würzen und in eine Auflaufform (gefettet) geben. Die restlichen Spinatblätter auf die gleiche Weise zubereiten und ebenfalls in die Auflaufform geben.

3. Den Backofengrill vorheizen (auf etwa 240 °C).

4. Für die Sauce Butter in einem kleinen Topf bei mittlerer Hitze zerlassen. Mehl mit einem Schneebesen unterrühren. Das Mehl so lange unter Rühren erhitzen, bis es hellgelb ist. Nach und nach Sahne und Brühe dazugießen, dabei mit einem Schneebesen rühren, damit sich keine Klümpchen bilden. Die Sauce unter Rühren aufkochen lassen. Die Hälfte des Käses unterrühren. Dann bei schwacher Hitze etwa 5 Minuten im offenen Topf leicht kochen, dabei gelegentlich umrühren.

5. Die Sauce mittig auf den Spinat gießen und mit dem restlichen Käse bestreuen. Die Form auf dem Rost unter den vorgeheizten Backofengrill schieben. Den Spinat **etwa 5 Minuten überbacken.**

Tipp: Geben Sie den Blattspinat statt in eine große Auflaufform in 4 kleinere Portions-Auflauf-Förmchen

Beilage: Servieren Sie den überbackenen Blattspinat zu Petersilienkartoffeln von Seite 214 oder zu Bratkartoffeln von Seite 36.

Blechkartoffeln mit Kräuterquark | Einfach

4 Portionen

Pro Portion: E: 23 g, F: 25 g, Kh: 43 g, kJ: 2101, kcal: 501, BE: 3,5

1 kg mittelgroße, festkochende Kartoffeln
2–3 Knoblauchzehen
3 Stängel Thymian
2 Stängel Rosmarin
5 EL Olivenöl
Salz
frisch gemahlener Pfeffer

Für den Kräuterquark:

500 g Magerquark
200 g Schmand (Sauerrahm)
1 EL gehackte, gemischte TK-Kräuter

Zubereitungszeit: 20 Minuten, ohne Durchziehzeit
Garzeit: etwa 40 Minuten

1. Die Kartoffeln unter fließendem Wasser abbürsten und abtropfen lassen. Knoblauchzehen abziehen und hacken. Thymian und Rosmarin abspülen und trocken tupfen. Blättchen und Nadeln von den Stängeln zupfen und grob hacken.

2. Olivenöl, gehackte Kräuter, Knoblauch, Salz und Pfeffer verrühren. Die Kartoffeln ungeschält der Länge nach halbieren, mit der Ölmischung vermengen und mindestens 30 Minuten durchziehen lassen.

3. Den Backofen vorheizen.
Ober-/Unterhitze: etwa 200 °C
Heißluft: etwa 180 °C

4. Kartoffelhälften mit der Schnittfläche nach oben auf ein Backblech (gefettet) legen. Kartoffeln mit der restlichen Marinade beträufeln. Das Backblech auf mittlerer Einschubleiste in den vorgeheizten Backofen schieben. Kartoffeln **etwa 40 Minuten garen.**

5. Inzwischen für den Kräuterquark den Quark mit Schmand und den Kräutern verrühren. Kräuterquark mit Salz und Pfeffer abschmecken. Den Kräuterquark zu den Blechkartoffeln servieren.

Tipp: Um die Garzeit zu verkürzen, können Sie die Kartoffeln schälen, ganz lassen und etwa 10 Minuten vorkochen. Die Garzeit im Backofen beträgt dann nur etwa 20 Minuten. Wenden Sie die Kartoffeln nach etwa der Hälfte der Garzeit.

Abwandlung: Die Blechkartoffeln anstelle von Kräuterquark mit Zaziki (500 g, etwa 1,50 €) oder Kräuterbutter (100 g, etwa 1,20 €) servieren.

Blitzkuchen | Schnell – einfach

Insgesamt: E: 112 g, F: 426 g, Kh: 530 g, kJ: 26872, kcal: 6421, BE: 44,0

Für den Rührteig:

300 g weiche Butter oder Margarine
200 g Zucker
1 Pck. Dr. Oetker Vanillin-Zucker
1 Prise Salz
5 Eier (Größe M)
300 g Weizenmehl
2 gestr. TL Dr. Oetker Backin
100 g abgezogene, gemahlene Mandeln

Für den Belag:

100 g gehackte Mandeln
50 g gehobelte Mandeln
100 g feiner Kandiszucker (Grümmel)

Zubereitungszeit: 20 Minuten
Backzeit: 25–30 Minuten

1. Den Backofen vorheizen.
Ober-/Unterhitze: etwa 180 °C
Heißluft: etwa 160 °C

2. Für den Teig Butter oder Margarine mit Handrührgerät mit Rührbesen auf höchster Stufe geschmeidig rühren. Nach und nach Zucker, Vanillin-Zucker und Salz unterrühren. So lange rühren, bis eine gebundene Masse entstanden ist. Eier nach und nach unterrühren (jedes Ei etwa ½ Minute).

3. Mehl mit Backpulver mischen und in 2 Portionen kurz auf mittlerer Stufe unterrühren. Mandeln unterheben. Den Teig auf ein Backblech (30 x 40 cm, gefettet) geben und glatt streichen.

4. Für den Belag gehackte und gehobelte Mandeln mit Zucker mischen und auf den Teig streuen. Das Backblech auf mittlerer Einschubleiste in den vorgeheizten Backofen schieben. Den Kuchen **25–30 Minuten backen.**

5. Das Backblech auf einen Kuchenrost stellen. Kuchen erkalten lassen.

Tipp: Besonders saftig wird der Kuchen, wenn Sie direkt nach dem Backen 200 g flüssige Schlagsahne auf dem heißen Kuchen verteilen.

Rezeptvariante: Für einen **Mandel-Blitz-Gugelhupf** (pro Kuchen: etwa 3,90 €) den Rührteig wie beschrieben zubereiten und zum Schluss zusätzlich 50 g gehackte Mandeln unter den Teig heben. Dann eine Gugelhupfform (Ø 22 cm, gefettet) mit 25 g gehobelten Mandeln ausstreuen und den Teig in die Form geben. Die Form auf dem Rost im unteren Drittel bei gleicher Backofeneinstellung in den vorgeheizten Backofen schieben. Den Kuchen etwa 50 Minuten backen.

Blumenkohl | Klassisch

4 Portionen

Pro Portion: E: 5 g, F: 13 g, Kh: 13 g, kJ: 816, kcal: 195, BE: 1,0

750 ml (3/4 l) Wasser
1 großer Blumenkohl (etwa 1 kg)
2 TL Salz
60 g Butter
3–4 EL Semmelbrösel

Zubereitungszeit: 20 Minuten
Garzeit: 15–20 Minuten

1. Das Wasser in einem großen Topf zugedeckt zum Kochen bringen.

2. Blätter und Strunk vom Blumenkohl abschneiden und schlechte Stellen herausschneiden. Blumenkohl abspülen und abtropfen lassen.

3. Den Blumenkohl mit dem Strunk nach unten in das kochende Wasser geben. Salz hinzufügen, das Wasser wieder zum Kochen bringen.

4. Den Blumenkohl zugedeckt bei schwacher Hitze in 15–20 Minuten gar kochen.

5. Blumenkohl mit einem Schaumlöffel aus dem Topf nehmen, auf eine vorgewärmte Platte legen und warm stellen.

6. Butter in einer kleinen Pfanne zerlassen. Semmelbrösel unter Rühren leicht darin bräunen.

7. Die Butter-Semmelbrösel-Mischung über den Blumenkohl geben und sofort servieren.

Tipp: Sie können den Blumenkohl auch in Röschen zerteilen und garen. Dann verringert sich die Garzeit auf 10–15 Minuten.

Rezeptvariante 1: Für **Brokkoli** als Beilage (pro Portion: etwa 0,45 €) 1 Liter Wasser in einem großen Topf zum Kochen bringen. 750 g Brokkoli putzen und die Blätter entfernen. Brokkoli in Röschen teilen und den Strunk schälen. Röschen und Strunk abspülen und abtropfen lassen. Den Strunk in etwa 1 cm breite Scheiben schneiden. Die Brokkoliröschen und Brokkolischeiben mit 1 Teelöffel Salz in das kochende Wasser geben, wieder zum Kochen bringen und zugedeckt bei schwacher Hitze in 5–8 Minuten bissfest garen. Den Brokkoli in einem Sieb abtropfen lassen. 20 g Butter in dem Topf zerlassen. Die Röschen darin schwenken.

Rezeptvariante 2: Für **Rosenkohl** als Beilage (pro Portion: etwa 0,45 €) 2 Liter Wasser in einem großen Topf zum Kochen bringen. Von 1 kg Rosenkohl die äußeren schlechten Blättchen entfernen. Etwas vom Strunk abschneiden. Rosenkohlröschen am Strunk kreuzförmig einschneiden und abspülen. Rosenkohl und 1 Teelöffel Salz in das kochende Wasser geben, wieder zum Kochen bringen und ihn zugedeckt bei schwacher Hitze 10–15 Minuten garen. Rosenkohl in einem Sieb abtropfen lassen. 40 g Butter in dem Topf zerlassen. Rosenkohl darin schwenken, mit Salz und geriebener Muskatnuss abschmecken.

Bohneneintopf | Deftig

4 Portionen

Pro Portion: E: 28 g, F: 14 g, Kh: 46 g, kJ: 1798, kcal: 428, BE: 3,5

1	*Zwiebel*
1 EL	*Speiseöl, z. B. Sonnenblumenöl*
250 g	*Gehacktes (halb Rind-, halb Schweinefleisch)*
2 geh. EL	*Tomatenmark*
1 geh. TL	*Paprikapulver edelsüß*
750 ml (3/4 l)	*Gemüsebrühe*
2 Dosen	*weiße Bohnen mit Suppengrün (Abtropfgewicht je 530 g)*
	Salz
	frisch gemahlener Pfeffer
2 Stängel	*Petersilie*
1	*frische Chilischote*
1	*rote Paprikaschote*

Zubereitungszeit: 20 Minuten
Garzeit: etwa 25 Minuten

1. Zwiebel abziehen und in kleine Würfel schneiden.

2. Speiseöl in einem Topf erhitzen. Gehacktes darin unter Rühren scharf anbraten. Dabei die Fleischklümpchen mit einer Gabel zerdrücken. Zwiebelwürfel hinzugeben, kurz mitdünsten lassen. Tomatenmark und Paprika hinzufügen und ebenfalls kurz mit andünsten.

3. Brühe hinzugießen, zum Kochen bringen und etwa 10 Minuten bei mittlerer Hitze kochen lassen.

4. Weiße Bohnen in einem Sieb gut abtropfen lassen und die Bohnen zur Suppe in den Topf geben. Das Ganze wieder zum Kochen bringen und weitere etwa 15 Minuten köcheln lassen. Die Suppe mit Salz und Pfeffer abschmecken.

5. Die Petersilie abspülen und trocken schütteln. Die Blättchen von den Stielen zupfen. Blättchen grob zerschneiden. Die Chilischote halbieren, entstielen, entkernen, abspülen und trocken tupfen. Chilihälften sehr klein schneiden. Paprikaschote halbieren, entstielen, entkernen und die weißen Scheidewände entfernen. Schoten abspülen, abtropfen lassen und in kleine Stücke schneiden.

6. Die Bohnensuppe anrichten, mit Petersilie, Chili- und Paprikastücken garnieren.

Pro Portion: etwa
1,80 €

Bohnensuppe nach „Balkan Art“ I

Zubereitung im Schnellkochtopf

4 Portionen

Pro Portion: E: 45 g, F: 15 g, Kh: 31 g, kJ: 1853, kcal: 442, BE: 2,5

Zum Vorbereiten:

125 g weiße Bohnen
125 g rote Bohnen
1 1/4–1 1/2 l kaltes Wasser

1 Zwiebel
1 Lorbeerblatt
750 g Kasseler Kotelett (mit Knochen)

je 1 rote und grüne Paprikaschote
1 Bund Suppengrün (Möhre, Sellerie, Porree)
3 Gemüse-Brühwürfel (für je 500 ml [1/2 l] Flüssigkeit)
Salz
frisch gemahlener Pfeffer
1 EL Paprikapulver edelsüß

Zubereitungszeit: 30 Minuten, ohne Einweichzeit
Garzeit: etwa 19 Minuten, ohne Ankochzeit

1. Zum Vorbereiten am Vortag die Bohnen nach Packungsanleitung im Wasser einweichen.

2. Zwiebel abziehen und würfeln. Die eingeweichten Bohnen mit dem Einweichwasser, den Zwiebelwürfeln und dem Lorbeerblatt in den Schnellkochtopf geben. Kasseler unter fließendem kalten Wasser abspülen, abtropfen lassen und ebenfalls in den Schnellkochtopf geben.

3. Das Ganze im offenen Schnellkochtopf zum Kochen bringen und evtl. abschäumen. Den Schnellkochtopf nach Herstelleranleitung verschließen und erhitzen. Wenn die gewählte Schnellgarstufe erreicht ist, die Zutaten etwa 18 Minuten garen.

4. In der Zwischenzeit die Paprikaschoten halbieren, entstielen, entkernen und die weißen Scheidewände entfernen. Schoten abspülen, abtropfen lassen und in Streifen schneiden.

5. Suppengrün putzen. Dazu Möhre und Sellerie schälen, abspülen, abtropfen lassen und würfeln. Porree putzen. Die Stange längs halbieren, gründlich waschen und abtropfen lassen. Porree in Stücke schneiden.

6. Nach der 1. Garzeit den Topf nach Herstelleranleitung öffnen. Das Fleisch und das Lorbeerblatt herausnehmen. Brühwürfel in den Eintopf geben und unterrühren. Das Ganze mit Salz, Pfeffer und Paprikapulver würzen. Vorbereitetes Gemüse unterrühren.

7. Den Schnellkochtopf wieder nach Herstelleranleitung verschließen und erhitzen. Wenn die gewählte Schnellgarstufe erreicht ist, die Zutaten nochmals etwa 1 Minute garen.

8. Das Fleisch vom Knochen lösen und in kleine Stücke schneiden.

9. Nach der 2. Garzeit den Topf nach Herstelleranleitung öffnen. Das Fleisch wieder in den Eintopf geben. Den Eintopf nochmals mit den Gewürzen abschmecken und servieren.

Hinweis: Die gewählte Schnellgarstufe kann je nach Modell, Hersteller bzw. Alter des Schnellkochtopfes unterschiedlich angezeigt werden.

Bologneser Reistopf | Für Kinder

4 Portionen

Pro Portion: E: 35 g, F: 27 g, Kh: 65 g, kJ: 2695, kcal: 643, BE: 5,0

2 EL	*Sonnenblumenöl*
500 g	*Gehacktes (halb Rind-, halb Schweinefleisch)*
2	*mittelgroße Zwiebeln*
	Salz, frisch gemahlener Pfeffer
	Paprikapulver edelsüß
	gerebelter Oregano
250 g	*Langkornreis*
35 g	*Tomatenmark*
750 ml (3/4 l)	*Fleischbrühe*
je 1	*kleine, rote und gelbe Paprikaschote*
300 g	*TK-Erbsen*

Zum Garnieren:

evtl. einige Majoranblättchen

Zubereitungszeit: 30 Minuten
Garzeit: etwa 25 Minuten

1. Öl in einem Topf erhitzen. Gehacktes hinzufügen und unter Rühren darin anbraten, dabei die Fleischklümpchen mit einer Gabel zerdrücken.

2. Zwiebeln abziehen, in kleine Würfel schneiden, zu dem Gehackten geben und mit andünsten. Gehacktes mit Salz, Pfeffer, Paprika und Oregano würzen.

3. Den Reis hinzufügen und kurz mit andünsten. Tomatenmark unterrühren und Brühe hinzugießen. Die Zutaten zum Kochen bringen und zugedeckt bei schwacher Hitze etwa 15 Minuten kochen lassen.

4. Paprika halbieren, entstielen, entkernen und die weißen Scheidewände entfernen. Die Schotenhälften abspülen, abtropfen lassen und in kleine Würfel schneiden.

5. Paprikawürfel und Erbsen in den Reistopf geben, zum Kochen bringen und weitere etwa 10 Minuten mitgaren lassen. Reistopf mit Salz, Pfeffer und Paprika abschmecken, evtl. noch etwas Brühe hinzufügen.

6. Den Bologneser Reistopf nach Belieben mit Majoranblättchen garniert servieren.

Brasilianischer Bohneneintopf |

Zubereitung im Schnellkochtopf

4 Portionen

Pro Portion: E: 43 g, F: 14 g, Kh: 43 g, kJ: 1992, kcal: 476, BE: 3,5

Zum Vorbereiten:

150 g weiße Bohnen
1 1/2 l kaltes Wasser

1–2 Zwiebeln (etwa 100 g)
1 Knoblauchzehe
600 g Suppenfleisch (vom Rind)

400 g Wirsing oder Weißkohl
250 g Kartoffeln
100 g Langkornreis
1–2 Gemüse-Brühwürfel (für je 500 ml [1/2 l] Flüssigkeit)
Salz, frisch gemahlener Pfeffer
3–4 EL Limettensaft
1 EL gehackte Petersilie

Zubereitungszeit: 30 Minuten, ohne Einweichzeit
Garzeit: 25–30 Minuten, ohne Ankochzeit

1. Zum Vorbereiten am Vortag die weißen Bohnen nach Packungsanleitung im Wasser einweichen.

2. Zwiebeln und Knoblauch abziehen und fein würfeln. Die eingeweichten Bohnen mit der Flüssigkeit und den Zwiebel- und Knoblauchwürfeln in den Schnellkochtopf geben.

3. Suppenfleisch unter fließendem kalten Wasser abspülen, abtropfen lassen und ebenfalls in den Schnellkochtopf geben. Das Ganze im offenen Schnellkochtopf zum Kochen bringen und evtl. abschäumen. Den Schnellkochtopf nach Herstelleranleitung verschließen und erhitzen. Wenn die gewählte Schnellgarstufe erreicht ist, die Zutaten etwa 17 Minuten garen.

4. In der Zwischenzeit Kohl putzen, vierteln, abspülen und abtropfen lassen. Den Strunk herausschneiden. Kohl in Streifen schneiden. Kartoffeln schälen, abspülen, abtropfen lassen und in Würfel schneiden.

5. Nach der 1. Garzeit den Topf nach Herstelleranleitung öffnen. Das Fleisch herausnehmen. Kohlstreifen, Kartoffelwürfel, Reis und Brühwürfel in den Topf geben und unterrühren. Das Ganze mit Salz und Pfeffer würzen.

6. Das Fleisch wieder in den Topf geben. Den Schnellkochtopf wieder nach Herstelleranleitung verschließen und erhitzen. Wenn die gewählte Schnellgarstufe erreicht ist, die Zutaten weitere 8–10 Minuten garen.

7. Nach der 2. Garzeit den Topf nach Herstelleranleitung öffnen. Das Suppenfleisch herausnehmen und in kleine Stücke schneiden. Die Fleischstücke wieder in den Eintopf geben. Den Eintopf evtl. nochmals mit Salz und Pfeffer und Limettensaft abschmecken, mit gehackter Petersilie bestreut servieren.

Hinweis: Die gewählte Schnellgarstufe kann je nach Modell, Hersteller bzw. Alter des Schnellkochtopfes unterschiedlich angezeigt werden.

Bratkartoffeln | Beliebt

4 Portionen

Pro Portion: E: 9 g, F: 22 g, Kh: 35 g, kJ: 1587, kcal: 379, BE: 3,0

1 kg festkochende Kartoffeln
2 große Zwiebeln
6 EL Speiseöl, z. B. Sonnenblumenöl
100 g gewürfelter, durchwachsener Speck
Salz
frisch gemahlener Pfeffer

Zubereitungszeit: 15 Minuten
Garzeit: 35–45 Minuten

1. Die Kartoffeln unter fließendem Wasser abbürsten und abtropfen lassen. Kartoffeln knapp mit Wasser bedeckt zum Kochen bringen und zugedeckt in 20–25 Minuten gar kochen.

2. Kartoffeln abgießen, mit kaltem Wasser abschrecken, nochmals abgießen, abtropfen lassen. Kartoffeln noch warm pellen. Die Zwiebeln abziehen und klein würfeln. Die Kartoffeln in etwa 5 mm dicke Scheiben schneiden.

3. Öl in einer großen Pfanne zerlassen. Speck darin anbraten. Kartoffelscheiben hinzugeben, mit Salz und Pfeffer bestreuen. Kartoffeln in etwa 10 Minuten bei mittlerer Hitze unter gelegentlichem Wenden goldbraun braten. Zwiebeln hinzufügen. Das Ganze weitere 5–10 Minuten braten.

Tipps: Am besten die Kartoffeln bereits am Vortag kochen. Durch etwas Paprikapulver erhalten die Kartoffeln eine appetitliche Farbe.

Bratkartoffeln mit Cocktailwürstchen | Beliebt

4 Portionen

Pro Portion: E: 11 g, F: 18 g, Kh: 23 g, kJ: 1230, kcal: 295, BE: 2,0

750 g	*gegarte Pellkartoffeln*
150 g	*Champignons*
½ Bund	*Schnittlauch*
3 EL	*Sonnenblumenöl*
200 g	*Cocktailwürstchen*
etwa	
5 Stängel	*Majoran*
	Salz, frisch gemahlener Pfeffer
½ TL	*gerebelter Majoran*
½ TL	*Kümmelsamen*

Zubereitungszeit: 30 Minuten

1. Pellkartoffeln pellen und in Scheiben schneiden. Champignons putzen, evtl. kurz abspülen, gut abtropfen lassen und in Scheiben schneiden. Schnittlauch abspülen, trocken tupfen und in feine Röllchen schneiden.

2. Sonnenblumenöl in einer großen Pfanne erhitzen. Kartoffelscheiben darin unter Wenden anbraten. Die Pilzscheiben unterrühren und mitbraten. Zum Schluss die Cocktailwürstchen dazugeben und das Ganze unter mehrmaligen Wenden weiterbraten.

3. Den Majoran abspülen, abtropfen lassen und die Blättchen von den Stängeln zupfen. Die Bratkartoffeln mit Cocktailwürstchen mit Salz, Pfeffer, gerebeltem Majoran und Kümmel würzen, anrichten und mit Schnittlauchröllchen und Majoranblättchen bestreuen.

Beilage: Grüner Salat von Seite 89.

Brokkoli-Creme-Suppe mit Tomatenwürfeln

Einfach – vegetarisch

4 Portionen

Pro Portion: E: 13 g, F: 6 g, Kh: 18 g, kJ: 781, kcal: 186, BE: 1,0

1 kg Brokkoli

300 ml Wasser
1 EL Gemüsebrühepulver
500 ml (1/2 l) Milch (3,5 % Fett)
4 EL Haferkleieflocken (60 g)
Salz
frisch gemahlener, weißer Pfeffer
frisch geriebene Muskatnuss

2 Tomaten (etwa 300 g)

Zubereitungszeit: 30 Minuten

1. Vom Brokkoli die Blätter entfernen. Den Brokkoli in Röschen teilen, die Stängel am Strunk schälen und klein schneiden. Die Röschen abspülen und abtropfen lassen.

2. Wasser mit der Gemüsebrühe und dem Brokkoli in einem Topf zum Kochen bringen und zugedeckt etwa 15 Minuten bei mittlerer Hitze garen. Anschließend alles mit einem Pürierstab pürieren.

3. Milch erhitzen und nach und nach zum Brokkolipüree gießen. Die Flüssigkeit mit dem Pürierstab so lange pürieren, bis eine glatte Cremesuppe entstanden ist.

4. Die Haferkleieflocken unterrühren und die Suppe nochmals kurz aufkochen lassen. Die Suppe mit Salz, Pfeffer und Muskat abschmecken.

5. Tomaten abspülen, abtrocknen, halbieren und die Stängelansätze herausschneiden. Tomaten entkernen, in kleine Würfel schneiden und in die Suppe geben.

Tipp: Etwa 150 g Weißbrot oder Baguette in dünne Scheiben schneiden, in einer Pfanne in 4–5 Esslöffeln Olivenöl anrösten und dazu servieren (Zusatzkosten: etwa 0,60 €).

Brokkoli-Käse-Suppe | Beliebt

4 Portionen

Pro Portion: E: 11 g, F: 20 g, Kh: 11 g, kJ: 1145, kcal: 274, BE: 0,5

750 g Brokkoli
800 ml Gemüsebrühe
200 g Sahne- oder Kräuterschmelzkäse
1 Pck. helle Sauce (für 250 ml [1/4 l] Flüssigkeit)
frisch gemahlener Pfeffer
frisch geriebene Muskatnuss

Zubereitungszeit: 30 Minuten

1. Von dem Brokkoli die Blätter entfernen. Brokkoli abspülen und abtropfen lassen. Den Strunk schälen und in kleine Stücke schneiden. Brokkoli in Röschen teilen.

2. Gemüsebrühe zugedeckt in einem Topf zum Kochen bringen, Brokkoli hinzufügen und etwa 5 Minuten bei mittlerer Hitze darin garen.

3. Gut ein Drittel der Brokkoliröschen mit einer Schaumkelle entnehmen und in einem Sieb abtropfen lassen. Restlichen Brokkoli zusammen mit der Brühe pürieren, Schmelzkäse hinzufügen und darin unter Rühren auflösen.

4. Saucenpulver mit einem Schneebesen in die Suppe rühren. Suppe aufkochen lassen und mit Pfeffer und Muskat würzen.

5. Vor dem Servieren abgetropfte Brokkoliröschen in der Suppe nochmals kurz erwärmen.

Tipps: Geben Sie mit den Brokkoliröschen 100 g in Streifen geschnittenen Räucherlachs in die Suppe (pro Portion: etwa 1,05 €). Sie können auch den gesamten Brokkoli pürieren und die Suppe anschließend mit 25 g gerösteten Mandelblättchen bestreuen (pro Portion: etwa 0,80 €).

Rezeptvariante: Für eine **Blumenkohl-Käse-Suppe** (pro Portion: etwa 0,85 €) ersetzen Sie den Brokkoli einfach durch die gleiche Menge Blumenkohl. Die Garzeit erhöht sich dann auf etwa 8 Minuten.

Brotauflauf | Schnell

4 Portionen

Pro Portion: E: 26 g, F: 34 g, Kh: 25 g, kJ: 2128, kcal: 511, BE: 2,0

3 Brötchen (Semmeln, etwa 150 g)
75 g Kräuterbutter
250 g kleine Champignons
2 Zwiebeln
etwa 80 g Salami
1–2 EL Olivenöl
125 g Schinkenwürfel
Salz
frisch gemahlener Pfeffer
25 g gemischte, gehackte TK-Kräuter
3 Eier (Größe M)
200 g Frühlingsquark

Zubereitungszeit: 30 Minuten
Garzeit: etwa 30 Minuten

1. Brötchen in Würfel schneiden. Kräuterbutter in einer Pfanne zerlassen. Die Brötchenwürfel darin goldbraun braten.

2. Champignons putzen, mit Küchenpapier abreiben, evtl. abspülen und gut abtropfen lassen.

3. Die Zwiebeln abziehen und fein würfeln. Salami würfeln.

4. Olivenöl in einer Pfanne erhitzen. Die Zwiebelwürfel darin glasig dünsten. Salami- und Schinkenwürfel hinzugeben und kurz anbraten. Champignons hinzufügen, ebenfalls kurz anbraten, mit Salz und Pfeffer würzen.

5. Den Backofen vorheizen.
Ober-/Unterhitze: etwa 200 °C
Heißluft: etwa 180 °C

6. Die Brötchenwürfel (etwa 2 Esslöffel davon beiseitelegen) in eine Auflaufform (gefettet) geben. Wurst-Gemüsemischung und Kräuter dazugeben. Das Ganze gut miteinander vermischen.

7. Die Eier verschlagen und mit einem Schneebesen unter den Quark heben. Die Eier-Quark-Masse über den Auflauf geben. Beiseitegelegte Brötchenwürfel daraufstreuen.

8. Die Form auf dem Rost im unteren Drittel in den vorgeheizten Backofen schieben. Den Auflauf **etwa 30 Minuten garen.**

Tipp: Für diesen Auflauf eignen sich altbackene Brötchen sehr gut.

Buttermilchplinsen | Einfach

6 Stück

Pro Stück: E: 13 g, F: 14 g, Kh: 46 g, kJ: 1547, kcal: 370, BE: 4,0

Für den Plinsenteig:

250 g Weizenmehl
5 Eier (Größe M)
500 ml (1/2 l) Buttermilch
125 ml (1/8 l) Wasser
1 TL Zucker
1 Prise Salz

5 EL Sonnenblumenöl
1/2 TL gemahlener Zimt
2 TL Zucker
1 Glas stückiges Apfelmus (Apfelkompott, 365 g)

Zubereitungszeit: 40 Minuten, ohne Teigruhezeit

1. Für den Plinsenteig Mehl in eine Rührschüssel geben. Eier mit Buttermilch, Wasser, Zucker und Salz verschlagen, nach und nach unter Rühren zum Mehl geben. Darauf achten, dass keine Klümpchen entstehen. Den Teig 20–30 Minuten ruhen lassen.

2. Etwas von dem Sonnenblumenöl in einer beschichteten Pfanne (Ø 28 cm) erhitzen.

3. Den Teig gut durchrühren und eine dünne Teiglage mit einer drehenden Bewegung gleichmäßig auf dem Boden der Pfanne verteilen.

4. Plinsen bei mittlerer Hitze etwa 2 Minuten goldbraun backen, bis die Teigoberfläche nicht mehr feucht ist.

5. Plinsen wenden, wieder etwas Öl in die Pfanne geben und den Plinsen fertig backen. Aus dem restlichen Teig weitere 5 Plinsen backen. In der Zwischenzeit die gebackenen Plinsen warm stellen.

6. Zimt und Zucker mischen und die Plinsen damit bestreuen, das Apfelkompott darauf verteilen und zu Taschen zusammenklappen.

Tipp: Dazu schmeckt Vanillesauce (Zusatzkosten für etwa 500 ml (1/2 l): etwa 0,60 €)

Cevapcici-Spieße | Beliebt

8 Stück

Pro Stück: E: 13 g, F: 18 g, Kh: 4 g, kJ: 939, kcal: 224, BE: 0,2

1 Zwiebel
2 Knoblauchzehen
3 EL Olivenöl
1 Bund glatte Petersilie
1 rote Peperoni
1 gelbe Paprikaschote
1 rote Zwiebel
500 g Gehacktes (halb Rind-, halb Schweinefleisch)
1 EL Weizenmehl
Salz
frisch gemahlener Pfeffer
1 TL Paprikapulver edelsüß
2 Knoblauchzehen
3 EL Olivenöl
evtl. geschrotete, rote Pfefferbeeren

Außerdem:

8 Holz- oder Metallspieße

Zubereitungszeit: 30 Minuten, ohne Marinierzeit
Grillzeit: etwa 10 Minuten

1. Die Zwiebel und Knoblauchzehen abziehen und fein würfeln. Olivenöl in einer Pfanne erhitzen. Die Zwiebelwürfel darin glasig dünsten. Knoblauchwürfel hinzugeben und kurz mitdünsten.

2. Die Petersilie abspülen und trocken tupfen. Die Blättchen von den Stängeln zupfen und fein hacken. Die Petersilie mit in die Pfanne geben und kurz unterrühren.

3. Die Peperoni halbieren, entstielen, entkernen und die Scheidewände entfernen. Die Schotenhälften abspülen, abtropfen lassen und fein hacken. Die Paprikaschote halbieren, entstielen, entkernen und die weißen Scheidewände entfernen. Die Schote abspülen, abtropfen lassen und in etwas größere Stücke schneiden. Die rote Zwiebel abziehen, vierteln und in die einzelnen Schichten zerteilen.

4. Gehacktes in eine Schüssel geben und mit Mehl, Salz, Pfeffer und Paprikapulver gut vermengen. Die gedünsteten Zutaten etwas abgekühlt unter den Fleischteig mischen. Peperoni zum Fleischteig geben und untermengen.

5. Aus der Fleischmasse mit angefeuchteten Händen 8 gleich große Röllchen formen. Die Fleischröllchen mit Paprikastücken und Zwiebeln auf die Spieße stecken.

6. Die Knoblauchzehen abziehen und durch eine Knoblauchpresse in eine Schüssel drücken. Knoblauch mit Olivenöl verrühren. Die Fleischröllchen mit dem Knoblauchöl bestreichen und zugedeckt im Kühlschrank etwa 30 Minuten durchziehen lassen.

7. Die Cevapcici-Spieße evtl. mit den roten Pfefferbeeren bestreuen und auf den heißen Grillrost legen. Spieße etwa 5 Minuten grillen, wenden, nochmals mit dem Öl bestreichen und etwa 5 Minuten weitergrillen.

Tipps: Damit die Spieße nicht auf dem Grill festbrennen, sie am besten auf geölte Alufolie legen. Dazu passt Krautsalat (500 g, zusätzlich etwa 0,85 €).

Chili con Carne | Klassisch

4 Portionen

Pro Portion: E: 40 g, F: 23 g, Kh: 29 g, kJ: 2021, kcal: 481, BE: 2,0

50 g durchwachsener Speck
2–3 Zwiebeln
1–2 Knoblauchzehen
500 g Gehacktes vom Rind
1 Dose geschälte Tomaten (Einwaage 800 g)
1 Dose Chilibohnen (Einwaage 800 g)
2–3 EL Chilisauce
1 Lorbeerblatt
2 TL Chilipulver
Salz
1 Prise Zucker

Zubereitungszeit: 30 Minuten
Garzeit: etwa 20 Minuten

1. Speck in Würfel schneiden und in einem Topf unter Rühren anbraten.

2. Zwiebeln und Knoblauch abziehen, ebenfalls fein würfeln und in dem Speckfett glasig dünsten lassen. Rindergehacktes hinzufügen und unter ständigem Rühren etwa 5 Minuten braten. Dabei die Fleischklümpchen mit einer Gabel zerdrücken.

3. Tomaten in der Dose grob zerkleinern, zusammen mit der entstandenen Flüssigkeit, den Chilibohnen (mit der Flüssigkeit), der Chilisauce und dem Lorbeerblatt zum Gehackten geben. Das Ganze mit Chilipulver, Salz und Zucker würzen, zum Kochen bringen. Die Zutaten zugedeckt etwa 15 Minuten garen, dabei gelegentlich umrühren.

4. Das fertige Chili con Carne nochmals mit den Gewürzen feurig scharf abschmecken und das Lorbeerblatt entfernen.

Tipp: Besonders gut schmeckt das Chili con Carne, wenn es am Vortag zubereitet und am nächsten Tag wieder heiß gemacht wird.

Beilage: Dazu 500 g Fladenbrot (etwa 1,- €) oder 75 g Tacos (etwa 1,50 €) servieren.

Curry-Linsen-Suppe

Kalorienarm – vegetarisch

4 Portionen

Pro Portion: E: 19 g, F: 8 g, Kh: 44 g, kJ: 1360, kcal: 325, BE: 3,5

1 Zwiebel
1 Knoblauchzehe
30 g Butter
1 EL Currypulver
½ TL Paprikapulver edelsüß
¼ TL gemahlener Kreuzkümmel (Cumin)
Salz, frisch gemahlener Pfeffer
4 TL Tomatenmark
750 ml (¾ l) Gemüsebrühe
250 g getrocknete, gelbe oder rote Linsen
3 EL Rosinen
½ Bund glatte Petersilie

Zubereitungszeit: 10 Minuten
Garzeit: 20–25 Minuten

1. Zwiebel und Knoblauch abziehen und in kleine Würfel schneiden. Butter in einem Topf zerlassen. Zwiebel- und Knoblauchwürfel darin andünsten.

2. Curry, Paprika, Kreuzkümmel, Salz, Pfeffer und Tomatenmark hinzufügen, kurz mit andünsten. Die Brühe hinzugießen. Linsen unter Rühren einstreuen und die Suppe zum Kochen bringen.

3. Suppe zugedeckt 20–25 Minuten bei schwacher Hitze köcheln lassen, dabei gelegentlich umrühren.

4. In der Zwischenzeit Rosinen in ein Sieb geben, kalt abspülen und abtropfen lassen. Rosinen nach dem Ende der Garzeit hinzugeben und die Suppe mit Gewürzen und Salz abschmecken.

5. Petersilie abspülen und trocken tupfen. Die Blättchen von den Stängeln zupfen und grob hacken. Die Suppe mit Petersilie bestreut servieren.

Tipp: Sie können auch die klassischen braunen Tellerlinsen verwenden. Die Garzeit beträgt dann etwa 30 Minuten.

Curry-Reis-Pfanne mit Cabanossi | Mit Alkohol

4 Portionen

Pro Portion: E: 17 g, F: 29 g, Kh: 66 g, kJ: 2647, kcal: 632, BE: 5,5

1 Zwiebel
1–2 Knoblauchzehen
4 EL Olivenöl
300 g Risottoreis, z. B. Arborio-Reis
2 TL Currypulver
200 ml Weißwein
750 ml (3/4 l) Gemüsebrühe
200 g Tomaten
200 g Zuckerschoten
250 g Cabanossi (Knoblauchwurst)
Salz
frisch gemahlener Pfeffer

Zubereitungszeit: 45 Minuten

1. Zwiebel und Knoblauch abziehen und würfeln. Öl in einem Wok oder einer großen Pfanne erhitzen. Die Zwiebel- und Knoblauchwürfel darin anbraten. Reis und Currypulver hinzufügen und unter Rühren mit anbraten.

2. Jeweils die Hälfte des Weißweins und der Brühe hinzufügen. Den Reis garen, bis die Flüssigkeit aufgenommen ist, dabei ab und zu umrühren. Dann die restliche Flüssigkeit hinzufügen und alles noch gut 10 Minuten garen.

3. In der Zwischenzeit die Tomaten kreuzweise einschneiden und mit kochendem Wasser begießen. Nach 1–2 Minuten herausnehmen und mit kaltem Wasser abschrecken. Anschließend enthäuten, halbieren und die Stängelansätze herausschneiden. Tomaten entkernen und in Spalten schneiden.

4. Zuckerschoten putzen, die Enden abschneiden, Zuckerschoten abspülen, abtropfen lassen und je nach Größe evtl. halbieren.

5. Cabanossi in dünne Scheiben schneiden. Tomaten, Zuckerschoten und Cabanossi zum Reis geben und etwa 5 Minuten garen, evtl. noch etwas Gemüsebrühe hinzufügen.

6. Die Curry-Reis-Pfanne mit Salz und Pfeffer abschmecken.

Tipp: Anstelle der Zuckerschoten können Sie auch 300 g aufgetaute TK-Erbsen verwenden (pro Portion: etwa 1,30 €).

Curry-Suppentopf | Raffiniert
4 Portionen

Pro Portion: E: 26 g, F: 18 g, Kh: 14 g, kJ: 1347, kcal: 323, BE: 1,0

375 g Putenschnitzel
1 große Zwiebel
2 Stangen Porree (Lauch, etwa 250 g)
2–3 EL Speiseöl, z. B. Sonnenblumenöl
1 ½ leicht geh. EL Currypulver
3 EL Weizenmehl (etwa 20 g)
1 ½ l Hühnerbrühe
75 g Crème fraîche
Salz
frisch gemahlener Pfeffer
1 Apfel
1 EL Zitronensaft

Zubereitungszeit: 20 Minuten
Garzeit: etwa 30 Minuten

1. Putenschnitzel unter fließendem kalten Wasser abspülen, trocken tupfen und in kleine Würfel schneiden. Zwiebel abziehen, halbieren und ebenfalls klein würfeln. Porree putzen. die Stangen längs halbieren, gründlich waschen, abtropfen lassen und in schmale Streifen schneiden.

2. Speiseöl in einem Topf erhitzen. Die Fleischwürfel darin von allen Seiten leicht anbraten und wieder herausnehmen. Die Zwiebelwürfel mit den Porreestreifen in dem verbliebenen Bratfett andünsten.

3. Die Fleischwürfel zurück in den Topf geben, mit Currypulver und Mehl bestäuben und gut verrühren. Hühnerbrühe hinzugießen und die Suppe unter Rühren zum Kochen bringen. Den Suppentopf zugedeckt etwa 30 Minuten unter gelegentlichem Rühren bei schwacher Hitze köcheln lassen.

4. Anschließend Crème fraîche unterrühren. Die Suppe mit Salz und Pfeffer würzen.

5. Apfel abspülen, abtrocknen, vierteln, entkernen und in schmale Spalten schneiden. Die Apfelspalten mit Zitronensaft beträufeln, kurz vor dem Servieren in die Suppe geben und darin erwärmen.

Beilage: Reichen Sie frisch aufgebackenes Baguette (300 g, etwa 0,70 €) dazu.

Durstige Liese | Gefriergeeignet

Insgesamt: E: 48 g, F: 197 g, Kh: 410 g, kJ: 15291, kcal: 3654, BE: 34,0

Für den Rührteig:

200 g weiche Butter oder Margarine
200 g Zucker
1 Pck. Dr. Oetker Vanillin-Zucker
4 Eier (Größe M)
200 g Weizenmehl
50 g Speisestärke
2 TL Dr. Oetker Backin
1 Pck. Dr. Oetker Finesse Geriebene Zitronenschale

Zum Beträufeln:

150 ml Orangensaft
50 ml Zitronensaft
evtl. 1 EL Zucker

Zubereitungszeit: 15 Minuten, ohne Abkühlzeit
Backzeit: etwa 45 Minuten

1. Den Backofen vorheizen.
Ober-/Unterhitze: etwa 180 °C
Heißluft: etwa 160 °C

2. Für den Rührteig die Butter oder Margarine mit Handrührgerät mit Rührbesen auf höchster Stufe geschmeidig rühren. Nach und nach Zucker und Vanillin-Zucker unterrühren. So lange rühren, bis eine gebundene Masse entstanden ist.

3. Eier nach und nach unterrühren (jedes Ei etwa 1/2 Minute). Mehl mit Speisestärke, Backpulver und Zitronenschale vermischen und auf mittlerer Stufe unterrühren.

4. Den Teig in eine Gugelhupfform (Ø 22–24 cm, gefettet) füllen. Die Form auf dem Rost im unteren Drittel in den vorgeheizten Backofen schieben. Den Kuchen **etwa 45 Minuten backen.**

5. Den Kuchen etwa 10 Minuten in der Form stehen lassen, dann auf einen mit Backpapier belegten Kuchenrost stürzen. Den Kuchen mit einem Holzstäbchen mehrmals einstechen und mit Orangen- und Zitronensaft (evtl. mit Zucker verrührt) beträufeln.

Tipps: Der Kuchen kann bereits am Vortag zubereitet werden. Der Teig kann auch als Blechkuchen gebacken werden. Dazu den Teig auf ein Backblech (30 x 40 cm, gefettet) streichen und etwa 30 Minuten bei gleicher Backofeneinstellung backen.

Eier in Senfsauce | Für Kinder

4 Portionen

Pro Portion: E: 17 g, F: 38 g, Kh: 7 g, kJ: 1833, kcal: 438, BE: 0,5

- *8 Eier (Größe M)*
- *25 g Butter*
- *20 g Weizenmehl*
- *125 ml (1/8 l) Gemüsebrühe*
- *250 g Schlagsahne*
- *1 EL mittelscharfer Senf*
- *1 EL körniger Senf*
- *Salz, frisch gemahlener Pfeffer*

Zubereitungszeit: 20 Minuten

1. Eier an der Unterseite einpicken, in kochendes Wasser geben und in etwa 8 Minuten hart kochen. Eier mit kaltem Wasser abschrecken, damit die Eier nicht nachgaren.

2. In der Zwischenzeit Butter in einem Topf zerlassen. Das Mehl dazugeben und unter Rühren so lange darin erhitzen, bis es goldgelb ist.

3. Brühe und Sahne nach und nach unter Rühren mit dem Schneebesen hinzugeben, dabei darauf achten, dass keine Klümpchen entstehen.

4. Die Sauce zum Kochen bringen und unter Rühren 3–5 Minuten bei schwacher Hitze köcheln lassen. Beide Senfsorten unterrühren. Die Sauce mit Salz und Pfeffer würzen. Eier pellen, nach Belieben halbieren und kurz vor dem Servieren in die Sauce geben.

Beilage: Servieren Sie dazu Petersilienkartoffeln von Seite 214.

Eier mit Frankfurter Grüner Sauce | Einfach – klassisch

4 Portionen

Pro Portion: E: 16 g, F: 19 g, Kh: 3 g, kJ: 1043, kcal: 249, BE: 0,5

Für die Grüne Sauce:

50 g gehackte, gemischte TK-Kräuter
200 g Schmand (Sauerrahm)
150 g Joghurt
Salz, frisch gemahlener Pfeffer
etwas Zitronensaft

1 1/2 l Wasser
3–4 EL Kräuteressig
8 Eier (Größe M)

Zubereitungszeit: 30 Minuten

1. Für die Sauce Kräuter, Schmand und Joghurt in einem hohen Rührbecher fein pürieren. Die Sauce mit Salz, Pfeffer und Zitronensaft abschmecken.

2. Wasser in einem Topf zum Kochen bringen. Essig hinzufügen. Eier einzeln in einer Kelle aufschlagen, vorsichtig in das siedende (nicht sprudelnd kochende) Wasser gleiten lassen. Eiweiß sofort mit 2 Esslöffeln an das Eigelb schieben. Die Eier bei schwacher Hitze 3–4 Minuten ohne Deckel gar ziehen lassen (maximal 4 Eier auf einmal garen).

3. Die garen Eier mit einem Schaumlöffel herausnehmen, kurz in kaltes Wasser tauchen, abtropfen lassen und nach Belieben die Ränder glatt schneiden. Die pochierten Eier mit der Grünen Sauce anrichten.

Beilage: Lecker schmecken Salzkartoffeln von Seite 214 dazu.

Eisbergsalat, pikant-fruchtiger

Schnell

4 Portionen

Pro Portion: E: 4 g, F: 10 g, Kh: 39 g, kJ: 1135, kcal: 271, BE: 3,0

Für den Salat:

1 kleiner Kopf Eisbergsalat (etwa 400 g)
1 Dose Mandarinen (Abtropfgewicht 175 g)
1 Dose Ananasscheiben oder -stücke (Abtropfgewicht 340 g)
250 g blaue Weintrauben

Für die Sauce:

100 g Schlagsahne
150 g Joghurt
etwas Zucker
Salz
frisch gemahlener Pfeffer
etwas Currypulver
etwas Zitronensaft

Zubereitungszeit: 20 Minuten

1. Für den Salat Eisbergsalat putzen, vierteln, abspülen und gut abtropfen lassen. Salat in Streifen schneiden.

2. Mandarinen und Ananas in ein Sieb geben und abtropfen lassen. Ananasscheiben in kleine Stücke schneiden. Weintrauben waschen, abtrocknen, halbieren und entkernen. Die Salatzutaten in eine Schüssel geben.

3. Für die Sauce Sahne mit Joghurt verrühren und mit Zucker, Salz, Pfeffer und Currypulver würzen. Die Sauce mit Zitronensaft abschmecken und vorsichtig mit den Salatzutaten mischen. Den Eisbergsalat sofort servieren.

Tipp: Heben Sie nach Belieben zusätzlich 100 g gewürfelten Blauschimmelkäse (pro Portion: etwa 1,20 €) oder 50 g gehackte Walnusskerne (pro Portion: etwa 1,- €) unter.

Rezeptvariante: Für einen **Eisberg-Camembert-Salat** (pro Portion: etwa 1,25 €) 2 Esslöffel gehackte Haselnusskerne in einer Pfanne ohne Fett hellbraun rösten, herausnehmen und erkalten lassen. Für das Dressing 150 g Joghurt mit 2 Esslöffeln Zitronensaft und 1–2 Esslöffeln Senf verrühren. 1–2 Esslöffel Sonnenblumenöl unterschlagen. Das Dressing mit Salz, Pfeffer und Zucker abschmecken. 1 Kopf Eisbergsalat putzen, vierteln, abspülen und gut abtropfen lassen. Salat in mundgerechte Stücke schneiden. 2 Möhren putzen, schälen, abspülen, abtropfen lassen und in feine Streifen schneiden oder grob raspeln. 250 g Camembert in Scheiben oder Stücke schneiden. Eisbergsalat mit Möhren und Käse vorsichtig vermischen. Das Dressing daraufgeben. Den Salat mit Nüssen und 1–2 Esslöffeln Kresse oder gehackte Petersilie bestreut servieren.

Erbseneintopf | Dauert länger

4 Portionen

Pro Portion: E: 40 g, F: 22 g, Kh: 73 g, kJ: 2756, kcal: 658, BE: 5,5

400 g getrocknete, geschälte, grüne Erbsen
etwa 1 1/2 l Wasser
1–2 EL gerebelter Majoran
800 g festkochende Kartoffeln
2 Bund Suppengrün (Möhren, Knollensellerie, Porree)
75 g durchwachsener Speck
Salz
frisch gemahlener Pfeffer
4 Wiener Würstchen (je etwa 50 g)

Zubereitungszeit: 30 Minuten, ohne Einweichzeit
Garzeit: etwa 70 Minuten

1. Die Erbsen in kaltem Wasser über Nacht einweichen (das Einweichen spart Zeit beim Kochen).

2. Die Erbsen mit dem Einweichwasser und Majoran in einem Topf zum Kochen bringen und zugedeckt etwa 50 Minuten bei mittlerer Hitze garen.

3. Kartoffeln schälen, abspülen, abtropfen lassen und in etwa 1 cm große Würfel schneiden. Möhren und Sellerie putzen, schälen, abspülen, abtropfen lassen und ebenfalls in etwa 1 cm große Würfel schneiden. Porree putzen, die Stange längs halbieren, gründlich waschen, abtropfen lassen und in kleine Stücke schneiden. Speck in kleine Würfel schneiden.

4. Die Speckwürfel in einer großen Pfanne ausbraten. Vorbereitetes Suppengrün hinzugeben und 3–4 Minuten unter Rühren mit andünsten. Die Speck-Gemüse-Masse mit den Kartoffelwürfeln zu den Erbsen in den Topf geben, wieder zum Kochen bringen und zugedeckt weitere etwa 20 Minuten bei mittlerer Hitze kochen lassen. Den Erbseneintopf mit Salz und Pfeffer abschmecken.

5. Die Würstchen in den Erbseneintopf geben und miterhitzen.

Erbsen- und Möhrengemüse

Für Kinder

4 Portionen

Pro Portion: E: 6 g, F: 5 g, Kh: 13 g, kJ: 496, kcal: 118, BE: 0,5

500 g Möhren
20 g Butter
50 ml Gemüsebrühe
Salz
250 g TK-Erbsen
frisch gemahlener Pfeffer
1 EL fein gehackte Petersilie

Zubereitungszeit: 15 Minuten
Garzeit: etwa 10 Minuten

1. Möhren putzen, schälen, abspülen, abtropfen lassen und in dünne Scheiben schneiden. Butter in einem Topf zerlassen. Möhrenscheiben darin kurz andünsten.

2. Brühe hinzugießen, mit wenig Salz würzen. Die Möhren zugedeckt etwa 5 Minuten garen, dabei gelegentlich umrühren.

3. Die gefrorenen Erbsen hinzufügen, weitere etwa 5 Minuten mitdünsten lassen.

4. Erbsen- und Möhrengemüse mit Salz und Pfeffer abschmecken. Petersilie unterrühren.

Rezeptvariante: Auch das mögen Kinder gern: **Zuckerschotengemüse** (pro Portion: etwa 1,55 €). Dazu etwa 2 Liter Wasser in einem Topf zum Kochen bringen. Von 500 g Zuckerschoten die Enden abschneiden und die Schoten evtl. abfädeln. Schoten abspülen, abtropfen lassen und mit 2 Teelöffeln Salz in das kochende Wasser geben. Die Zuckerschoten zugedeckt 2–3 Minuten kochen. Die Schoten dann in ein Sieb abgießen, mit kaltem Wasser abschrecken und abtropfen lassen. 20 g Butter zerlassen und die Zuckerschoten darin schwenken. Die Zuckerschoten mit Salz und Pfeffer abschmecken.

Erbsen-Püree-Kartoffeln, überbacken | Etwas aufwendiger

4 Portionen

Pro Portion: E: 22 g, F: 12 g, Kh: 81 g, kJ: 2213, kcal: 530, BE: 7,0

8 große, festkochende Kartoffeln (je etwa 200 g)

Für die Füllung:

200 g TK-Erbsen
50 ml Gemüsebrühe
1 Pck. Kartoffelpüree (für 3 Portionen)
375 ml (3/8 l) Wasser
1/2 gestr. TL Salz
125 ml (1/8 l) Milch
2 EL gemischte TK-Kräuter
125 g Magerquark
Salz
frisch gemahlener Pfeffer
frisch geriebene Muskatnuss

Zum Beträufeln und Bestreuen:

30 g Butter
40 g geriebener Parmesan-Käse

Zubereitungszeit: 50 Minuten, ohne Abkühlzeit
Überbackzeit: etwa 15 Minuten

1. Die Kartoffeln unter fließendem Wasser abbürsten, abtropfen lassen und in einen großen Topf geben. So viel Wasser hinzufügen, dass die Kartoffeln knapp mit Wasser bedeckt sind. Kartoffeln zum Kochen bringen.

2. Kartoffeln zugedeckt in 25–35 Minuten (je nach Größe der Kartoffeln) gar kochen. Kartoffeln abgießen, mit kaltem Wasser abschrecken, nochmals abgießen und etwas abkühlen lassen. Kartoffeln längs halbieren.

3. Den Backofen vorheizen.
Ober-/Unterhitze: etwa 200 °C
Heißluft: etwa 180 °C

4. Für die Füllung die Erbsen mit Brühe in einem kleinen Topf zum Kochen bringen und etwa 5 Minuten kochen lassen. Erbsen mit der Brühe in einen hohen Rührbecher geben und pürieren.

5. Kartoffelpüreepulver mit Wasser, Salz und Milch nach Packungsanleitung zubereiten. Kräuter, Quark und Erbsenpüree unterrühren. Die Masse mit Salz, Pfeffer und Muskat kräftig würzen, auf den Kartoffelhälften verteilen und mit einem Teelöffel leicht verstreichen. Die Kartoffeln auf ein Backblech (mit Backpapier belegt) legen.

6. Butter zerlassen. Die Püreemasse damit bestreichen. Käse daraufstreuen. Das Backblech auf mittlerer Einschubleiste in den vorgeheizten Backofen schieben. Die Kartoffeln **etwa 15 Minuten überbacken.**

Tipps: Die Kartoffeln nach Belieben mit kleinen Rosmarinzweigen oder Petersilienblättchen garniert servieren. Sie können die Kartoffeln bis einschließlich Punkt 5 vorbereiten und zugedeckt kalt stellen. Dann die vorbereiteten Kartoffeln mit der zerlassenen Butter bestreichen und mit Käse bestreuen, im vorgeheizten Backofen (bei Ober-/Unterhitze: etwa 180 °C, Heißluft: etwa 160 °C) 30–40 Minuten überbacken.

Erbsensuppe | Schnell

4 Portionen

Pro Portion: E: 14 g, F: 7 g, Kh: 22 g, kJ: 879, kcal: 210, BE: 1,5

1	*Zwiebel*
1 TL	*Butter*
etwa 800 ml	*Wasser*
4 TL	*gekörnte Hühner- oder Gemüsebrühe*
600 g	*TK-Erbsen*
4 EL	*saure Sahne*
2 Spritzer	*Zitronensaft*
	Salz, frisch gemahlener Pfeffer
etwas	*Zucker*
4 TL	*geriebener Parmesan-Käse*
2 TL	*gehackte, glatte Petersilie*

Zubereitungszeit: 10 Minuten
Garzeit: etwa 10 Minuten

1. Zwiebel abziehen und in kleine Würfel schneiden.

2. Butter in einem Topf zerlassen. Zwiebelwürfel darin andünsten. Wasser und gekörnte Brühe hinzugeben und aufkochen lassen. Die Erbsen hinzugeben, wieder zum Kochen bringen und zugedeckt etwa 10 Minuten bei mittlerer Hitze kochen lassen. 2 Teelöffel saure Sahne unterrühren. Die Suppe pürieren.

3. Die Suppe mit Zitronensaft, Salz, Pfeffer und Zucker abschmecken.

4. Die Erbsensuppe in Suppentassen oder -tellern anrichten und mit der restlichen sauren Sahne, dem Parmesan-Käse und der Petersilie garniert servieren.

Erdbeer-Schmand-Torte |

Für Gäste – fruchtig

Insgesamt: E: 48 g, F: 204 g, Kh: 324 g, kJ: 14352, kcal: 3432, BE: 30,0

Für den All-in-Teig:

170 g Weizenmehl
2 gestr. TL Dr. Oetker Backin
80 g Zucker
1 Pck. Dr. Oetker Vanillin-Zucker
2 Eier (Größe M)
80 g zerlassene, abgekühlte Butter oder Margarine
100 ml Buttermilch

Für den Belag:

500 g Schmand (Sauerrahm, 24 % Fett)
1 Pck. Dr. Oetker Vanillin-Zucker
30 g Zucker
500 g Erdbeeren

Für den Guss:

1 Pck. ungezuckerter Tortenguss, klar
250 ml (1/4 l) Orangensaft

Zubereitungszeit: 50 Minuten, ohne Kühlzeit
Backzeit: etwa 25 Minuten

1. Den Backofen vorheizen.
Ober-/Unterhitze: etwa 180 °C
Heißluft: etwa 160 °C

2. Für den All-in-Teig Mehl mit Backpulver in einer Rührschüssel mischen, restliche Teigzutaten hinzufügen und mit Handrührgerät mit Rührbesen auf höchster Stufe in etwa 1 Minute zu einem glatten Teig verarbeiten. Den Teig in eine Springform (Ø 26 cm, Boden gefettet) füllen.

3. Die Form auf dem Rost im unteren Drittel in den vorgeheizten Backofen schieben. Den Tortenboden **etwa 25 Minuten backen.**

4. Die Form auf einen Kuchenrost setzen. Den Tortenboden etwa 10 Minuten abkühlen lassen, dann aus der Form lösen und auf eine Tortenplatte legen. Den Springformrand säubern und um den Tortenboden stellen.

5. Für den Belag Schmand mit Vanillin-Zucker und Zucker in einer Schüssel verrühren. Die Schmandmasse sofort auf dem noch warmen Tortenboden verteilen und glatt streichen. Die Torte vollständig erkalten lassen.

6. Erdbeeren kurz abspülen, putzen, trocken tupfen und halbieren. Die Erdbeeren dachziegelartig von außen nach innen auf die Schmandmasse legen.

7. Aus Tortenguss und Saft nach Packungsanleitung einen Guss zubereiten. Den Guss mit einem Esslöffel von der Mitte aus zügig über die Erdbeeren geben. Die Torte mindestens 1 Stunde in den Kühlschrank stellen. Vor dem Servieren Springformrand lösen und entfernen.

Farfalle mit Tomaten-Pesto-Ragout | Schnell

4 Portionen

Pro Portion: E: 42 g, F: 26 g, Kh: 57 g, kJ: 2700, kcal: 644, BE: 4,0

2 ½ l	*Wasser*
2 ½ gestr. TL	*Salz*
250 g	*Farfalle (Schmetterlingsnudeln)*
300 g	*Hähnchenbrustfilet*
	Salz
	frisch gemahlener Pfeffer
½ Bund	*Frühlingszwiebeln*
4	*Fleischtomaten*
1	*Aubergine (etwa 300 g)*
2 EL	*Olivenöl*
1 Prise	*Zucker*
3 EL	*Basilikum-Pesto (aus dem Glas)*
125 g	*Mozzarella-Käse*
4–5 EL	*geriebener Parmesan-Käse*

Zubereitungszeit: 25 Minuten
Backzeit: 15–20 Minuten

1. Das Wasser in einem großen Topf zugedeckt zum Kochen bringen. Dann Salz und Nudeln hinzugeben. Die Nudeln im geöffneten Topf bei mittlerer Hitze nach Packungsanleitung kochen lassen, dabei gelegentlich umrühren.

2. Anschließend die Nudeln in ein Sieb geben, mit heißem Wasser abspülen und abtropfen lassen.

3. In der Zwischenzeit Hähnchenbrustfilet kurz unter fließendem kalten Wasser abspülen, trocken tupfen und in schmale Streifen schneiden. Hähnchenstreifen mit Salz und Pfeffer würzen.

4. Die Frühlingszwiebeln putzen, abspülen, abtropfen lassen und in Ringe schneiden. Tomaten abspülen, trocken tupfen, halbieren und die Stängelansätze herausschneiden. Tomatenhälften in grobe Stücke schneiden. Aubergine abspülen, abtrocknen und den Stängelansatz abschneiden. Die Aubergine in Würfel schneiden.

5. Den Backofen vorheizen.
Ober-/Unterhitze: etwa 180 °C
Heißluft: etwa 160 °C

6. Einen Esslöffel Olivenöl in einer Pfanne erhitzen. Die Filetstreifen und die Frühlingszwiebelringe darin kräftig unter Rühren anbraten und herausnehmen. Restliches Olivenöl zum verbliebenen Bratfett in die Pfanne geben und erhitzen. Auberginenwürfel darin kräftig anbraten. Tomatenstücke hinzugeben und mit den Auberginenwürfeln etwa 4 Minuten unter Rühren dünsten, mit Salz, Pfeffer und Zucker würzen. Pesto unterrühren.

7. Die Nudeln mit den Hähnchenfleischstreifen, Frühlingszwiebelringen und dem Tomaten-Ragout in eine flache Auflaufform (gefettet) geben, gut vermischen. Mozzarella-Käse abtropfen lassen, in feine Scheiben schneiden und darauf verteilen. Den Parmesan-Käse daraufstreuen.

8. Die Form auf dem Rost auf mittlerer Einschubleiste in den vorgeheizten Backofen schieben. Den Auflauf **15–20 Minuten überbacken.**

Tipp: Falls Sie sich den Arbeitsgang des Bratens ersparen möchten, einfach 200 g gekochten Schinken in Streifen unter das Tomaten-Ragout mischen.

Farfalle-Gratin mit Spinat I

Einfach

4 Portionen

Pro Portion: E: 26 g, F: 27 g, Kh: 48 g, kJ: 2325, kcal: 556, BE: 4,0

300 g TK-Blattspinat
2 1/2 l Wasser
2 1/2 gestr. TL Salz
250 g Farfalle (Schmetterlingsnudeln)
200 g gekochter Schinken
2 Fleischtomaten
Salz
frisch gemahlener Pfeffer
frisch geriebene Muskatnuss
250 g Schlagsahne
50 g geriebener Käse, z. B. Gouda

Zubereitungszeit: 35 Minuten, ohne Auftauzeit
Garzeit: etwa 25 Minuten

1. TK-Blattspinat nach Packungsanleitung auftauen.

2. Das Wasser in einem großen Topf zugedeckt zum Kochen bringen. Dann Salz und Nudeln hinzugeben. Die Nudeln im geöffneten Topf bei mittlerer Hitze nach Packungsanleitung kochen lassen, dabei gelegentlich umrühren.

3. Anschließend die Nudeln in ein Sieb geben, mit heißem Wasser abspülen und abtropfen lassen.

4. Den Backofen vorheizen.
Ober-/Unterhitze: etwa 200 °C
Heißluft: etwa 180 °C

5. Schinken in Streifen schneiden. Tomaten abspülen, abtropfen lassen, kreuzweise einschneiden, kurz in kochendes Wasser legen und in kaltem Wasser abschrecken. Tomaten enthäuten, halbieren, entkernen und die Stängelansätze herausschneiden. Tomatenhälften in Würfel schneiden.

6. Spinat mit Nudeln, Schinkenstreifen und Tomatenwürfeln vermengen und in eine große Gratinform (gefettet) oder in 4 kleine Gratinförmchen (gefettet) geben. Das Ganze mit Salz, Pfeffer und Muskat würzen. Sahne darauf verteilen und Käse daraufstreuen.

7. Die Form oder Förmchen auf dem Rost auf mittlerer Einschubleiste in den vorgeheizten Backofen schieben. Gratin **etwa 25 Minuten garen.**

Tipp: Beim Kauf von TK-Gemüse erweisen sich die großen Packungen meist als preisgünstiger. Aus den großen Packungen die Menge entnehmen, die man zum Kochen braucht. Die angebrochene Packung wieder gut verschließen und in den Gefrierschrank legen.

Faule-Weiber-Kuchen I

Beliebt

Insgesamt: E: 146 g, F: 252 g, Kh: 450 g, kJ: 19554, kcal: 4673, BE: 37,5

Für den Knetteig:

200 g Weizenmehl
1 gestr. TL Dr. Oetker Backin
75 g Zucker
125 g Butter oder Margarine

Für die Füllung:

750 g Magerquark
2 Eier (Größe M)
150 g Zucker
1 Pck. Dr. Oetker Pudding-Pulver Vanille-Geschmack
200 g Schmand (Sauerrahm)
75 ml Speiseöl, z. B. Rapsöl
150 ml Milch

Zum Bestäuben:

1–2 TL Puderzucker

Zubereitungszeit: 25 Minuten, ohne Abkühlzeit
Backzeit: etwa 100 Minuten

1. Den Backofen vorheizen.
Ober-/Unterhitze: etwa 180 °C
Heißluft: etwa 160 °C

2. Für den Teig Mehl mit Backpulver in einer Rührschüssel mischen. Restliche Zutaten hinzufügen und mit Handrührgerät mit Knethaken zunächst kurz auf niedrigster, dann auf höchster Stufe gut durcharbeiten.

3. Anschließend den Teig auf der leicht bemehlten Arbeitsfläche kurz verkneten. Sollte er kleben, ihn in Frischhaltefolie gewickelt eine Zeit lang in den Kühlschrank stellen.

4. Dann zwei Drittel des Teiges auf dem Boden einer Springform (Ø 26 cm, gefettet) ausrollen. Den Springformrand darumlegen und den Boden mehrmals mit einer Gabel einstechen.

5. Die Form auf dem Rost auf mittlerer Einschubleiste in den vorgeheizten Backofen schieben und den Kuchenboden **etwa 15 Minuten vorbacken.**

6. Form auf einen Kuchenrost stellen. Boden etwas abkühlen lassen.

7. Restlichen Teig zu einer Rolle formen, sie auf den vorgebackenen Boden legen und so an die Form drücken, dass ein etwa 3 cm hoher Rand entsteht.

8. Für die Füllung Quark, Eier, Zucker, Pudding-Pulver, Schmand, Speiseöl und Milch geschmeidig rühren, auf dem vorgebackenen Boden verteilen.

9. Die Form auf dem Rost wieder in den heißen Backofen schieben. Kuchen bei gleicher Backofeneinstellung **weitere etwa 85 Minuten backen.**

10. Die Form auf einen Kuchenrost stellen und den Kuchen in der Form erkalten lassen. Vor dem Servieren mit Puderzucker bestäuben.

Fisch Caprese | Einfach

4 Portionen

Pro Portion: E: 41 g, F: 25 g, Kh: 4 g, kJ: 1719, kcal: 412, BE: 0,0

4 Scheiben	*TK-Seelachsfilet (je etwa 150 g)*
4	*mittelgroße Tomaten*
2	*kleine Zucchini*
250 g	*Mozzarella-Käse*
	Salz
	frisch gemahlener Pfeffer
1–2 TL	*getrocknete, italienische Kräuter*
4 EL	*Olivenöl*

Zum Bestreuen:

einige	
Stängel	*Basilikum*

Zubereitungszeit: 30 Minuten, ohne Auftauzeit
Garzeit: 12–15 Minuten

1. Seelachsfilet nach Packungsanleitung auftauen lassen.

2. Den Backofen vorheizen.
Ober-/Unterhitze: etwa 200 °C
Heißluft: etwa 180 °C

3. Tomaten abspülen, trocken tupfen, halbieren und die Stängelansätze herausschneiden. Die Tomaten in Scheiben schneiden.

4. Die Zucchini abspülen, abtrocknen und die Enden abschneiden. Zucchini in etwa $1/2$ cm dicke Scheiben schneiden. Mozzarella-Käse abtropfen lassen und in 12 Scheiben schneiden.

5. Die Hälfte der Tomaten-, Zucchini- und Mozzarella-Scheiben dachziegelartig in eine flache Auflaufform (gefettet) schichten und dann mit Salz, Pfeffer und der Hälfte der Kräuter bestreuen. Mit 2 Esslöffeln Olivenöl beträufeln.

6. Fisch unter fließendem kalten Wasser abspülen, trocken tupfen, mit Salz und Pfeffer bestreuen. Das Fischfilet auf die Gemüse-Käse-Mischung legen.

7. Die restlichen Tomaten-, Zucchini- und Mozzarella-Scheiben dachziegelartig darauflegen, mit Salz, Pfeffer und den restlichen Kräutern bestreuen und mit dem restlichen Olivenöl beträufeln.

8. Die Form auf dem Rost auf mittlerer Einschubleiste in den vorgeheizten Backofen schieben. Fisch Caprese **12–15 Minuten garen.**

9. Basilikum abspülen und trocken tupfen. Die Blättchen von den Stängeln zupfen und fein hacken. Fisch Caprese mit Basilikum bestreut servieren.

Beilage: Reis oder Kartoffelpüree z. B. von Seite 120 schmecken sehr gut dazu.

Fischcurry | Exotisch

4 Portionen

Pro Portion: E: 32 g, F: 7 g, Kh: 16 g, kJ: 1096, kcal: 262, BE: 1,5

600 g TK-Seelachsfilet
2 TL Currypulver
Salz
1 Msp. Paprikapulver edelsüß

250 ml (1/4 l) Gemüsebrühe
450 g TK-Erbsen- und Möhrenmischung

1 Apfel
1 große Banane
1 EL Zitronensaft

2 EL Olivenöl
1 TL Speisestärke

Zubereitungszeit: 30 Minuten, ohne Auftauzeit

1. Fischfilet nach Packungsanleitung auftauen lassen.

2. Das Fischfilet unter fließendem kalten Wasser abspülen, trocken tupfen und in etwa 2 cm große Würfel schneiden. Die Fischwürfel in eine Schüssel geben. Currypulver mit Salz und Paprikapulver mischen. Die Fischwürfel damit bestreuen.

3. Gemüsebrühe in einem Topf zum Kochen bringen. Das gefrorene Erbsen-Möhren-Gemüse hinzufügen und etwa 5 Minuten garen.

4. In der Zwischenzeit Apfel schälen, vierteln, entkernen und in kleine Würfel schneiden. Banane schälen, längs halbieren und in Scheiben schneiden, beide Zutaten mit Zitronensaft beträufeln.

5. Das Olivenöl in einer großen Pfanne erhitzen. Die Fischwürfel darin unter vorsichtigem Wenden etwa 2 Minuten braten. Apfelwürfel und Bananenscheiben mit in die Pfanne geben und kurz mit andünsten. Erbsen-Möhren-Gemüse mit der Brühe hinzufügen und unterrühren.

6. Stärke mit etwas kaltem Wasser anrühren und in das Curry einrühren. Das Curry kurz aufkochen, mit Salz und Curry abschmecken und servieren.

Fischfilet in der Hülle | Kalorienarm

4 Portionen

Pro Portion: E: 37 g, F: 11 g, Kh: 7 g, kJ: 1147, kcal: 273, BE: 0,5

750 g TK-Seelachsfilet
2 Stangen Porree (Lauch)
2 EL Speiseöl, z. B. Sonnenblumenöl
Salz
frisch gemahlener Pfeffer
4 Tomaten
½ Bund glatte Petersilie
3 EL Röstzwiebeln

Außerdem:
4 Bögen Back- oder Butterbrotpapier (je etwa 30 x 30 cm)
etwas Küchengarn

Zubereitungszeit: 25 Minuten, ohne Auftauzeit
Garzeit: 20–25 Minuten

1. Seelachsfilet nach Packungsanleitung auftauen lassen.

2. Porree putzen. Die Stangen längs halbieren, gründlich waschen, abtropfen lassen und in feine Streifen schneiden. Öl in einer Pfanne erhitzen. Porreestreifen hinzugeben und unter gelegentlichem Rühren etwa 3 Minuten dünsten, mit Salz und Pfeffer würzen.

3. Den Backofen vorheizen.
Ober-/Unterhitze: etwa 200 °C
Heißluft: etwa 180 °C

4. Seelachsfilet unter fließendem kalten Wasser abspülen, trocken tupfen und in 4 gleich große Stücke teilen. Fisch mit Salz und Pfeffer bestreuen. 4 Bögen Back- oder Butterbrotpapier auf der Arbeitsfläche ausbreiten. Den Porree gleichmäßig mittig darauf verteilen und je 1 Fischstück darauflegen.

5. Tomaten abspülen, abtrocknen, halbieren und die Stängelansätze herausschneiden. Tomaten in Stücke schneiden. Petersilie abspülen und trocken tupfen. Die Blättchen von den Stängeln zupfen. Blättchen grob hacken, mit Tomatenstücken und Röstzwiebeln mischen, auf dem Fisch verteilen.

6. Fisch und Gemüse in dem Papier so einpacken, dass der Falzrand oben liegt. Dazu die gegenüberliegenden Seiten der Papierbögen jeweils oben zueinander führen und wie eine Ziehharmonika nach unten falten. An den Seiten die Päckchen wie bei einem Bonbon zusammendrehen und mit etwas Küchengarn zusammenbinden.

7. Die Päckchen auf ein Backblech legen. Das Backblech in den vorgeheizten Backofen schieben. Seelachsfilet **20–25 Minuten garen.**

8. Jeweils 1 Seelachsfilet-Päckchen auf einen Teller legen. Die Päckchen öffnen und den Fisch sofort servieren.

Beilage: Servieren Sie Pellkartoffeln (1 kg, etwa 0,80 €) dazu.

Fischfilet, paniert | Für Kinder

4 Portionen

Pro Portion: E: 32 g, F: 16 g, Kh: 24 g, kJ: 1545, kcal: 369, BE: 2,0

4 Scheiben TK-Seelachsfilet (je etwa 150 g)
40 g Weizenmehl
100 g Semmelbrösel
1 Ei (Größe M)
2 EL kaltes Wasser
Salz
frisch gemahlener Pfeffer
5 EL Speiseöl, z. B. Olivenöl

Zum Garnieren:

1 Bio-Zitrone (unbehandelt, ungewachst)

Zubereitungszeit: 20 Minuten, ohne Auftauzeit

1. Seelachsfilet nach Packungsanleitung auftauen lassen.

2. Seelachsfilet unter fließendem kalten Wasser abspülen und trocken tupfen. Mehl und Semmelbrösel in je zwei tiefe Teller geben.

3. Ei mit Wasser in einem tiefen Teller verschlagen. Die Filets mit Salz und Pfeffer bestreuen und zuerst in Mehl wenden. Dann die Filets durch das verschlagene Ei ziehen, am Schüsselrand etwas abstreifen und zuletzt in Semmelbröseln wenden. Die Panade etwas andrücken.

4. Speiseöl in einer großen, beschichteten Pfanne erhitzen. Fischfilets darin von jeder Seite 3–4 Minuten goldbraun braten, herausnehmen und kurz auf Küchenpapier abtropfen lassen.

5. Zum Garnieren die Zitrone heiß abwaschen, abtrocknen und in dünne Scheiben schneiden. Die Fischfilets mit den Zitronenscheiben garniert servieren.

Beilage: Servieren Sie Kartoffelsalat von Seite 122 oder Kartoffelpüree (Seite 120) und grünen Salat (Seite 89) dazu.

Fischfilet, überbacken | Einfach

4 Portionen

Pro Portion: E: 27 g, F: 11 g, Kh: 4 g,
kJ: 936, kcal: 224, BE: 0,3

500 g TK-Pangasius- oder Tilapiafilet

300 g Staudensellerie
Salzwasser
125 g Mozzarella-Käse
Salz, frisch gemahlener Pfeffer
2 EL Olivenöl
1 Dose stückige Tomaten (400 g) oder 400 g enthäutete, gewürfelte Tomaten

½ Bio-Zitrone (unbehandelt, ungewachst)

Zubereitungszeit: 30 Minuten, ohne Auftauzeit
Überbackzeit: 12–15 Minuten

1. Fischfilet nach Packungsanleitung auftauen lassen.

2. Staudensellerie putzen und die harten Außenfäden abziehen. Sellerie abspülen und abtropfen lassen. Den Sellerie in dünne Scheiben schneiden.

3. Salzwasser in einem Topf zum Kochen bringen. Die Selleriescheiben darin etwa 5 Minuten vorgaren, dann in ein Sieb geben, mit kaltem Wasser abspülen und abtropfen lassen.

4. Den Backofen vorheizen.
Ober-/Unterhitze: etwa 200 °C
Heißluft: etwa 180 °C

5. Mozzarella abtropfen lassen und in kleine Würfel schneiden. Fischfilets unter fließendem kalten Wasser abspülen, trocken tupfen, mit Salz und Pfeffer würzen.

6. Öl in einer Pfanne erhitzen. Die Fischfilets darin von beiden Seiten kurz anbraten. Die Filets aus der Pfanne nehmen und nebeneinander in eine Auflaufform (gefettet) legen. Die Filets mit Selleriescheiben, Tomaten und Mozzarella-Würfeln belegen.

7. Die Form auf dem Rost auf mittlerer Einschubleiste in den vorgeheizten Backofen schieben. Die Fischfilets **12–15 Minuten überbacken.**

8. Die Zitrone heiß abspülen, abtrocknen, in Scheiben schneiden, halbieren und zum Fischfilet servieren.

Beilage: Servieren Sie Petersilienkartoffeln von Seite 214 dazu.

Fischröllchen auf Möhrengemüse | Raffiniert

4 Portionen

Pro Portion: E: 34 g, F: 14 g, Kh: 12 g, kJ: 1298, kcal: 310, BE: 0,0

600 g	*TK-Seelachsfilet (4 gleich große, dünne Fischfilets)*
	Salz, frisch gemahlener Pfeffer
8 dünne Scheiben	*Schinkenspeck (etwa 80 g)*
750 g	*Möhren*
50 g	*Butter oder Margarine*
200 ml	*Gemüsebrühe*
1 Bund	*Frühlingszwiebeln*
1 EL	*gehackte TK-Petersilie*

Außerdem:

8 Holzstäbchen oder Küchengarn

Zubereitungszeit: 30 Minuten, ohne Auftauzeit
Garzeit: etwa 10 Minuten

1. Seelachsfilet nach Packungsanleitung auftauen lassen.

2. Fischfilets unter fließendem kalten Wasser abspülen, trocken tupfen und mit Salz und Pfeffer bestreuen. Die Fischfilets (mit der silbrig glänzenden Seite nach unten) auf eine Arbeitsfläche legen.

3. Auf jedes Fischfilet je 2 Scheiben Schinkenspeck legen. Die Filets vorsichtig von der schmalen Seite her aufrollen und mit je 2 Holzstäbchen feststecken oder mit Küchengarn verschnüren.

4. Für das Möhrengemüse Möhren putzen, schälen, abspülen, abtropfen lassen und in dünne Scheiben schneiden oder hobeln.

5. Butter oder Margarine in einem großen, flachen Topf zerlassen. Die Möhrenscheiben darin andünsten und mit Salz und Pfeffer würzen. Gemüsebrühe hinzugießen und kurz aufkochen lassen.

6. In der Zwischenzeit die Frühlingszwiebeln putzen, abspülen, abtropfen lassen und in etwa 1 cm breite Stücke schneiden.

7. Die Frühlingszwiebelstücke unter die Möhrenscheiben geben. Die Fischröllchen auf das Gemüse setzen und das Ganze zugedeckt etwa 10 Minuten bei schwacher Hitze dünsten, dabei die Fischröllchen 1-mal vorsichtig wenden.

8. Die Fischröllchen aus dem Topf nehmen und warm stellen. Petersilie unter das Gemüse rühren. Die Fischröllchen auf vorgewärmten Tellern auf dem Möhrengemüse anrichten und servieren.

Beilage: Servieren Sie Kartoffelpüree von Seite 120 dazu.

Fischrouladen in Tomatensauce

Etwas Besonderes

4 Portionen

Pro Portion: E: 36 g, F: 13 g, Kh: 6 g, kJ: 1218, kcal: 290, BE: 0,5

4 Scheiben	*TK-Seelachsfilet (je etwa 150 g)*
	Saft von
1/2	*Zitrone*
	Salz
4 gestr. TL	*mittelscharfer Senf*
1 EL	*gehackte TK-Petersilie*
4 kleine Scheiben	*Gouda-Käse (etwa 100 g)*
4	*kleine Gewürzgurken*
20 g	*Butter*
200 ml	*Gemüsebrühe*

Für die Sauce:

1 Dose	*stückige Tomaten (400 g)*
	frisch gemahlener Pfeffer
1 TL	*gerebelter Oregano*
1/2 TL	*Zucker*

Außerdem:

8	*Holzstäbchen oder Küchengarn*

Zubereitungszeit: 25 Minuten, ohne Auftauzeit
Garzeit: etwa 10 Minuten

1. Seelachsfilet nach Packungsanleitung auftauen lassen.

2. Die Fischfilets unter fließendem kalten Wasser abspülen, trocken tupfen, mit Zitronensaft beträufeln und mit Salz bestreuen. Die Filets (mit der silbrig glänzenden Seite nach unten) auf eine Arbeitsfläche legen und dünn mit Senf bestreichen. Die Petersilie daraufstreuen.

3. Käse und Gurken in schmale Streifen schneiden, gleichmäßig auf den Fischfilets verteilen. Die Filets vorsichtig von der schmalen Seite her aufrollen und mit je 2 Holzstäbchen feststecken oder mit Küchengarn verschnüren.

4. Butter in einer großen Pfanne zerlassen. Die Fischrouladen vorsichtig von allen Seiten darin anbraten. Gemüsebrühe hinzugießen und zum Kochen bringen. Die Fischrouladen bei schwacher Hitze in etwa 7 Minuten gar ziehen lassen, dabei die Fischrouladen 1-mal vorsichtig wenden.

5. Die garen Rouladen herausnehmen, auf eine vorgewärmte Platte legen und zugedeckt warm stellen.

6. Für die Sauce den Fischsud 2–4 Minuten kochen lassen, sodass die Sauce um etwa die Hälfte einkocht. Stückige Tomaten unterrühren, kurz aufkochen. Die Sauce mit Salz, Pfeffer, Oregano und Zucker würzen, noch etwa 3 Minuten köcheln lassen. Die Fischrouladen mit der Sauce servieren.

Beilage: Sehr lecker schmeckt Reis von Seite 204 dazu.

Fladenbrot-Pizza | Einfach

4 Portionen

Pro Portion: E: 31 g, F: 31 g, Kh: 67 g, kJ: 2805, kcal: 670, BE: 5,0

1 Fladenbrot
4 Tomaten
1 Bund Frühlingszwiebeln (etwa 250 g)
200 g Fetakäse oder Schafkäse
50 g schwarze Oliven
250 g Thüringer Mett (gewürztes Schweinegehacktes)
100 g Zaziki
etwas gerebelter Oregano

Zum Garnieren:
evtl. einige Kräuterblättchen

Zubereitungszeit: 20 Minuten
Backzeit: etwa 25 Minuten

1. Das Fladenbrot auf ein Backblech (mit Backpapier belegt) legen. Den Backofen vorheizen.
Ober-/Unterhitze: etwa 180 °C
Heißluft: etwa 160 °C

2. Tomaten abspülen, abtrocknen, halbieren und die Stängelansätze herausschneiden. Tomaten in dünne Scheiben schneiden. Frühlingszwiebeln putzen, abspülen, abtropfen lassen und in Ringe schneiden.

3. Feta- oder Schafkäse abtropfen lassen und fein würfeln. Oliven entsteinen, in Stücke schneiden und mit den Käsewürfeln vermengen.

4. Mett gleichmäßig dünn auf dem Fladenbrot verteilen. Zaziki in Klecksen darauf verteilen. Tomatenscheiben und Frühlingszwiebelringe daraufgeben und mit Oregano bestreuen.

5. Die Oliven-Käse-Mischung daraufstreuen. Das Backblech auf mittlerer Einschubleiste in den vorgeheizten Backofen schieben. Fladenbrot-Pizza **etwa 25 Minuten backen.**

6. Zum Servieren die Fladenbrot-Pizza nach Belieben mit abgespülten und trocken getupften Kräuterblättchen bestreuen und in Stücke schneiden.

Beilage: Servieren Sie einen Tomatensalat dazu.

Rezeptvariante: Für eine **Fladenbrot-Pizza mit Hähnchenstreifen** (pro Portion: etwa 1,65 €) statt des Thüringer Metts 250 g Hähnchenbrustfilet unter fließendem kalten Wasser abspülen, trocken tupfen. Hähnchenbrust in dünne Streifen schneiden und unter Rühren in 2 Esslöffeln erhitztem Olivenöl anbraten. Hähnchenstreifen mit Salz, Pfeffer und Paprikapulver edelsüß würzen, abkühlen lassen und statt des Metts auf dem Fladenbrot verteilen. Das Fladenbrot wie im Rezept beschrieben mit den übrigen Zutaten belegen und wie im Rezept angegeben backen.

Flammkuchen vom Blech mit Quark | Für die Party

8 Portionen

Pro Portion: E: 13 g, F: 14 g, Kh: 37 g, kJ: 1375, kcal: 328, BE: 3,0

Für den Hefeteig:

350 g Weizenmehl (Type 550)
1 Pck. Dr. Oetker Trockenbackhefe
1 Prise Salz
3 EL Olivenöl
250 ml (1/4 l) lauwarmes Wasser

Für den Belag:

2 mittelgroße Zwiebeln
150 g gewürfelter, durchwachsener Speck, z. B. Bacon
250 g Speisequark (20 % Fett)
150 g saure Sahne
1 TL Zucker
1/2 gestr. TL Salz
frisch gemahlener Pfeffer
frisch geriebene Muskatnuss

evtl. etwas glatte Petersilie

Zubereitungszeit: 35 Minuten, ohne Teiggeh- und Abkühlzeit
Backzeit: etwa 20 Minuten

1. Für den Teig Mehl in eine Rührschüssel geben, mit Trockenbackhefe sorgfältig vermischen. Salz, Olivenöl und Wasser hinzufügen. Die Zutaten mit Handrührgerät mit Knethaken zunächst kurz auf niedrigster, dann auf höchster Stufe in etwa 5 Minuten zu einem glatten Teig verarbeiten. Den Teig leicht mit Mehl bestäuben und zugedeckt so lange an einem warmen Ort gehen lassen, bis er sich sichtbar vergrößert hat (etwa 30 Minuten).

2. In der Zwischenzeit für den Belag Zwiebeln abziehen, zuerst in dünne Scheiben schneiden, dann in Ringe teilen. Speckwürfel in einer Pfanne ohne Fett kurz erhitzen. Die Zwiebelringe hinzugeben und etwa 1 Minute unter mehrmaligem Wenden miterhitzen. Die Speck-Zwiebel-Masse auf einem Teller abkühlen lassen. Quark in eine Rührschüssel geben. Saure Sahne unterrühren und mit Zucker, Salz, Pfeffer und Muskat würzen.

3. Den gegangenen Teig leicht mit Mehl bestäuben, aus der Schüssel nehmen und auf der bemehlten Arbeitsfläche nochmals kurz durchkneten. Den Teig auf ein Backblech (30 x 40 cm, gefettet) geben. Den Teig mit bemehlten Händen darauf verteilen. Die Quarkmasse daraufgeben und gleichmäßig verstreichen. Die Speck-Zwiebel-Masse darauf verteilen. Den Teig nochmals zugedeckt etwa 15 Minuten an einem warmen Ort gehen lassen.

4. In der Zwischenzeit den Backofen vorheizen.
Ober-/Unterhitze: etwa 200 °C
Heißluft: etwa 180 °C

5. Das Backblech auf mittlerer Einschubleiste in den vorgeheizten Backofen schieben. Den Flammkuchen **etwa 20 Minuten backen.**

6. Das Backblech auf einen Kuchenrost stellen. Den Flammkuchen in 8 Stücke schneiden. Nach Belieben Petersilie abspülen und trocken tupfen. Die Blättchen von den Stängeln zupfen. Blättchen grob zerschneiden. Den Flammkuchen damit bestreuen und warm servieren.

Flammküchle, schnelle | Einfach

Insgesamt: E: 50 g, F: 187 g, Kh: 178 g, kJ: 10777, kcal: 2582, BE: 15,0

450 g TK-Blätterteig (6 rechteckige Platten)

Für den Belag:

150 g Crème fraîche
1 Pck. Pfeffersauce (erhältlich im Supermarkt)
100 g geräucherter, durchwachsener Speck
einige Petersilienstängel

Zubereitungszeit: 20 Minuten, ohne Auftau- und Abkühlzeit
Backzeit: 10–15 Minuten

1. Blätterteigplatten nebeneinander nach Packungsanleitung auftauen lassen. Blätterteigplatten jeweils in 4 Stücke schneiden und auf ein Backblech (mit Backpapier belegt) legen.

2. Den Backofen vorheizen.
Ober-/Unterhitze: etwa 180 °C
Heißluft: etwa 160 °C

3. Für den Belag Crème fraîche mit dem Pfeffersaucenpulver glatt rühren und auf die Teigstücke streichen.

4. Den Speck in feine Streifen schneiden und darauf verteilen. Das Backblech auf mittlerer Einschubleiste in den vorgeheizten Backofen schieben. Die Flammküchle **10–15 Minuten backen.**

5. Die Flammküchle mit dem Backpapier vom Backblech auf einen Kuchenrost ziehen. Die Flammküchle etwas abkühlen lassen.

6. Petersilie abspülen und trocken tupfen. Die Blättchen von den Stängeln zupfen. Blättchen klein schneiden. Die Flammküchle damit bestreuen.

Tipp: Die Flammküchle schmecken kalt und warm sehr lecker.

Rezeptvariante: Für **schnelle Salamiküchle** (24 Stück, etwa 3,20 €) den Blätterteig wie beschrieben vorbereiten. Für den Belag Crème fraîche mit 1 Päckchen Tomatensaucenpulver und 1 Teelöffel gerebelten Oregano verrühren und auf den Teigstücken verteilen. Dann 100 g in Scheiben geschnittene Salami in Streifen schneiden und darauf verteilen. Die Salamiküchle wie angegeben backen.

Fleischbällchen in Möhren-Chinakohl-Gemüse | Für Kinder

4 Portionen

Pro Portion: E: 28 g, F: 21 g, Kh: 14 g, kJ: 1517, kcal: 363, BE: 0,5

500 g Möhren
500 g Chinakohl
1 Vollkorn-Brötchen (-Semmel)
400 g Gehacktes vom Rind
1 Ei (Größe M)
1 TL mittelscharfer Senf
100 g Magerquark
1 EL gerebelter Oregano
Salz
frisch gemahlener Pfeffer
Paprikapulver edelsüß
frisch geriebene Muskatnuss
2 EL Olivenöl

einige Stängel Petersilie

Zubereitungszeit: 50 Minuten

1. Möhren putzen, schälen, abspülen und abtropfen lassen. Chinakohl putzen, den Kohl vierteln und den Strunk herausschneiden. Kohl abspülen und abtropfen lassen. Möhren und Kohl in etwa gleich große Streifen schneiden. Brötchen in kaltem Wasser einweichen und gut ausdrücken.

2. Gehacktes in eine Schüssel geben. Eingeweichtes Brötchen, Ei, Senf, Quark und Oregano hinzugeben. Die Zutaten gut vermengen, mit Salz, Pfeffer, Paprika und Muskat kräftig würzen.

3. Aus der Gehacktesmasse mit angefeuchteten Händen kleine Bällchen formen. Olivenöl in einer großen Pfanne erhitzen. Gehacktesbällchen darin von allen Seiten in etwa 10 Minuten braun braten. Die Fleischbällchen herausnehmen und warm stellen.

4. Möhren- und Kohlstreifen in die Pfanne geben und in dem verbliebenen Bratfett unter mehrmaligem Wenden andünsten. Gemüse mit Salz, Pfeffer, Paprika und Muskat würzen. Gemüse zugedeckt bei schwacher Hitze etwa 10 Minuten garen lassen, evtl. etwas Wasser hinzugießen.

5. Petersilie abspülen und trocken tupfen. Die Blättchen von den Stängeln zupfen. Blättchen fein hacken. Die warm gestellten Fleischbällchen und Petersilie zu dem Gemüse geben und untermischen. Evtl. nochmals mit den Gewürzen abschmecken und servieren.

Frikadellen

Einfach – beliebt
4 Portionen

Pro Portion: etwa **0,80 €**

Pro Portion: E: 26 g, F: 32 g, Kh: 8 g, kJ: 1779, kcal: 425, BE: 0,5

1 Brötchen (Semmel) vom Vortag
2 Zwiebeln
1 EL Sonnenblumenöl
500 g Gehacktes (halb Rind-, halb Schweinefleisch)
1 Ei (Größe M)
Salz, frisch gemahlener Pfeffer
Paprikapulver edelsüß
1 EL Sonnenblumenöl

Zubereitungszeit: 20 Minuten, ohne Abkühlzeit
Garzeit: 10–15 Minuten

1. Für die Frikadellen das Brötchen in kaltem Wasser einweichen. Zwiebeln abziehen und fein würfeln. Öl in einer Pfanne erhitzen. Die Zwiebelwürfel darin unter Rühren glasig dünsten, dann aus der Pfanne nehmen, auf Küchenpapier abtropfen und etwas abkühlen lassen.

2. Brötchen gut ausdrücken, mit Gehacktem, Zwiebelwürfeln und Ei vermengen. Masse mit Salz, Pfeffer und Paprikapulver würzen. Aus der Masse mit angefeuchteten Händen 8 Frikadellen formen.

3. Öl in der Pfanne erhitzen. Die Frikadellen darin von beiden Seiten unter gelegentlichem Wenden bei mittlerer Hitze 10–15 Minuten braun und gar braten.

Beilage: Servieren Sie Kartoffelpüree von Seite 120 und Erbsen- und Möhrengemüse von Seite 52 dazu.

Rezeptvariante: Für **Frikadellen mit Schafkäsefüllung** (Foto, pro Portion: etwa 1,05 €) in die Gehacktesmasse zusätzlich 1 Teelöffel gerebelten Thymian geben. 200 g Schafkäse in 8 gleich große Würfel schneiden. Aus der Gehacktesmasse 8 flache Fladen formen, jeweils 1 Stück Käse daraufgeben und mit der Masse umschließen. Die Frikadellen wie im Rezept beschrieben braten. Dazu schmeckt ein Tomatensalat z. B. von Seite 254 sehr lecker.

Frikadellen mit Käsehaube I

Fruchtig

4 Portionen

Pro Portion: E: 38 g, F: 39 g, Kh: 31 g, kJ: 2630, kcal: 268, BE: 2,5

1	*Brötchen (Semmel) vom Vortag*
2	*mittelgroße Zwiebeln*
500 g	*Gehacktes (halb Rind-, halb Schweinefleisch)*
1	*Ei (Größe M)*
2 EL	*Mango-Chutney*
	Salz
	frisch gemahlener Pfeffer
1 Kästchen	*Kresse*
2 EL	*Olivenöl*
8	*Pfirsichhälften (aus der Dose)*
8 Scheiben	*Käse, z. B Gouda (je etwa 20 g)*

Zubereitungszeit: 30 Minuten
Garzeit: etwa 35 Minuten

1. Brötchen in kaltem Wasser einweichen und gut ausdrücken. Zwiebeln abziehen und in kleine Würfel schneiden. Gehacktes in eine Schüssel geben. Das eingeweichte Brötchen, Zwiebelwürfel, Ei und Mango-Chutney hinzugeben. Die Zutaten gut vermengen, mit Salz und Pfeffer würzen.

2. Den Backofen vorheizen.
Ober-/Unterhitze: etwa 200 °C
Heißluft: etwa 180 °C

3. Kresse abspülen, trocken tupfen und vom Beet schneiden. Die Hälfte davon unter die Gehacktesmasse mengen. Restliche Kresse beiseitelegen.

4. Ein Backblech mit dem Olivenöl bestreichen. Aus der Gehacktesmasse mit angefeuchteten Händen 8 Bällchen formen, etwas flach drücken und auf das Backblech legen.

5. Das Backblech auf mittlerer Einschubleiste in den vorgeheizten Backofen schieben. Die Frikadellen **etwa 15 Minuten garen.** Dann die Frikadellen wenden und **weitere etwa 15 Minuten garen.**

6. Die Pfirsichhälften in einem Sieb abtropfen lassen. Je 1 Pfirsichhälfte mit der Wölbung nach oben auf 1 Frikadelle legen und mit je 1 Käsescheibe belegen, mit Pfeffer bestreuen. Die belegten Frikadellen im Backofen noch **etwa 5 Minuten überbacken.**

7. Die Frikadellen mit der beiseitegelegten Kresse garnieren und sofort servieren.

Beilage: Servieren Sie einen Tomatensalat von Seite 254 dazu.

Frischkäsetorte, schnelle |

Klassisch – ohne zu backen

Insgesamt: E: 72 g, F: 336 g, Kh: 284 g, kJ: 18697, kcal: 4468, BE: 23,5

Für den Boden:

180 g Löffelbiskuits
120 g Butter oder Margarine

Für die Füllung:

1 Beutel aus
1 Pck. Götterspeise Zitronen-Geschmack
200 ml Wasser
200 g Doppelrahm-Frischkäse
125 g Zucker
1 Pck. Dr. Oetker Vanillin-Zucker
2 EL Zitronensaft
500 g gekühlte Schlagsahne

Zubereitungszeit: 30 Minuten, ohne Kühlzeit

1. Für den Boden Löffelbiskuits in einen Gefrierbeutel geben. Den Beutel verschließen. Die Löffelbiskuits mit einer Teigrolle fein zerbröseln. 30 g der Brösel zum Garnieren beiseitelegen. Butter oder Margarine zerlassen, zu den Biskuitbröseln geben und gut verrühren.

2. Einen Springformrand (Ø 26 cm) auf eine mit Tortenspitze oder Backpapier belegte Tortenplatte stellen. Die Bröselmasse darin gleichmäßig verteilen und mit einem Löffel gut zu einem Boden andrücken. Tortenboden in den Kühlschrank stellen.

3. Für die Füllung die Götterspeise mit 200 ml Wasser, aber ohne Zucker nach Packungsanleitung zubereiten. Die Götterspeise etwa 15 Minuten abkühlen lassen.

4. Frischkäse mit Zucker, Vanillin-Zucker und Zitronensaft mit einem Schneebesen verrühren. Die lauwarme Götterspeise nach und nach unterrühren. Die Sahne steif schlagen und in 2 Portionen unter die Frischkäsemasse heben. Die Frischkäsecreme auf dem Bröselboden verteilen und wellenartig verstreichen. Die Torte etwa 3 Stunden in den Kühlschrank stellen.

5. Beiseitegelegte Biskuitbrösel dekorativ auf den Rand der Tortenoberfläche streuen. Den Springformrand lösen und entfernen.

Fruchtiger Kartoffelsalat I

Gut vorzubereiten

4 Portionen

Pro Portion: E: 8 g, F: 21 g, Kh: 51 g, kJ: 1813, kcal: 433, BE: 4,0

1 kg festkochende Kartoffeln
je 1 rote und gelbe Paprikaschote
1 Zwiebel
1 Apfel mit roter Schale
1 hart gekochtes Ei
250 g Joghurt-Salat-Creme
Salz, frisch gemahlener Pfeffer

Zubereitungszeit: 40 Minuten, ohne Abkühl- und Durchziehzeit

1. Die Kartoffeln gründlich unter fließendem kalten Wasser waschen, evtl. abbürsten und in einem Topf mit Wasser bedeckt zum Kochen bringen. Kartoffeln zugedeckt 20–25 Minuten bei mittlerer Hitze garen.

2. Kartoffeln abgießen, abtropfen und kurz abkühlen lassen. Kartoffeln pellen, erkalten lassen und in Scheiben schneiden.

3. Paprikaschoten halbieren, entstielen, entkernen und die weißen Scheidewände entfernen. Schotenhälften abspülen, abtropfen lassen und in dünne Streifen schneiden. Zwiebel abziehen und sehr klein würfeln.

4. Apfel abspülen, abtrocknen, vierteln, entkernen und mit der Schale in schmale Streifen schneiden. Ei pellen und in kleine Stücke schneiden.

5. Die vorbereiteten Salatzutaten in einer Schüssel mischen.

6. Joghurt-Salat-Creme unterheben. Den Kartoffelsalat mit Salz und Pfeffer abschmecken.

7. Den Kartoffelsalat zugedeckt im Kühlschrank einige Stunden oder über Nacht durchziehen lassen.

Fruchtiger Wackelpeter | Für Kinder

4 Portionen

Pro Portion: E: 5 g, F: 10 g, Kh: 46 g, kJ: 1279, kcal: 305, BE: 4,0

1 Beutel aus
1 Pck. Götterspeise Himbeer-Geschmack
4 EL Zucker
250 ml (1/4 l) Wasser
250 ml (1/4 l) Apfelsaft
1 mittelgroßer Pfirsich
1 mittelgroßer Apfel
1 große Banane

Für den Vanilleschaum:
100 g Schlagsahne
250 ml (1/4 l) kalte Milch
1 Pck. Saucenpulver Vanille-Geschmack ohne Kochen

Zubereitungszeit: 20 Minuten, ohne Kühlzeit

1. Götterspeise mit Zucker, Wasser und Saft in einem Topf verrühren. Die Götterspeise bei schwacher Hitze erwärmen (nicht kochen), bis sie vollständig gelöst ist. Dann die Götterspeise lauwarm abkühlen lassen.

2. Pfirsich und Apfel abspülen, abtrocknen, vierteln, entkernen und in kleine Stücke schneiden. Banane schälen und in Scheiben schneiden.

3. Obststücke in den Gläsern verteilen und die Götterspeise vorsichtig daraufgießen. Die Gläser zugedeckt über Nacht in den Kühlschrank stellen.

4. Für den Vanilleschaum die Sahne steif schlagen. Milch in einen Rührbecher geben. Das Saucenpulver unter ständigem Rühren mit Handrührgerät mit Rührbesen hinzufügen, etwa 1 Minute weiterschlagen. Sahne unterheben und den Vanilleschaum auf der Götterspeise verteilen.

Tipps: Anstatt die Vanille-Sauce selbst zu machen, können Sie auch fertige Vanille-Sauce aus dem Kühlregal verwenden. Der Wackelpeter eignet sich sehr gut ohne den Vanilleschaum für ein Picknick oder zum Mitnehmen. Dann Früchte und Götterspeise in kleine verschließbare Behälter füllen und im Kühlschrank fest werden lassen. Den Wackelpeter in einer Kühltasche transportieren.

Geflügelauflauf mit Camembert-Haube | Etwas Besonderes

4 Portionen

Pro Portion: E: 52 g, F: 31 g, Kh: 27 g, kJ: 2548, kcal: 609, BE: 2,0

750 g	*vorwiegend festkochende Kartoffeln*
2 Stangen	*Porree (Lauch, etwa 600 g)*
250 ml (1/4 l)	*Gemüsebrühe*
200 g	*Schlagsahne*
	Salz
	frisch gemahlener Pfeffer
1	*Lorbeerblatt*
600 g	*Hähnchenbrustfilet*
2 EL	*Sonnenblumenöl*
200 g	*Camembert (mind. 45 % Fett)*

Zubereitungszeit: 40 Minuten
Garzeit: 10–12 Minuten

1. Kartoffeln schälen, abspülen, abtropfen lassen und in nicht zu dünne Scheiben schneiden. Porree putzen, längs halbieren, gründlich waschen, abtropfen lassen und in Streifen schneiden.

2. Brühe mit Sahne, Salz, Pfeffer und Lorbeerblatt in einem Topf aufkochen lassen. Kartoffeln dazugeben und zugedeckt bei schwacher Hitze etwa 5 Minuten köcheln lassen. Porree dazugeben, vorsichtig untermischen und alles weitere 5 Minuten köcheln lassen.

3. Den Backofen vorheizen.
Ober-/Unterhitze: etwa 200 °C
Heißluft: etwa 180 °C

4. Hähnchenfilets unter fließendem kalten Wasser abspülen, trocken tupfen und mit Salz und Pfeffer einreiben. Öl in einer Pfanne erhitzen. Die Filets darin unter Wenden etwa 10 Minuten braten.

5. Sahne-Lauch-Kartoffeln in eine große Auflaufform (gefettet) geben. Filets daraufsetzen. Käse in Scheiben schneiden oder würfeln und auf den Zutaten verteilen.

6. Die Form auf dem Rost auf mittlerer Einschubleiste in den vorgeheizten Backofen schieben. Den Auflauf **10–12 Minuten garen.**

Tipp: Etwa 150 g Preiselbeeren aus dem Glas (etwa 1,- €) zum Auflauf servieren oder vor dem Servieren in Häufchen auf dem Auflauf verteilen.

Gemüseeintopf | Vegetarisch

4 Portionen

Pro Portion: E: 7 g, F: 12 g, Kh: 22 g, kJ: 931, kcal: 222, BE: 1,0

375 g Möhren
375 g mehligkochende Kartoffeln
375 g grüne Bohnen
250 g Blumenkohl
250 g Tomaten
2 Zwiebeln
50 g Butter oder 4–5 EL Sonnenblumenöl
Salz, frisch gemahlener Pfeffer
750 ml (3/4 l) heiße Gemüsebrühe
2 EL gehackte Kräuter, z. B. Petersilie, Basilikum

Zubereitungszeit: 35 Minuten
Garzeit: etwa 25 Minuten

1. Möhren putzen, schälen, abspülen und abtropfen lassen. Kartoffeln schälen, abspülen und abtropfen lassen. Beide Zutaten in Würfel schneiden. Von den Bohnen die Enden abschneiden, evtl. Fäden abziehen. Bohnen abspülen, abtropfen lassen und in Stücke schneiden oder brechen.

2. Von dem Blumenkohl Blätter entfernen, den Strunk abschneiden. Blumenkohl in Röschen teilen, abspülen und abtropfen lassen.

3. Tomaten abspülen, abtropfen lassen, kreuzweise einschneiden, kurz in kochendes Wasser legen und in kaltem Wasser abschrecken. Tomaten enthäuten, vierteln und die Stängelansätze herausschneiden.

4. Zwiebeln abziehen und würfeln. Butter oder Öl in einem Topf erhitzen. Zwiebel-, Kartoffelwürfel und Bohnen etwa 5 Minuten unter Rühren dünsten, mit Salz und Pfeffer würzen. Brühe zufügen, zum Kochen bringen und zugedeckt etwa 5 Minuten bei mittlerer Hitze kochen.

5. Möhrenwürfel und Blumenkohlröschen zufügen, zugedeckt etwa 15 Minuten mitgaren.

6. Die Tomatenviertel zum Eintopf geben und noch etwa 2 Minuten miterhitzen. Den Eintopf mit Salz und Pfeffer abschmecken, mit Kräutern bestreut servieren.

Rezeptvariante: Für einen **Gemüseeintopf mit Fleischklößchen** (pro Portion: etwa 1,45 €) etwa 300 g frische Bratwurstmasse aus der Haut drücken. Formen Sie die Masse zu kleinen Klößchen und garen Sie diese die letzten 5 Minuten im Eintopf mit.

Gemüseragout | Kalorienarm

4 Portionen

Pro Portion: E: 8 g, F: 16 g, Kh: 33 g, kJ: 1290, kcal: 308, BE: 2,0

600 g	*kleine, festkochende Kartoffeln*
1 TL	*Salz*
4	*Möhren (etwa 400 g)*
2	*Kohlrabi (etwa 400 g)*
1	*Salat- oder Schmorgurke (etwa 400 g)*
500 g	*grüner Spargel*
2–3 Stängel	*Dill*
2	*Knoblauchzehen*
6 EL	*Olivenöl*
250 ml (1/4 l)	*Gemüsebrühe*
	Salz, frisch gemahlener Pfeffer

Zubereitungszeit: 30 Minuten
Garzeit: 25–30 Minuten

1. Die Kartoffeln unter fließendem Wasser abbürsten und abtropfen lassen. Kartoffeln in einem Topf knapp mit Wasser bedeckt zum Kochen bringen. Salz hinzugeben. Die Kartoffeln zugedeckt in etwa 15 Minuten gar kochen.

2. In der Zwischenzeit Möhren putzen, schälen, abspülen, abtropfen lassen und in Scheiben schneiden. Kohlrabi schälen, abspülen, abtropfen lassen und in Stifte schneiden. Gurke abspülen, trocken tupfen, längs halbieren und entkernen. Gurke in etwa 2 cm dicke Stücke schneiden.

3. Vom Spargel das untere Drittel schälen und die unteren Enden abschneiden. Spargelstangen je nach Größe halbieren oder dritteln. Dill abspülen und trocken tupfen. Die Spitzen von den Stängeln zupfen. Einige Spitzen zum Garnieren beiseitelegen. Restliche Spitzen klein schneiden.

4. Die garen Kartoffeln abgießen, mit kaltem Wasser abschrecken und abtropfen lassen. Knoblauch abziehen und in kleine Würfel schneiden.

5. Jeweils etwas Olivenöl in einer Pfanne erhitzen. Die vorbereiteten Gemüsezutaten nacheinander darin andünsten und in einen großen Topf geben. Brühe hinzugießen. Das Gemüse mit Salz und Pfeffer würzen. Dill und Knoblauchwürfel unterrühren.

6. Die Zutaten zum Kochen bringen und zugedeckt bei schwacher Hitze 10–15 Minuten garen. Das Gemüse sollte noch etwas Biss haben. Das Gemüseragout mit Salz und Pfeffer abschmecken und mit den beiseitegelegten Dillstängeln garniert servieren.

Beilage: Reichen Sie nach Belieben Baguette mit Kräuter-Knoblauch-Butter (100 g, etwa 1,20 €) dazu.

Gemüse-Reis-Pfanne | Vegetarisch

4 Portionen

Pro Portion: E: 12 g, F: 8 g, Kh: 70 g, kJ: 1712, kcal: 409, BE: 5,0

250 g	*Vollkornreis*
1 Bund	*Frühlingszwiebeln*
3	*Möhren*
je 1	*gelbe, grüne und rote Paprikaschote*
350 g	*Zucchini*
100 g	*Champignons*
1 Dose	*Gemüsemais (Abtropfgewicht 285 g)*
2 EL	*Sonnenblumenöl*
1	*Knoblauchzehe*
	frisch gemahlener Pfeffer
125 ml (1/8 l)	*Gemüsebrühe*

Zubereitungszeit: 45 Minuten

1. Reis nach Packungsanleitung zubereiten.

2. In der Zwischenzeit Frühlingszwiebeln putzen, abspülen, abtropfen lassen und in dünne Ringe schneiden. Möhren, putzen, schälen, abspülen, abtropfen lassen und in dünne Scheiben schneiden.

3. Paprikaschoten, halbieren, entstielen, entkernen und die weißen Scheidewände entfernen. Paprikahälften abspülen, abtropfen lassen und in Stücke schneiden.

4. Zucchini abspülen, abtropfen lassen und die Enden abschneiden. Zucchini in dünne Scheiben schneiden.

5. Champignons putzen, evtl. kurz abspülen und gut abtropfen lassen. Champignons in Scheiben schneiden. Mais in einem Sieb abtropfen lassen.

6. Das Öl in einer großen Pfanne erhitzen. Knoblauch abziehen und durch die Knoblauchpresse direkt in das Öl drücken.

7. Möhren und Frühlingszwiebeln in die Pfanne geben und unter Rühren etwa 4 Minuten anbraten.

8. Paprika, Zucchini, Champignons und Mais dazugeben. Gemüse mit Salz und Pfeffer würzen. Brühe hinzugießen und alles zugedeckt etwa 5 Minuten dünsten.

9. Reis in ein Sieb abgießen und abtropfen lassen. Den Reis mit in die Pfanne geben und unter das Gemüse mischen. Gemüsepfanne mit Salz und Pfeffer abschmecken.

Gemüsesuppe „Querbeet“

Vegetarisch – kalorienarm

4 Portionen

Pro Portion: E: 9 g, F: 2 g, Kh: 27 g,
kJ: 679, kcal: 161, BE: 2,0

500 g festkochende Kartoffeln
2 l Gemüsebrühe
1 kg TK-Suppengemüse
½ Bund glatte Petersilie oder Kerbel
Salz, frisch gemahlener Pfeffer

Zubereitungszeit: 40 Minuten

1. Kartoffeln schälen, abspülen und abtropfen lassen. Kartoffeln in etwa 1 ½ cm große Würfel schneiden.

2. Gemüsebrühe in einen hohen Topf geben. Kartoffelwürfel hinzufügen, zum Kochen bringen und zugedeckt etwa 20 Minuten garen.

3. Das gefrorene Suppengemüse hinzufügen, zum Kochen bringen und weitere etwa 10 Minuten garen.

4. In der Zwischenzeit Kräuter abspülen und trocken tupfen. Die Blättchen von den Stängeln zupfen und hacken.

5. Die Suppe mit Salz und Pfeffer würzen. Gemüsesuppe vor dem Servieren mit den gehackten Kräutern bestreuen.

Tipp: Die Suppe mit 100 g geriebenem Käse, z.B. Emmentaler (pro Portion: etwa 1,30 €), bestreuen.

Gemüsetopf mit Brätbällchen

Einfach
4 Portionen

Pro Portion: E: 15 g, F: 30 g, Kh: 23 g, kJ: 1740, kcal: 416, BE: 1,0

1 ½ l Fleischbrühe
2 feine, frische Bratwürste (etwa 300 g)
6 Frühlingszwiebeln
2 dicke Möhren (etwa 300 g)
2 große Kartoffeln (etwa 400 g)
2 Kohlrabi
4 EL Speiseöl, z. B. Olivenöl
Salz
frisch gemahlener Pfeffer

Zubereitungszeit: 25 Minuten
Garzeit: etwa 15 Minuten

1. Fleischbrühe in einem Topf zum Kochen bringen. Den Topf von der Kochstelle nehmen.

2. Die Bratwurstmasse aus der Haut drücken. Daraus kleine Klößchen formen und in die heiße Brühe geben oder direkt aus der Bratwurst kleine Klöße in die heiße Brühe drücken. Die Klößchen in der Brühe gar ziehen lassen.

3. In der Zwischenzeit die Frühlingszwiebeln putzen, abspülen und abtropfen lassen. Das dunkle Grün abschneiden und beiseitelegen. Die restlichen Stücke in etwa 1 cm breite Ringe schneiden.

4. Möhren putzen. Kartoffeln, Möhren und Kohlrabi schälen, abspülen, abtropfen lassen und in etwa 1 cm große Würfel schneiden.

5. Das Speiseöl in einem Topf erhitzen. Das Gemüse unter Rühren darin andünsten. Die Fleischbrühe mit den Klößchen hinzugießen. Das Ganze zum Kochen bringen. Die Suppe zugedeckt etwa 15 Minuten bei mittlerer Hitze kochen.

6. Die Suppe evtl. mit Salz und Pfeffer würzen. Das beiseitegelegte Grün der Frühlingszwiebeln in feine Ringe schneiden. Den Eintopf mit den Frühlingszwiebelringen bestreuen und servieren.

Geschmolzene Mozzarella-Tomaten | Schnell

6 Portionen

Pro Portion: E: 17 g, F: 35 g, Kh: 28 g, kJ: 2060, kcal: 492, BE: 2,0

1 kg Tomaten
375 g Mozzarella-Käse
6 Stängel Basilikum
Salz
frisch gemahlener Pfeffer
Knoblauchpulver
1 EL weißer Balsamico-Essig
3 EL Olivenöl

Außerdem:

1 kleines Baguette (etwa 280 g)
100 ml Olivenöl

Zubereitungszeit: 20 Minuten
Garzeit: etwa 6 Minuten

1. Tomaten abspülen, trocken tupfen, vierteln, entkernen und die Stängelansätze herausschneiden. Mozzarella in einem Sieb abtropfen lassen und in große Würfel schneiden. Basilikum abspülen und trocken tupfen. Die Blättchen von den Stängeln zupfen (einige Stängel zum Garnieren beiseitelegen). Restliche Blättchen klein schneiden.

2. Die Tomatenviertel mit Mozzarella-Würfeln und Basilikum mischen, mit Salz, Pfeffer, Knoblauch und Essig kräftig würzen. Die Zutaten in eine mikrowellengeeignete Form geben, Olivenöl daraufträufeln.

3. Dann die Form in die Mikrowelle stellen und bei 800 Watt etwa 6 Minuten (bei 600 Watt etwa 8 Minuten) mit Abdeckhaube garen. Anschließend noch etwa 2 Minuten in der ausgeschalteten Mikrowelle stehen lassen.

4. In der Zwischenzeit Baguette in dünne Scheiben schneiden. Das Olivenöl in einer Pfanne erhitzen. Baguettescheiben darin von beiden Seiten braten.

5. Geschmolzene Tomaten mit Mozzarella mit den beiseitegelegten Basilikumstängeln garnieren und mit den Baguettescheiben sofort servieren.

Tipp: Sie können die geschmolzenen Mozzarella-Tomaten auch im Backofen zubereiten. Dafür die vorbereitete Tomaten-Mozzarella-Mischung in eine Auflaufform (gefettet) geben und im vorgeheizten Backofen (Ober-/Unterhitze: etwa 180 °C, Heißluft: etwa 160 °C) 15–20 Minuten garen.

Geschmorte Beinscheiben mit Gemüse | Zubereitung im Schnellkochtopf

4 Portionen

Pro Portion: E: 60 g, F: 35 g, Kh: 10 g, kJ: 2499, kcal: 596, BE: 0,5

4	*Beinscheiben (etwa 1 ½ kg, Rinderhaxenscheiben)*
1	*Zwiebel*
1	*Knoblauchzehe*
1 Dose	*geschälte Tomaten (400 g)*
etwa 125 ml (⅛ l)	*Gemüsebrühe*
	Salz
	frisch gemahlener Pfeffer
3 EL	*Olivenöl*
2 TL	*gerebelter Oregano*
200 g	*Möhren*
1	*Kohlrabi (etwa 400 g)*
2 Stangen	*Porree (Lauch, etwa 500 g)*
½ Bund	*glatte Petersilie*

Zubereitungszeit: 35 Minuten, ohne Durchziehzeit
Garzeit: 25–28 Minuten, ohne Ankochzeit

1. Die Beinscheiben unter fließendem kalten Wasser abspülen und mit Küchenpapier trocken tupfen.

2. Zwiebel und Knoblauch abziehen und würfeln. Geschälte Tomaten in einem Sieb abtropfen lassen, dabei den Saft auffangen und mit der Gemüsebrühe auf 250 ml (¼ l) auffüllen. Die Tomaten in Stücke schneiden.

3. Die Beinscheiben mit Salz und Pfeffer würzen. Olivenöl in einem offenen Schnellkochtopf erhitzen. Die Beinscheiben darin in 2 Portionen rundherum gut anbraten, mit Oregano würzen. Zwiebel- und Knoblauchwürfel hinzugeben und kurz mit anbraten.

4. Die Tomatensaft-Brühe-Flüssigkeit zum Fleisch in den Topf geben. Den Schnellkochtopf nach Herstelleranleitung verschließen und erhitzen. Wenn die gewählte Schnellgarstufe erreicht ist, die Beinscheiben 25–28 Minuten garen.

5. In der Zwischenzeit Möhren und Kohlrabi putzen, schälen, abspülen, abtropfen lassen und in mundgerechte Stücke schneiden. Porree putzen. Die Stangen längs halbieren, gründlich waschen und abtropfen lassen. Porree in etwa 2 cm lange Stücke schneiden.

6. Nach der Garzeit den Schnellkochtopf nach Herstelleranleitung öffnen. Die Beinscheiben aus dem Topf nehmen und zugedeckt warm stellen.

7. Das vorbereitete Gemüse in den Schnellkochtopf geben, mit Salz und Pfeffer würzen. Den Schnellkochtopf wieder nach Herstelleranleitung verschließen und erhitzen. Wenn die Schnellgarstufe erreicht ist, den Schnellkochtopf von der Kochstelle nehmen und nach Herstelleranleitung öffnen.

8. Petersilie abspülen, trocken tupfen und einige Stängel zum Garnieren beiseitelegen. Von den restlichen Stängeln die Blättchen abzupfen und fein schneiden.

9. Das Gemüse in einer großen, vorgewärmten Schale anrichten. Die Beinscheiben darauflegen und mit gehackter Petersilie bestreuen bzw. mit den beiseitegelegten Petersilienstängeln garniert servieren.

Hinweis: Die gewählte Schnellgarstufe kann je nach Modell, Hersteller bzw. Alter des Schnellkochtopfes unterschiedlich angezeigt werden.

Pro Portion: etwa
2,45 €

Geschnetzeltes mit Frischkäse

Schnell – mit Alkohol

4 Portionen

Pro Portion: E: 34 g, F: 33 g, Kh: 5 g, kJ: 1979, kcal: 473, BE: 0,0

500 g Schweinefleisch (Schnitzelfleisch)
1 Glas Champignons in Scheiben (Abtropfgewicht 200 g)
1 Zwiebel
½ Bund Frühlingszwiebeln
2 EL Speiseöl, z. B. Olivenöl
Salz, frisch gemahlener Pfeffer
150 ml Gemüsebrühe
200 g Schlagsahne
125 g Doppelrahm-Frischkäse
75 ml trockener Weißwein
evtl. 1 TL Currypulver

Zubereitungszeit: 30 Minuten

1. Schnitzelfleisch mit Küchenpapier trocken tupfen und in dünne Streifen schneiden. Champignonscheiben in einem Sieb abtropfen lassen.

2. Zwiebel abziehen und fein würfeln. Die Frühlingszwiebeln putzen, abspülen, abtropfen lassen und schräg in dünne Ringe schneiden.

3. Etwas Speiseöl in einer großen Pfanne erhitzen. Die Fleischstreifen in 2 Portionen darin anbraten, mit Salz und Pfeffer bestreuen, aus der Pfanne nehmen. Zwiebel im verbliebenen Bratenfett andünsten.

4. Brühe und Sahne einrühren, zum Kochen bringen. Champignons und Frühlingszwiebelringe hinzufügen. Den Frischkäse und Wein unterrühren und erwärmen.

5. Die Fleischstreifen wieder hinzufügen, kurz erwärmen. Das Geschnetzelte nochmals mit Salz, Pfeffer und evtl. Currypulver abschmecken.

Tipps: Beim Fleischkauf sollten Sie auf Sonderangebote achten. Diese sind meist günstiger als die „Niedrigpreise“ beim Discounter. Garnieren Sie das Geschnetzelte zum Servieren mit Kräuterblättchen. Statt Wein zu verwenden, können Sie auch die Menge der Gemüsebrühe entsprechend erhöhen.

Beilage: Nudeln (siehe Seite 166) schmecken sehr gut dazu.

Gnocchi mit Tomatensauce I

Vegetarisch

4–6 Portionen

Pro Portion: E: 11 g, F: 8 g, Kh: 97 g, kJ: 2112, kcal: 504, BE: 7,5

1–1,2 kg frische Gnocchi (aus dem Kühlregal)

Für die Tomatensauce:

2 Zwiebeln
8 Fleischtomaten (etwa 1 kg)
3 EL Olivenöl
50 g TK-Italienische Kräuter
400 ml Gemüsebrühe
8 EL Tomatenketchup
Salz
frisch gemahlener Pfeffer

Zubereitungszeit: 25 Minuten

1. Gnocchi nach Packungsanleitung zubereiten. Anschließend die Gnocchi in ein Sieb geben, mit heißem Wasser abspülen, abtropfen lassen und zugedeckt warm stellen.

2. Inzwischen für die Tomatensauce Zwiebeln abziehen und in kleine Würfel schneiden. Fleischtomaten abspülen, abtropfen lassen, halbieren und die Stängelansätze herausschneiden. Die Tomaten in Würfel schneiden.

3. Olivenöl in einer Pfanne erhitzen. Die Zwiebelwürfel darin glasig dünsten. Dann Tomatenwürfel und TK-Kräuter hinzufügen, kurz mitdünsten. Gemüsebrühe hinzugießen und Tomatenketchup unterrühren. Die Tomatensauce unter gelegentlichem Rühren aufkochen, dann 3–4 Minuten bei mittlerer Hitze einkochen lassen. Zum Schluss die Tomatensauce mit Salz und Pfeffer würzen.

4. Gnocchi mit der Tomatensauce servieren.

Tipp: Sie können die Gnocchi auch in der Pfanne mit etwa 40 g zerlassener Butter oder 4 Esslöffeln Olivenöl knusprig braten, dabei die Gnocchi ab und zu wenden (pro Portion: etwa 1,55 €).

Gnocchi-Eintopf mit Wiener Würstchen | Für Kinder

4 Portionen

Pro Portion: E: 23 g, F: 27 g, Kh: 66 g, kJ: 2513, kcal: 603, BE: 5,5

2 Zwiebeln
1 Knoblauchzehe
2 gelbe Paprikaschoten
1 EL Olivenöl
300 g TK-Grüne Bohnen
400 ml Gemüsebrühe
Salz, frisch gemahlener Pfeffer
1 TL gerebelter Thymian
500 g passierte Tomaten (aus dem Tetra Pak®)
600 g Gnocchi (aus dem Kühlregal)
8 Geflügel-Wiener-Würstchen (je 50 g)

Zubereitungszeit: 30 Minuten
Garzeit: etwa 15 Minuten

1. Zwiebeln und Knoblauch abziehen, in kleine Würfel schneiden. Die Paprikaschoten halbieren, entstielen, entkernen und die weißen Scheidewände entfernen. Die Schotenhälften abspülen, abtropfen lassen und in grobe Würfel schneiden.

2. Olivenöl in einem Topf erhitzen. Die Zwiebel- und Knoblauchwürfel darin andünsten. Paprikawürfel hinzugeben und mitdünsten. Die gefrorenen Bohnen hinzugeben. Brühe hinzugießen. Das Ganze durchrühren, mit Salz, Pfeffer und Thymian würzen. Die Zutaten zum Kochen bringen und etwa 5 Minuten bei mittlerer Hitze kochen lassen.

3. Passierte Tomaten hinzugeben und unterrühren. Den Eintopf nochmals mit Salz, Pfeffer und Thymian würzen. Den Eintopf wieder zum Kochen bringen und etwa 10 Minuten bei mittlerer Hitze kochen lassen.

4. Würstchen und Gnocchi in den Eintopf geben, kurz miterhitzen oder die Würstchen getrennt zum Eintopf erhitzen. Den Eintopf mit den Würstchen anrichten und servieren.

Tipps: Unregelmäßige Essenszeiten sind mit diesem Gericht kein Problem. Jeder kann seinen Teller in der Mikrowelle in Sekunden erhitzen. Den Eintopf zum Servieren mit Thymianstängeln garniert servieren.

Graupen-Risotto mit Hähnchen

Zubereitung im Schnellkochtopf

4 Portionen

Pro Portion: E: 42 g, F: 30 g, Kh: 51 g, kJ: 2692, kcal: 643, BE: 4,0

4	*Hähnchenschenkel (je etwa 250 g)*
	Salz
	frisch gemahlener Pfeffer
½ TL	*Paprikapulver edelsüß*
3 EL	*Olivenöl*
1 l	*Hühnerbrühe*
250 g	*Perlgraupen*
1	*Knoblauchzehe*
1 Bund	*Frühlingszwiebeln (etwa 250 g)*
200 g	*Cocktailtomaten*
½ Topf	*Kerbel oder Petersilie*
2–3 EL	*Zitronensaft*

Zubereitungszeit: 35 Minuten, ohne Durchziehzeit
Garzeit: etwa 10 Minuten, ohne Ankochzeit

1. Die Hähnchenschenkel unter fließendem kalten Wasser abspülen und mit Küchenpapier trocken tupfen.

2. Die Hähnchenschenkel mit Salz, Pfeffer und Paprikapulver würzen. Olivenöl in einem offenen Schnellkochtopf erhitzen und die Hähnchenschenkel darin in 2 Portionen rundherum gut anbraten.

3. Die Hähnchenschenkel herausnehmen. Die Hühnerbrühe und Graupen in den Schnellkochtopf geben, umrühren. Die Hähnchenschenkel ebenfalls wieder in den Schnellkochtopf geben.

4. Den Schnellkochtopf nach Herstelleranleitung verschließen und erhitzen. Wenn die gewählte Schnellgarstufe erreicht ist, den Risotto mit den Hähnchenschenkeln etwa 10 Minuten garen.

5. In der Zwischenzeit Knoblauch abziehen und fein würfeln. Frühlingszwiebeln putzen, abspülen, abtropfen lassen und in dünne Ringe schneiden. Die Tomaten abspülen, abtrocknen und halbieren, evtl. die Stängelansätze herausschneiden.

6. Nach der Garzeit den Schnellkochtopf nach Herstelleranleitung öffnen. Die Hähnchenschenkel aus dem Topf nehmen und zugedeckt warm stellen.

7. Den Graupen-Risotto mit Salz und Pfeffer würzen. Frühlingszwiebelringe, Knoblauchwürfel und die halbierten Cocktailtomaten vorsichtig unterrühren, kurz im offenen Topf miterhitzen.

8. Kerbel oder Petersilie abspülen, trocken tupfen und einige Stängel zum Garnieren beiseitelegen. Von den restlichen Stängeln die Blättchen abzupfen und fein schneiden.

9. Den Risotto mit Zitronensaft abschmecken, auf eine große, vorgewärmte Platte geben. Den Graupen-Risotto mit Kerbel oder Petersilie bestreuen und die Hähnchenschenkel darauf anrichten. Mit den beiseitegelegten Stängeln garniert servieren.

Hinweis: Die gewählte Schnellgarstufe kann je nach Modell, Hersteller bzw. Alter des Schnellkochtopfes unterschiedlich angezeigt werden.

Grüne-Bohnen-Eintopf |

Klassisch

4 Portionen

Pro Portion: E: 33 g, F: 15 g, Kh: 22 g, kJ: 1500, kcal: 357, BE: 2,0

500 g Rindfleisch zum Kochen (ohne Knochen, mager)
40 g Margarine oder 4 EL Speiseöl, z. B. Olivenöl
1 Zwiebel
Salz
frisch gemahlener Pfeffer
750 ml (3/4 l) Gemüsebrühe
800 g grüne Bohnen
500 g Kartoffeln
2 Stängel Bohnenkraut

Zubereitungszeit: 25 Minuten
Garzeit: etwa 45 Minuten

1. Rindfleisch mit Küchenpapier trocken tupfen und in etwa 2 cm große Würfel schneiden.

2. Margarine oder Öl in einem Topf erhitzen. Die Fleischwürfel darin unter Rühren leicht anbraten.

3. Zwiebel abziehen und würfeln. Die Zwiebelwürfel in den Topf geben und kurz andünsten.

4. Fleisch mit Salz und Pfeffer würzen, etwa die Hälfte der Brühe hinzugießen und das Fleisch zugedeckt etwa 20 Minuten schmoren.

5. Von den Bohnen die Enden abschneiden. Bohnen evtl. abfädeln, abspülen, abtropfen lassen und in kleine Stücke schneiden oder brechen. Kartoffeln schälen, abspülen, abtropfen lassen und würfeln.

6. Das Bohnenkraut abspülen und trocken tupfen. Bohnenkraut, Bohnenstücke, Kartoffelwürfel und die restliche Brühe in den Topf geben. Das Ganze zum Kochen bringen und in weiteren etwa 25 Minuten gar kochen.

7. Den Eintopf mit Salz und Pfeffer abschmecken. Das Bohnenkraut vor dem Servieren entfernen.

Tipps: Verfeinern Sie den Eintopf zusätzlich mit 250 g enthäuteten, entkernten und gewürfelten Tomaten (pro Portion: etwa 1,75 €). Oder geben Sie zusätzlich noch 150 g gewürfelten Schafkäse und 50 g klein gehackte Oliven (pro Portion: etwa 2,20 €) vor dem Servieren in den Eintopf.

Grüner Salat | Beliebt

4 Portionen

Pro Portion: E: 2 g, F: 15 g, Kh: 2 g,
kJ: 637, kcal: 152, BE: 0,0

400 g grüner Salat, z. B. Kopfsalat, Eisbergsalat, Lollo bionda

Für die Vinaigrette:

2 EL Weißweinessig
Salz
5 EL Mineralwasser
1 TL mittelscharfer Senf
6 EL Speiseöl, z. B. Sonnenblumenöl
½ Bund Petersilie oder
½ Bund Schnittlauch
1 kleine Zwiebel
frisch gemahlener Pfeffer
1 Prise Zucker

Zubereitungszeit: 15 Minuten

1. Salat putzen und die äußeren, welken Blätter entfernen. Salatblätter vom Strunk zupfen und in reichlich Wasser gründlich waschen, aber nicht drücken. Salat in einem Sieb gut abtropfen lassen oder in einer Salatschleuder trocken schleudern.

2. Die dicken Rippen aus den Salatblättern entfernen und die großen Blätter kleiner zupfen. Die Herzblätter ganz lassen.

3. Für die Vinaigrette Essig mit Salz, Mineralwasser und Senf verrühren. Speiseöl unterschlagen. Kräuter abspülen und trocken tupfen. Petersilienblättchen von den Stängeln zupfen. Petersilie hacken. Oder Schnittlauch in Röllchen schneiden. Zwiebel abziehen und fein würfeln.

4. Die Kräuter und Zwiebelwürfel unter die Vinaigrette rühren, mit Salz, Pfeffer und Zucker würzen. Den Salat mit der Vinaigrette vermengen und servieren.

Tipp: Frisch schmeckt dazu auch eine **Zucker-Zitronen-Sauce**. Verrühren Sie dafür den Saft von 1 Zitrone mit 1 gehäuften Teelöffel Zucker, bis sich der Zucker gelöst hat. Mischen Sie die Sauce mit den Salatblättern und lassen Sie den Salat kurz durchziehen (pro Portion: etwa 0,40 €).

Grünkohl mit Kasseler und Kohlwurst I

Zubereitung im Schnellkochtopf

4 Portionen

Pro Portion: E: 44 g, F: 31 g, Kh: 11 g, kJ: 2103, kcal: 501, BE: 1,0

4 l Wasser
4 TL Salz
1 1/2 kg Grünkohl oder
1 kg TK-Grünkohl

2 Zwiebeln
3 EL Sonnenblumenöl oder
30 g Gänseschmalz
20 g zarte Haferflocken
375 ml (3/8 l) Gemüsebrühe
Salz, frisch gemahlener Pfeffer
2 TL mittelscharfer Senf
500 g Kasseler Nacken oder Kasseler Kotelett (ohne Knochen)
1 Kohlwurst (etwa 200 g)

Zubereitungszeit: 35 Minuten
Garzeit: etwa 12 Minuten, ohne Ankochzeit

1. Wasser in einem großen Topf zum Kochen bringen. Salz zufügen. Inzwischen vom Grünkohl welkfleckige Blätter und die Blattrippen entfernen. Den Grünkohl gründlich waschen, abtropfen lassen und fein hacken.

2. Grünkohl portionsweise in das kochende Salzwasser geben und zum Kochen bringen. Grünkohl etwa 2 Minuten blanchieren. Anschließend kurz in kaltem Wasser abschrecken und in einem Sieb abtropfen lassen. Oder TK-Grünkohl nach Packungsanleitung auftauen.

3. Zwiebeln abziehen und würfeln. Öl oder Schmalz in einem Schnellkochtopf erhitzen. Die Zwiebelwürfel darin unter Rühren dünsten. Grünkohl zufügen. Haferflocken unterrühren. Brühe hinzugießen. Das Ganze mit Salz und Pfeffer würzen. Senf unterrühren.

4. Kasseler mit Küchenpapier trocken tupfen und mit der Kohlwurst ebenfalls in den Schnellkochtopf geben. Den Schnellkochtopf nach Herstelleranleitung verschließen und erhitzen. Wenn die gewählte Schnellgarstufe erreicht ist, Grünkohl mit Kasseler und Kohlwurst etwa 12 Minuten garen.

5. Nach der Garzeit den Schnellkochtopf nach Herstelleranleitung öffnen. Den Grünkohl nochmals mit Salz und Pfeffer abschmecken. Kasseler in Scheiben schneiden. Grünkohl mit Kasseler und Kohlwurst servieren.

Hinweis: Die gewählte Schnellgarstufe kann je nach Modell, Hersteller bzw. Alter des Schnellkochtopfes unterschiedlich angezeigt werden.

Beilage: Servieren Sie Salzkartoffeln von Seite 214 dazu.

Gulasch vom Wirsingkohl

Gut vorzubereiten

4 Portionen

Pro Portion: E: 11 g, F: 14 g, Kh: 42 g, kJ: 1436, kcal: 343, BE: 2,5

1 Kopf	*Wirsing (etwa 1 kg)*
2 Bund	*Suppengrün (Möhren, Porree, Sellerie)*
600 g	*kleine, festkochende Kartoffeln*
½ Bund	*Thymian*
5 EL	*Sonnenblumenöl*
2 EL	*Zucker*
6 EL	*Balsamico-Essig*
500 ml (½ l)	*Gemüsebrühe*
	Kümmelsamen
	Salz
	frisch gemahlener Pfeffer

Zubereitungszeit: 25 Minuten
Garzeit: etwa 30 Minuten

1. Vom Wirsing die groben, äußeren Blätter lösen. Wirsing vierteln und den Strunk herausschneiden. Wirsing abspülen, abtropfen lassen und in Stücke schneiden. Suppengrün putzen, schälen, abspülen, abtropfen lassen und in kleine Würfel schneiden.

2. Kartoffeln schälen, abspülen, abtropfen lassen und in Würfel schneiden. Thymian abspülen und trocken tupfen. Einige Stängel zum Garnieren beiseitelegen. Die Blättchen von den restlichen Stängeln zupfen.

3. Öl in einem Bräter oder großen Topf erhitzen. Das vorbereitete Gemüse und die Kartoffelwürfel in 2 Portionen etwa 5 Minuten darin andünsten. Zucker unterrühren und karamellisieren lassen.

4. Essig und Brühe hinzugießen. Die Hälfte der Thymianblättchen hinzugeben und mit Kümmelsamen, Salz und Pfeffer würzen. Die Zutaten zum Kochen bringen und zugedeckt bei schwacher Hitze etwa 30 Minuten garen.

5. Gulasch nochmals mit den Gewürzen abschmecken und restliche Thymianblättchen unterrühren.

Gulasch mit den beiseitegelegten Thymianstängeln garnieren und servieren.

Tipps: Wenn Sie möchten, können Sie das Gulasch mit etwas angerührter Speisestärke binden. Sie können das Gulasch als nicht-vegetarisches Gericht mit kleinen Hackfleischbällchen zubereiten. Dafür 500 g Bratwurstbrät (pro Portion: etwa 2,- €) mit angefeuchteten Händen zu kleinen Bällchen formen, diese in kochendem Salzwasser etwa 5 Minuten garen, herausnehmen und zum Gulasch geben.

Gurkensalat | Schnell

4 Portionen

Pro Portion: E: 1 g, F: 8 g, Kh: 5 g, kJ: 387, kcal: 92, BE: 0,0

2 mittelgroße Salatgurken (je 400 g)
1–2 Stängel Dill
2 EL Weißweinessig
Salz, frisch gemahlener Pfeffer
1 TL Zucker
3 EL Speiseöl, z. B. Sonnenblumenöl

Zubereitungszeit: 15 Minuten, ohne Durchziehzeit

1. Die Gurken schälen und die Enden abschneiden. Gurken in dünne Scheiben schneiden oder hobeln. Dill abspülen und trocken tupfen. Dill in kleine Stängel zupfen und hacken.

2. Den Essig mit Salz, Pfeffer und Zucker verrühren. Speiseöl unterschlagen. Dill unterrühren. Die Gurkenscheiben in eine Schüssel geben und mit der Sauce gut vermengen. Den Salat etwa 15 Minuten durchziehen lassen.

3. Dann den Salat nochmals mit Salz und Pfeffer abschmecken und servieren.

Rezeptvariante: Für einen **Gurkensalat mit Schmand** (pro Portion: etwa 0,50 €) die Gurken und den Dill wie unter Punkt 1 beschrieben vorbereiten. Den Dill mit 4 Esslöffeln Schmand oder saurer Sahne verrühren, mit Salz, Pfeffer und Zucker abschmecken. Die Sauce mit den Gurkenscheiben vermengen.

Gurkenteller mit Tunfischcreme |

Schnell

4 Portionen

Pro Portion: E: 9 g, F: 6 g, Kh: 6 g, kJ: 507, kcal: 121, BE: 0,0

1 Dose	*Tunfisch in Sonnenblumenöl (Abtropfgewicht 130 g)*
etwa 50 ml	*Gemüsebrühe*
3 EL	*Zitronensaft*
	Salz
	frisch gemahlener Pfeffer
1	*Knoblauchzehe*
1/2	*Zwiebel*
5 EL	*Joghurt*
2	*mittelgroße Tomaten*
1 1/2	*mittelgroße Salatgurken*
evtl. einige	*frische Basilikumblättchen oder Dillspitzen*

Zubereitungszeit: 20 Minuten

1. Den Tunfisch in einem Sieb abtropfen lassen und mit einer Gabel grob zerzupfen. Tunfisch mit Brühe, Zitronensaft, etwas Salz und Pfeffer in einen hohen Rührbecher geben und pürieren.

2. Knoblauch abziehen und durch eine Knoblauchpresse drücken. Zwiebel abziehen, halbieren. Eine Zwiebelhälfte sehr klein würfeln. Knoblauch und Zwiebelwürfel zu dem Tunfischpüree geben.

3. Joghurt unterrühren, evtl. etwas Brühe hinzugeben. Die Tunfischcreme mit Salz, Pfeffer und evtl. Zitronensaft abschmecken.

4. Tomaten abspülen, trocken tupfen, halbieren und die Stängelansätze herausschneiden. Tomatenhälften in kleine Würfel schneiden. Die Gurken (nach Belieben schälen) abspülen, trocken tupfen und in feine Scheiben hobeln.

5. Vier Salatteller mit den Gurkenscheiben auslegen. Die Tunfischcreme darauf verteilen. Die Tomatenwürfel daraufstreuen. Nach Belieben die Basilikumblättchen oder Dillspitzen abspülen und trocken tupfen. Die Gurkenteller damit garnieren.

Tipp: Servieren Sie den Gurkenteller als kleine Mahlzeit mit Baguette (300 g, etwa 0,70 €).

Hackbraten auf Kartoffelgratin

Beliebt

4 Portionen

Pro Portion: E: 32 g, F: 27 g, Kh: 38 g, kJ: 2196, kcal: 523, BE: 3,0

1 Brötchen (Semmel) vom Vortag
500 g Gehacktes (halb Rind-, halb Schweinefleisch)
1 Ei (Größe M)
1 TL mittelscharfer Senf
Salz
frisch gemahlener Pfeffer

Für das Gratin:

1 kg mehligkochende Kartoffeln
frisch geriebene Muskatnuss
200 ml Milch

Zubereitungszeit: 30 Minuten
Garzeit: etwa 60 Minuten

1. Brötchen in kaltem Wasser einweichen. Gehacktes in eine Schüssel geben. Brötchen gut ausdrücken, mit Ei und Senf zum Gehackten geben. Die Zutaten gut vermengen. Die Masse mit Salz und Pfeffer kräftig würzen, mit angefeuchteten Händen zu einem flachen, länglichen Laib formen.

2. Den Backofen vorheizen.
Ober-/Unterhitze: etwa 180 °C
Heißluft: etwa 160 °C

3. Für das Gratin die Kartoffeln schälen, abspülen, abtropfen lassen und in dünne Scheiben hobeln. Die Kartoffelscheiben mit Salz, Pfeffer und Muskat kräftig würzen.

4. Die Kartoffelscheiben in eine große Auflaufform (gefettet) einschichten. Die Milch zu den Kartoffelscheiben gießen. Die Form auf dem Rost in den vorgeheizten Backofen schieben. Das Kartoffelgratin **etwa 15 Minuten vorgaren.**

5. Dann in die Mitte des Gratins eine leichte, längliche Vertiefung eindrücken. Den Fleischlaib in die Vertiefung legen. Die Form auf dem Rost wieder zurück in den heißen Backofen schieben und das Ganze weitere **etwa 45 Minuten garen.**

6. Den Hackbraten aus der Form nehmen und in Scheiben schneiden. Die Fleischscheiben wieder auf das Gratin legen und servieren.

Tipp: Bestreuen Sie das Gratin nach etwa 40 Minuten Garzeit mit 100 g geriebenem Käse (pro Portion: etwa 1,15 €) und garen Sie dann den Hackbraten zu Ende.

Hackfleischeier | Beliebt

4 Portionen

Pro Portion: E: 36 g, F: 31 g, Kh: 7 g, kJ: 1897, kcal: 453, BE: 0,2

2 EL Speiseöl, z. B. Olivenöl
400 g Gehacktes vom Rind
250 g Zwiebeln
2 Knoblauchzehen
1 grüne Paprikaschote
2–3 Tomaten
Salz, frisch gemahlener Pfeffer
Cayennepfeffer
1 TL Paprikapulver edelsüß
8 Eier (Größe M)

Zubereitungszeit: 30 Minuten

1. Das Öl in einer Pfanne erhitzen. Das Gehackte hinzugeben und unter ständigem Rühren etwa 5 Minuten darin braten, dabei die Fleischklümpchen mit einer Gabel etwas zerkleinern.

2. Zwiebeln abziehen und in Würfel schneiden. Knoblauch abziehen und durch eine Knoblauchpresse drücken. Zwiebelwürfel und Knoblauch zum Gehackten geben und kurz mitbraten.

3. Die Paprikaschote halbieren, entstielen, entkernen und die weißen Scheidewände entfernen. Schotenhälften abspülen, abtropfen lassen und in sehr kleine Würfel schneiden. Paprikawürfel zum Gehackten in die Pfanne geben und etwa 5 Minuten mitbraten.

4. Tomaten abspülen, abtrocknen, halbieren und die Stängelansätze herausschneiden. Tomaten in Würfel schneiden und unter die Gehacktesmasse rühren. Alles mit Salz, Pfeffer, Cayennepfeffer und Paprika kräftig abschmecken.

5. Eier aufschlagen, gleichmäßig auf die Gehacktes-Gemüse-Masse setzen und so lange garen, bis die Spiegeleier gar sind (evtl. die Pfanne mit einem Deckel zudecken).

6. Die Hackfleischeier nochmals mit Salz und Pfeffer abschmecken und servieren.

Beilage: Servieren Sie die Hackfleischeier mit Kartoffelpüree (siehe Seite 120) und nach Belieben mit einem Blattsalat (siehe Seite 89).

Hackfleischeintopf | Einfach

4 Portionen

Pro Portion: E: 31 g, F: 22 g, Kh: 30 g, kJ: 1858, kcal: 443, BE: 2,5

375 g festkochende Kartoffeln
1 l Fleisch- oder Gemüsebrühe
1 kg TK-Suppengemüse
Salz, frisch gemahlener Pfeffer

Für die Hackfleischbällchen:
1 Brötchen (Semmel) vom Vortag
1 mittelgroße Zwiebel
500 g Gehacktes (halb Rind-, halb Schweinefleisch)
1 TL mittelscharfer Senf

1 EL gehackte Petersilie

Zubereitungszeit: 25 Minuten
Garzeit: 20–25 Minuten

1. Kartoffeln schälen, abspülen, abtropfen lassen und in kleine Würfel schneiden.

2. Die Brühe in einem Topf zum Kochen bringen. Kartoffelwürfel und Suppengemüse in die Brühe geben, mit Salz und Pfeffer würzen. Die Zutaten zum Kochen bringen und zugedeckt etwa 10 Minuten köcheln lassen.

3. In der Zwischenzeit für die Hackfleischbällchen das Brötchen in kaltem Wasser einweichen und gut ausdrücken. Zwiebel abziehen und in kleine Würfel schneiden.

4. Gehacktes in eine Schüssel geben und das eingeweichte Brötchen, Zwiebelwürfel und Senf hinzugeben. Die Zutaten gut vermengen und mit Salz und Pfeffer würzen.

5. Aus der Gehacktesmasse mit angefeuchteten Händen kleine Bällchen formen. Diese in den Eintopf geben und 10–15 Minuten gar ziehen lassen. Den Hackfleischeintopf mit Petersilie bestreuen und sofort servieren.

Tipp: Sie können die Hackfleischbällchen auch in leicht sprudelndem Salzwasser 10–15 Minuten gar ziehen lassen und dann zum fertigen Eintopf geben.

Hackfleisch-Gemüse-Pfanne I

Beliebt

4 Portionen

Pro Portion: E: 32 g, F: 28 g, Kh: 21 g, kJ: 1936, kcal: 463, BE: 1,0

500 g Wirsing
400 g Steckrübe
250 g Möhren
1 Bund Frühlingszwiebeln
Salzwasser

1 Brötchen (Semmel) vom Vortag
500 g Gehacktes (halb Rind-/halb Schweinefleisch)
1 Ei (Größe M)
Salz
frisch gemahlener Pfeffer
2 EL Olivenöl
400 ml Gemüsebrühe

1/2 Bund glatte Petersilie

Zubereitungszeit: 35 Minuten
Garzeit: etwa 20 Minuten

1. Wirsing putzen, vierteln und den Strunk herausschneiden. Wirsing abspülen, abtropfen lassen und in feine Streifen schneiden. Die Steckrübe schälen, abspülen, abtropfen lassen und in Würfel schneiden. Möhren putzen, schälen, abspülen, abtropfen lassen und in Scheiben schneiden. Frühlingszwiebeln putzen, abspülen, abtropfen lassen und in etwa 2 cm lange Stücke schneiden.

2. Salzwasser in einem Topf zum Kochen bringen. Die Steckrübenwürfel darin etwa 5 Minuten garen, dann in ein Sieb abgießen, mit kaltem Wasser übergießen und abtropfen lassen.

3. Brötchen in kaltem Wasser einweichen. Gehacktes in eine Schüssel geben. Das Brötchen gut ausdrücken und mit dem Ei zum Gehackten geben. Die Zutaten gut vermengen. Die Masse mit Salz und Pfeffer würzen. Aus der Gehacktesmasse mit angefeuchteten Händen kleine Bällchen formen.

4. Olivenöl in einem Bräter erhitzen. Hackfleischbällchen in 2 Portionen darin anbraten. Das vorbereitete Gemüse hineingeben und mit anbraten. Gemüsebrühe hinzugießen. Das Ganze mit Salz und Pfeffer würzen. Die Hackfleisch-Gemüse-Pfanne zugedeckt etwa 15 Minuten köcheln lassen.

5. Petersilie abspülen, trocken tupfen und die Blättchen von den Stängeln zupfen. Die Blättchen fein hacken. Die Petersilie unter die Hackfleisch-Gemüse-Pfanne rühren. Die Hackfleisch-Gemüse-Pfanne sofort servieren.

Tipp: Statt Steckrüben können auch Kohlrabi (pro Portion: etwa 1,40 €) verwendet werden.

Hähnchenbrustfilet mit Frischkäsefüllung | Einfach

4 Portionen

Pro Portion: E: 49 g, F: 23 g, Kh: 56 g, kJ: 2621, kcal: 627, BE: 4,5

4 Hähnchenbrustfilets (etwa 600 g)
175 g Doppelrahm-Frischkäse
6 EL Milch
1 Dose Gemüsemais (Abtropfgewicht 265 g)
Salz
frisch gemahlener Pfeffer
Paprikapulver edelsüß
3 EL Olivenöl

6 Zweige Rosmarin

500–600 g Gnocchi (aus dem Kühlregal)
1–2 EL grünes Pesto

Außerdem:
4 Holzstäbchen

Zubereitungszeit: 25 Minuten
Garzeit: etwa 12 Minuten

1. Den Backofen vorheizen.
Ober-/Unterhitze: etwa 160 °C
Heißluft: etwa 140 °C

2. Die Hähnchenbrustfilets unter fließendem kalten Wasser abspülen und trocken tupfen. Mit einem langen, spitzen Messer in die dicke Seite der Filets eine tiefe Tasche schneiden.

3. Frischkäse mit Milch geschmeidig rühren. Mais abtropfen lassen und unterrühren. Die Füllung mit Salz, Pfeffer und Paprika abschmecken und mit einem Teelöffel in die eingeschnittenen Taschen der Filets füllen. Die Öffnung mit Holzstäbchen verschließen.

4. Olivenöl in einer ofenfesten Pfanne erhitzen. Die gefüllten Filets mit Salz, Pfeffer und Paprikapulver bestreuen, in der Pfanne rundherum gut anbraten. Rosmarinzweige abspülen und trocken tupfen. 2 Rosmarinzweige in die Pfanne geben.

5. Die Pfanne auf dem Rost auf mittlerer Einschubleiste in den vorgeheizten Backofen schieben. Die Filets **etwa 12 Minuten garen.**

6. In der Zwischenzeit die Gnocchi nach Packungsanleitung zubereiten. Das Pesto unter die Gnocchi rühren, mit Hähnchenbrustfilets und restlichen Rosmarinzweigen garniert servieren.

Hähnchenflügel, glasierte | Einfach

4 Portionen

Pro Portion: E: 21 g, F: 20 g, Kh: 16 g, kJ: 1399, kcal: 334, BE: 1,0

etwa 20 frische oder TK-Hähnchenflügel (gut 1 kg)

Für die Marinade:

4 EL Sojasauce
6 EL flüssiger Honig
1 TL gemahlener Ingwer
2 TL Chilipulver
Salz, frisch gemahlener Pfeffer
evtl. gemahlener Koriander
etwas Weißweinessig oder Zitronensaft

Außerdem:

Alu-Grillschalen

Zubereitungszeit: 20 Minuten, ohne Marinierzeit
Grillzeit: 15–20 Minuten

1. Hähnchenflügel (TK-Flügel auftauen lassen) unter fließendem kalten Wasser abspülen, trocken tupfen und in eine flache Form oder Schale legen.

2. Für die Marinade Sojasauce mit Honig, Ingwer, Chilipulver, Salz, Pfeffer, evtl. Koriander und Essig oder Zitronensaft gut verrühren. Die Hähnchenflügel damit bestreichen und ½–1 Stunde zugedeckt im Kühlschrank durchziehen lassen.

3. Die Hähnchenflügel etwas abtropfen lassen, in Grillschalen legen und auf dem heißen Grill unter mehrmaligem Wenden 15–20 Minuten grillen. Die Hähnchenflügel während des Grillens immer mal wieder mit der restlichen Marinade bestreichen.

Tipp: Reichen Sie frisch aufgebackenes Ciabatta-Brot (300 g, etwa 1,- €) dazu.

Hähnchenkeulen | Für Kinder

4 Portionen

Pro Portion: E: 34 g, F: 21 g, Kh: 0 g, kJ: 1369, kcal: 327, BE: 0,0

4 Hähnchenkeulen (je etwa 250 g)
1/2 TL Salz
1 Msp. frisch gemahlener Pfeffer
1 TL Paprikapulver edelsüß
2–3 EL Speiseöl, z. B. Sonnenblumenöl

Zubereitungszeit: 10 Minuten
Bratzeit: etwa 45 Minuten

1. Den Backofen vorheizen.
Ober-/Unterhitze: etwa 200 °C
Heißluft: etwa 180 °C

2. Die Keulen unter fließendem kalten Wasser abspülen und trocken tupfen.

3. Salz, Pfeffer und Paprikapulver mit Öl verrühren. Die Hähnchenkeulen damit einreiben und in eine Fettpfanne legen.

4. Die Fettpfanne auf der mittleren Einschubleiste in den vorgeheizten Backofen schieben. Die Hähnchenkeulen **etwa 45 Minuten braten.**

Tipp: Nach Belieben die Hähnchenkeulen nach etwa 35 Minuten Bratzeit mit dem ausgetretenen Bratenfett bestreichen und mit 1–2 Teelöffeln Sesamsamen bestreuen (pro Portion: etwa 0,80 €).

Beilage: Wir empfehlen dazu Kartoffelsalat von Seite 118 oder Bratkartoffeln von Seite 36.

Rezeptvariante: Für **panierte Hähnchenkeulen** (pro Portion: etwa 0,80 €) die Hähnchenkeulen wie in Punkt 2 beschrieben vorbereiten. Die Hähnchenkeulen mit Salz, Pfeffer und Paprikapulver edelsüß einreiben. 1–2 Esslöffel gemischte, gehackte TK-Kräuter mit 6 Esslöffeln Semmelbröseln mischen. Die Hähnchenkeulen zunächst in Weizenmehl, dann in 1 verschlagenem Ei und zuletzt in der Semmelbrösel-Kräuter-Mischung wenden. Die Panade gut andrücken, nicht anhaftende Panade leicht abschütteln. Die panierten Hähnchenkeulen in eine Fettpfanne geben, mit 3–4 Esslöffeln Speiseöl beträufeln und wie im Rezept beschrieben braten.

Haselnusskuchen | Schnell – einfach

Insgesamt: E: 76 g, F: 417 g, Kh: 671 g, kJ: 28349, kcal: 6776, BE: 56,0

Für den Belag:

150 g Zucker
125 g Butter
200 g gehobelte Haselnusskerne

Für den Knetteig:

375 g Weizenmehl
2 TL Dr. Oetker Backin
150 g Zucker
1 Pck. Dr. Oetker Vanillin-Zucker
2 Eier (Größe M)
200 g Butter

Zum Bestreichen:

3–4 EL Aprikosenkonfitüre

Zubereitungszeit: 15 Minuten
Backzeit: 20–25 Minuten

1. Für den Belag Zucker mit Butter in einen Topf geben und unter Rühren aufkochen. Die Haselnusskerne unterrühren. Den Topf von der Kochstelle nehmen.

2. Den Backofen vorheizen.
Ober-/Unterhitze: etwa 200 °C
Heißluft: etwa 180 °C

3. Für den Teig Mehl mit Backpulver in einer Rührschüssel mischen. Restliche Teigzutaten hinzugeben und mit Handrührgerät mit Knethaken zunächst kurz auf niedrigster, dann auf höchster Stufe gut durcharbeiten.

4. Anschließend den Teig auf der leicht bemehlten Arbeitsfläche zu einem glatten Teig verkneten. Den Teig auf einem Backblech (30 x 40 cm, gefettet) ausrollen. Das Backblech auf mittlerer Einschubleiste in den vorgeheizten Backofen schieben. Den Boden **etwa 10 Minuten vorbacken.**

5. Den vorgebackenen Boden zuerst mit der Aprikosenkonfitüre und dann mit der Haselnussmasse bestreichen. Das Backblech wieder in den heißen Backofen schieben und den Kuchen bei gleicher Backofeneinstellung **weitere 10–15 Minuten backen.**

6. Das Backblech auf einen Kuchenrost stellen. Kuchen erkalten lassen.

Tipp: Der Kuchen hält sich in Alufolie verpackt oder in einer gut schließenden Dose 3–4 Tage.

Rezeptvariante: Für einen **Mandelkuchen** (pro Kuchen: etwa 4,70 €) den Teig wie im Rezept beschrieben zubereiten und auf dem gefetteten Backblech ausrollen. Den Teig statt mit Aprikosenkonfitüre mit Beerenkonfitüre bestreichen. Den Belag bereiten Sie statt mit Haselnüssen mit gehobelten Mandeln zu.

Hick-Hack-Pfanne | Für Kinder

4 Portionen

Pro Portion: E: 25 g, F: 26 g, Kh: 5 g, kJ: 1461, kcal: 348, BE: 0,5

200 g Zucchini
1 Knoblauchzehe
1 Dose abgezogene Tomaten (400 g)
2 Stängel Thymian
2 EL Sonnenblumenöl
500 g Gehacktes (halb Rind-, halb Schweinefleisch)
Salz
frisch gemahlener Pfeffer
2 EL Tomatenketchup

Zubereitungszeit: 35 Minuten

1. Zucchini abspülen, abtrocknen und die Enden abschneiden. Zucchini in dünne Scheiben schneiden. Knoblauch abziehen und fein hacken.

2. Tomaten in einem Sieb abtropfen lassen und in kleine Stücke schneiden. Thymian abspülen, trocken tupfen. Die Blättchen von den Stängeln zupfen.

3. Öl in einer großen Pfanne erhitzen. Gehacktes und Knoblauch hinzufügen und unter Rühren darin anbraten. Dabei die Klümpchen mit einer Gabel zerdrücken, mit Salz und Pfeffer würzen.

4. Zucchini hinzufügen und kurz mitbraten lassen. Tomatenstücke und Thymianblättchen hinzufügen und unter Rühren erwärmen. Hick-Hack-Pfanne mit Salz, Pfeffer und Ketchup abschmecken.

Tipps: Die Hick-Hack-Pfanne können Sie bereits am Vortag zubereiten. Sie schmeckt auch wieder aufgewärmt sehr gut. Statt der Zucchini können Sie etwa 200 g geputzte, in Scheiben geschnittene Champignons und 1 Bund geputzte, in Stücke geschnittene Frühlingszwiebeln verarbeiten. Rühren Sie dann statt des Ketchups 100 ml Gemüse- oder Fleischbrühe unter und lassen das Ganze kurz aufkochen (pro Portion: etwa 1,30 €).

Holzfällerschnitten | Dauert länger

Insgesamt: E: 200 g, F: 680 g, Kh: 620 g, kJ: 21160, kcal: 5060, BE: 50,0

Für den Hefeteig:

175 ml Milch
75 g Butter oder Margarine
375 g Weizenmehl
1 Pck. Dr. Oetker Trockenbackhefe
100 g Zucker
1 Prise Salz

Für den Belag:

1 Pck. Dr. Oetker Pudding-Pulver Vanille-Geschmack
100 g Zucker
500 ml (1/2 l) Milch
4 Eigelb (Größe M)
750 g Magerquark
1 Pck. Dr. Oetker Pudding-Pulver Vanille-Geschmack
4 Eiweiß (Größe M)
100 g gestiftelte Mandeln

Zum Bestäuben:

2 EL Puderzucker

Zubereitungszeit: 20 Minuten, ohne Teiggeh- und Abkühlzeit
Backzeit: etwa 50 Minuten

1. Für den Teig Milch in einem kleinen Topf erwärmen und Butter oder Margarine darin zerlassen. Das Mehl in eine Rührschüssel geben und sorgfältig mit der Trockenbackhefe vermischen.

2. Die restlichen Zutaten und die warme Milch-Fett-Mischung hinzufügen. Die Zutaten mit Handrührgerät mit Knethaken erst kurz auf niedrigster, danach auf höchster Stufe in etwa 5 Minuten zu einem glatten Teig verarbeiten. Den Teig zugedeckt so lange an einem warmen Ort gehen lassen, bis er sich sichtbar vergrößert hat.

3. Den Hefeteig leicht mit Mehl bestäuben und auf der leicht bemehlten Arbeitsfläche nochmals gut durchkneten. Teig in einer Fettpfanne oder auf einem Backblech mit hohem Rand (30 x 40 cm, gefettet) ausrollen. Den Teig nochmals so lange gehen lassen, bis er sich sichtbar vergrößert hat.

4. Den Backofen vorheizen.
Ober-/Unterhitze: etwa 180 °C
Heißluft: etwa 160 °C

5. Für den Belag aus Pudding-Pulver, Zucker und Milch nach Packungsanleitung einen Pudding zubereiten und etwas abkühlen lassen. Dann Eigelb, Quark und Pudding-Pulver unterrühren. Eiweiß sehr steif schlagen und vorsichtig unter die Masse heben. Die Masse auf dem Teig verstreichen und mit den Mandeln bestreuen. Fettpfanne oder Backblech im unteren Drittel in den vorgeheizten Backofen schieben. Kuchen **etwa 50 Minuten backen.**

6. Den Kuchen in der Fettpfanne oder auf dem Backblech auf einen Kuchenrost stellen. Kuchen erkalten lassen und mit Puderzucker bestäuben.

Hügelgratin

Für Kinder
4 Portionen

Pro Portion: E: 27 g, F: 24 g, Kh: 36 g, kJ: 1986, kcal: 474, BE: 3,0

750 g Rosenkohl
750 g kleine, festkochende Kartoffeln
30 g Butter
Salz
frisch gemahlener Pfeffer
frisch geriebene Muskatnuss
1 Zwiebel
250 g Gehacktes vom Rind
1–2 EL Semmelbrösel
1 Ei (Größe M)
1 Knoblauchzehe
150 g saure Sahne
125 ml (1/8 l) Milch
1 TL Currypulver

Zubereitungszeit: 30 Minuten
Garzeit: 55–65 Minuten

1. Rosenkohl von den schlechten, äußeren Blättern befreien und etwas vom Strunk abschneiden. Die Rosenkohlröschen am Strunk kreuzförmig einschneiden, abspülen und abtropfen lassen.

2. Kartoffeln schälen, abspülen und abtropfen lassen. Kartoffeln evtl. in Größe der Rosenkohlröschen zurechtschneiden.

3. Butter in einer großen Pfanne zerlassen. Rosenkohl und Kartoffeln darin unter mehrmaligem Wenden etwa 15 Minuten dünsten, mit Salz, Pfeffer und etwas Muskat würzen.

4. Den Backofen vorheizen.
Ober-/Unterhitze: etwa 200 °C
Heißluft: etwa 180 °C

5. Zwiebel abziehen und in kleine Würfel schneiden. Gehacktes in eine Schüssel geben. Semmelbrösel, Ei und Zwiebelwürfel hinzugeben und gut unterkneten. Knoblauch abziehen und fein hacken. Die Hälfte davon unter die Gehacktesmasse mischen. Masse mit Salz und Pfeffer abschmecken, daraus mit angefeuchteten Händen Bällchen in Größe des Rosenkohls formen.

6. Saure Sahne mit Milch, Curry und dem restlichen Knoblauch verrühren, mit Salz und Pfeffer würzen.

7. Kartoffeln, Rosenkohl und Fleischbällchen dicht an dicht in buntem Wechsel in eine flache Auflaufform (gefettet) geben. Die Saure-Sahne-Milch darauf verteilen. Die Form auf dem Rost im unteren Drittel in den vorgeheizten Backofen schieben und den Auflauf **40–50 Minuten garen.**

Hühnerbrühe | Klassisch

6–8 Portionen (etwa 2 Liter)

Pro Portion: etwa **1,55 €**

Pro Portion: E: 34 g, F: 8 g, Kh: 0 g, kJ: 888, kcal: 212, BE: 0,0

1 Suppenhuhn (etwa 1 1/2 kg)
etwa 2 1/2 l Wasser
1 EL Salz
1 Bund Suppengrün (Möhre, Porree, Sellerie)
10 Pfefferkörner
2 Lorbeerblätter
1 Kräutersträußchen (3 Petersilienstängel, 2–3 Thymianstängel)

Zubereitungszeit: 30 Minuten, ohne Kühlzeit
Garzeit: 1 1/2–2 Stunden

1. Das Suppenhuhn gründlich von innen und außen abspülen. Wenn nötig, Innereien entfernen.

2. Huhn in einen Topf legen, mit Wasser bedecken und ohne Deckel aufkochen lassen. Den Schaum, der entsteht, mit einer Schaumkelle abschöpfen. Salz in den Topf geben. Das Huhn zugedeckt 1 1/2–2 Stunden köcheln lassen, wenn nötig, etwas kaltes Wasser nachgießen.

3. Das Suppengrün putzen, schälen, abspülen, abtropfen lassen und grob zerteilen. Zerkleinertes Suppengrün mit den Pfefferkörnern und Lorbeerblättern nach 1 Stunde Garzeit zugeben.

4. Etwa 15 Minuten vor Ende der Garzeit das Kräutersträußchen abspülen, abtropfen lassen, in den Topf geben und ziehen lassen. Dann die Brühe durch ein feines Sieb gießen.

5. Das Huhn enthäuten, das Fleisch von den Knochen lösen, klein schneiden und als Suppeneinlage verwenden.

Tipp: Wenn Sie nicht die ganze Brühe auf einmal brauchen, frieren Sie die Brühe mit dem Fleisch ein und verarbeiten sie später weiter.

Rezeptvariante 1: Für eine **einfache Hühnerbrühe mit Reiseinlage** (4 Portionen, pro Portion: etwa 0,90 €) etwa 1 Liter der Hühnerbrühe zum Kochen bringen. 75 g Langkornreis hinzugeben, unterrühren und nach Packungsanleitung in etwa 20 Minuten gar kochen. Restliches Fleisch in Streifen schneiden und kurz miterhitzen. Die Brühe mit Salz und Pfeffer abschmecken, mit 1 Esslöffel gehackter Petersilie bestreut servieren.

Rezeptvariante 2: Für eine **Nudel-Hühner-Suppe** (Foto, 4 Portionen, pro Portion: etwa 1,15 €) etwa 1 Liter der Hühnerbrühe und das Fleisch der Hühnerbrust bereitstellen. 2–3 Möhren putzen, schälen, abspülen, abtropfen lassen und in dünne Scheiben schneiden. 1 Stange Porree (Lauch) putzen, längs halbieren, gründlich waschen und abtropfen lassen. Porree in dünne Streifen schneiden. Die Brühe zum Kochen bringen. Möhrenscheiben darin etwa 5 Minuten garen. Dann Porreestreifen und 200 g TK-Erbsen hinzufügen, alles weitere etwa 3 Minuten köcheln lassen. Fleisch in Scheiben schneiden, in die Suppe geben und miterhitzen. In der Zwischenzeit etwa 150 g Nudeln (z. B. Spirelli, Muschel- oder Hörnchennudeln) nach Packungsanleitung knapp gar kochen, in ein Sieb abgießen, kurz abspülen, abtropfen lassen und in die heiße Suppe geben. Die Suppe kurz umrühren, mit Salz und Pfeffer abschmecken und servieren.

Hühnersuppe mit Grießklößchen |

Klassisch

4 Portionen

Pro Portion: E: 30 g, F: 27 g, Kh: 20 g, kJ: 1847, kcal: 442, BE: 1,5

Für die Hühnerbrühe:

1 kg TK-Hühnerklein
2 l Wasser
1 Bund Suppengrün (Sellerie, Möhre, Porree)
125 g Zwiebeln
100 g Tomaten
2 Stängel Thymian
3 Stängel glatte Petersilie
1 Lorbeerblatt
10 schwarze Pfefferkörner
Salz

Für die Klößchen:

200 ml Milch
20 g Butter
Salz
frisch geriebene Muskatnuss
80 g Hartweizengrieß

2 Möhren
1/2 Bund Schnittlauch

Zubereitungszeit: 45 Minuten, ohne Auftauzeit
Garzeit: etwa 95 Minuten

1. Für die Brühe Hühnerklein nach Packungsanleitung auftauen lassen, dann unter fließendem kalten Wasser abspülen, abtropfen lassen und in einen Topf geben. Das Wasser hinzugießen, zum Kochen bringen und abschäumen. Das Hühnerklein etwa 1 1/2 Stunden bei schwacher Hitze ohne Deckel auf etwa 1 1/4 l Brühe einkochen lassen.

2. In der Zwischenzeit Sellerie und Möhre putzen, schälen, abspülen, abtropfen lassen und in Stücke schneiden. Porree putzen, die Stange längs halbieren, gründlich waschen und abtropfen lassen. Zwiebeln abziehen. Porree und Zwiebeln ebenfalls in Stücke schneiden. Tomaten abspülen und trocken tupfen. Thymian und Petersilie abspülen und trocken tupfen.

3. Suppengrün-, Zwiebelstücke, Tomaten, Thymian, Petersilie, Lorbeerblatt und Pfefferkörner nach etwa 50 Minuten Garzeit zu dem Hühnerklein in den Topf geben, leicht mit Salz würzen, wieder zum Kochen bringen und fertig garen.

4. Die Brühe durch ein feines Sieb in einen Topf gießen.

5. Für die Klößchen Milch mit Butter, Salz und Muskat in einem Topf aufkochen lassen. Den Topf von der Kochstelle nehmen. Den Grieß langsam einstreuen, etwa 1 Minute bei mittlerer Hitze erhitzen. Grießmasse leicht abkühlen lassen.

6. Die Möhren putzen, schälen, abspülen, abtropfen lassen und in dünne Scheiben schneiden. Die Hühnerbrühe wieder zum Kochen bringen. Die Möhrenscheiben darin 3–4 Minuten kochen lassen. Schnittlauch abspülen, trocken tupfen, in feine Röllchen schneiden.

7. Aus der Grießmasse mit leicht angefeuchteten Händen 12 runde, glatte Klößchen formen. Die Klößchen in leicht kochendem Salzwasser 5–6 Minuten bei schwacher Hitze ziehen lassen. Die Klößchen mit einem Schaumlöffel herausnehmen, in die Hühnerbrühe geben und in Suppentassen füllen. Die Suppe mit Schnittlauchröllchen bestreuen und servieren.

Hüttensuppe | Einfach

4 Portionen

Pro Portion: E: 14 g, F: 19 g, Kh: 25 g, kJ: 1410, kcal: 336, BE: 2,0

- *1 Zwiebel*
- *40 g Frühstücksspeck in Scheiben (Bacon)*
- *600 g festkochende Kartoffeln*
- *200 g grüne Bohnen*
- *20 g Butter*
- *200 g TK-Suppengemüse*
- *1 1/4 l Fleischbrühe*
- *Salz*
- *frisch gemahlener Pfeffer*

Zum Bestreuen:

- *1/2 Bund Schnittlauch*
- *100 g geraspelter Bergkäse*

Zubereitungszeit: 20 Minuten
Garzeit: etwa 15 Minuten

1. Die Zwiebel abziehen, in dünne Scheiben schneiden und diese dann in Ringe teilen. Den Frühstücksspeck in Streifen schneiden.

2. Die Kartoffeln schälen, abspülen, abtropfen lassen und in etwa 2 cm große Würfel schneiden.

3. Von den Bohnen die Enden abschneiden, evtl. die Fäden abziehen. Bohnen abspülen, abtropfen lassen und in Stücke schneiden.

4. Butter in einem Topf zerlassen. Zwiebelringe und Speckstreifen darin andünsten. Dann Kartoffelwürfel, Bohnen und Suppengemüse in den Topf geben.

5. Fleischbrühe hinzugießen. Das Ganze zum Kochen bringen und mit Salz und Pfeffer würzen. Die Suppe zugedeckt etwa 15 Minuten bei mittlerer Hitze kochen.

6. Den Schnittlauch abspülen, trocken tupfen und in Röllchen schneiden. Die Suppe evtl. nochmals mit Salz und Pfeffer abschmecken, mit Schnittlauchröllchen und Käse bestreut servieren.

Jagdwurstpfanne | Schnell

4 Portionen

Pro Portion: E: 27 g, F: 25 g, Kh: 22 g, kJ: 1764, kcal: 421, BE: 1,5

1 Zwiebel
1 Bund Frühlingszwiebeln
50 g Frühstücksspeck in Scheiben (Bacon)
500 g gegarte Pellkartoffeln
Salz, frisch gemahlener Pfeffer
½ TL Paprikapulver edelsüß
6 Eier (Größe M)
125 ml (⅛ l) Milch
250 g Jagdwurst
2 EL Schnittlauchröllchen

Zubereitungszeit: 30 Minuten

1. Zwiebel abziehen und in kleine Würfel schneiden. Frühlingszwiebeln putzen, abspülen, abtropfen lassen und in feine Ringe schneiden.

2. Speck in feine Streifen schneiden und in einer großen erwärmten Pfanne auslassen.

3. Die Zwiebelwürfel darin dünsten. Die Frühlingszwiebelringe ebenfalls unterrühren.

4. Kartoffeln pellen und in dünne Scheiben schneiden. Kartoffelscheiben mit in die Pfanne geben, unter gelegentlichem Wenden anbraten. Die Kartoffeln mit Salz, Pfeffer und Paprikapulver bestreuen.

5. Eier mit Milch verschlagen. Jagdwurst in Würfel schneiden und unterheben.

6. Die Eiermilch in die Pfanne geben, den Deckel auf die Pfanne legen und etwa 10 Minuten bei schwacher Hitze stocken lassen.

7. Nach etwa 8 Minuten mit dem Pfannenwender probieren, ob sich die Mischung vom Pfannenboden löst, dann die Jagdwurstpfanne in 4 Portionen teilen, auf vorgewärmte Teller gleiten lassen und mit Schnittlauch bestreut servieren.

Joghurt-Erdbeer-Torte I

Für Kinder

Insgesamt: E: 56 g, F: 322 g, Kh: 397 g, kJ: 19939, kcal: 4764, BE: 33,5

Für den Teig:

150 g Joghurt
2 Eier (Größe M)
150 ml Speiseöl, z. B. Sonnenblumenöl
2 EL Zitronensaft
150 g Zucker
2 Pck. Dr. Oetker Vanillin-Zucker
200 g Weizenmehl
3 gestr. TL Dr. Oetker Backin

Für den Belag:

400 g Schlagsahne
2–3 Pck. Dr. Oetker Sahnesteif
300 g Erdbeer-Sahne-Joghurt
200 g Erdbeeren

Zubereitungszeit: 15 Minuten, ohne Abkühlzeit
Backzeit: etwa 30 Minuten

1. Den Backofen vorheizen.
Ober-/Unterhitze: etwa 180 °C
Heißluft: etwa 160 °C

2. Für den Teig Joghurt, Eier, Öl, Zitronensaft, Zucker und Vanillin-Zucker in eine Rührschüssel geben und mit Handrührgerät mit Rührbesen gut verrühren. Mehl mit Backpulver vermischen und kurz unterrühren.

3. Den Teig in eine Springform (Ø 26 cm, Boden gefettet) füllen und glatt streichen. Die Springform auf dem Rost im unteren Drittel in den vorgeheizten Backofen schieben. Den Tortenboden **etwa 30 Minuten backen.**

4. Nach dem Backen den Springformrand lösen und entfernen. Den Tortenboden mit dem Springformboden auf einen Kuchenrost stellen. Den Tortenboden erkalten lassen.

5. Dann den Tortenboden vom Springformboden lösen und auf eine Tortenplatte legen.

6. Für den Belag Sahne mit Sahnesteif steif schlagen. Den Joghurt unterheben. Die Creme in einen großen Gefrierbeutel füllen, eine größere Spitze abschneiden und große Tuffs auf den Tortenboden spritzen.

7. Die Erdbeeren kurz abspülen, putzen, trocken tupfen und vierteln. Die Torte mit den Erdbeervierteln garnieren und bis zum Servieren im Kühlschrank kalt stellen.

Kaiserschmarren | Süße Mahlzeit

2 Portionen

Pro Portion: E: 22 g, F: 52 g, Kh: 70 g, kJ: 3574, kcal: 854, BE: 6,0

4	*Eier (Größe M)*
100 g	*Weizenmehl*
1 Prise	*Salz*
1 Pck.	*Dr. Oetker Vanillin-Zucker*
200 g	*Schlagsahne oder 200 ml Milch*
50 g	*Rosinen*
etwa 50 g	*Butterschmalz oder 4 EL Speiseöl, z. B. Sonnenblumenöl*
etwas	*Puderzucker*

Zubereitungszeit: 30 Minuten

1. Die Eier trennen. Eiweiß steif schlagen. Eigelb mit Mehl, Salz, Vanillin-Zucker und Sahne oder Milch in eine Rührschüssel geben. Alles mit Handrührgerät mit Rührbesen zu einem glatten Teig verrühren. Eischnee und Rosinen unterheben.

2. Etwas Butterschmalz oder Speiseöl in einer Pfanne (Ø 28 cm) erhitzen. Die Hälfte des Teiges hineingeben, bei mittlerer Hitze auf der Unterseite hellgelb backen.

3. Den an der Oberfläche noch etwas „flüssigen" Teig mit 2 Pfannenwendern erst vierteln, dann wenden und goldgelb backen, evtl. noch etwas Fett in die Pfanne geben.

4. Dann den Schmarren mit 2 Pfannenwendern in kleine Stücke reißen, auf einem Teller anrichten und warm stellen.

5. Den restlichen Teig auf die gleiche Weise zubereiten. Den Kaiserschmarren mit Puderzucker bestreut servieren.

Tipps: Den Kaiserschmarren als süßes Hauptgericht für 2 oder als Dessert für 4 Personen servieren. Reichen Sie Pflaumenkompott (1 Glas etwa 370 g, zusätzlich pro Portion: etwa 0,50 €) dazu. Wenn Sie den Schmarren im vorgeheizten Backofen bei Ober-/Unterhitze: etwa 200 °C für etwa 8 Minuten backen, geht er schön auf.

Rezeptvariante: Für **Kaiserschmarren mit Nuss-Nougat** (pro Portion: etwa 0,80 €) würfeln Sie statt der Rosinen 100 g Nuss-Nougat und heben die Nuss-Nougat-Würfel zusammen mit 50 g gehackten Mandeln unter den Teig. Dann den Kaiserschmarren wie im Rezept beschrieben zubereiten.

Kalter Hund | Klassisch

Insgesamt: E: 62 g, F: 470 g, Kh: 508 g, kJ: 27193, kcal: 6529, BE: 42,5

Für die Schokoladencreme:

200 g Zartbitter-Kuvertüre
400 g Vollmilch-Kuvertüre
150 g Kokosfett
200 g Schlagsahne
2 Pck. Dr. Oetker Vanillin-Zucker

etwa 250 g Butterkekse

Zubereitungszeit: 45 Minuten, ohne Kühlzeit

1. Eine Kastenform (25 x 11 cm) mit einem großen aufgeschnittenen Gefrierbeutel auslegen.

2. Für die Schokoladencreme beide Kuvertüren grob hacken. Kokosfett in Stücke schneiden. Die Sahne in einem Topf erwärmen und die Kuvertüren und das Kokosfett darin unter Rühren schmelzen. Die Masse gut verrühren und Vanillin-Zucker unterrühren.

3. Die Kastenform mit einer Schicht Butterkekse auslegen, die Kekse mit einem Sägemesser evtl. zurechtschneiden oder evtl. zerbrechen. Nun so viel Schokoladencreme auf der Keksschicht verteilen, dass diese bedeckt ist. Abwechselnd Schokoladencreme und Kekse in die Kastenform einschichten (7–8 Schichten).

4. Die Kastenform etwa 5 Stunden in den Kühlschrank stellen (am besten über Nacht), damit die Creme fest wird.

5. Das Gebäck auf eine Platte stürzen. Gefrierbeutel vorsichtig abziehen und den Kalten Hund bis zum Servieren in den Kühlschrank stellen.

Tipps: Damit der Gefrierbeutel beim Einschichten nicht wegrutschen kann, die Form einfach etwas fetten und dann die Form mit dem Gefrierbeutel auslegen. Anstelle des Gefrierbeutels kann man auch Frischhaltefolie verwenden. Das Rezept gelingt auch mit Schokolade statt mit Kuvertüre. Der Kalte Hund kann einige Tage vor dem Servieren zubereitet werden. Verpacken Sie ihn in Alufolie und bewahren Sie ihn im Kühlschrank auf.

Abwandlung: Besonders lecker schmeckt die Schokoladencreme, wenn man 1 Päckchen Dr. Oetker Finesse Orangenschalen-Aroma (Zusatzkosten: etwa 0,25 €) oder 2 Portionspäckchen Instant-Espresso-Pulver (je 2 g, Zusatzkosten: etwa 0,40 €)) unterrührt.

Kartoffelauflauf | Gut vorzubereiten

4 Portionen

Pro Portion: E: 29 g, F: 27 g, Kh: 35 g, kJ: 2123, kcal: 507, BE: 3,0

1 kg festkochende Kartoffeln
200 g gekochter Schinken
Salz, frisch gemahlener Pfeffer
100 ml Gemüsebrühe
150 g saure Sahne
3 Eier (Größe M)
frisch geriebene Muskatnuss
100 g geriebener Gouda-Käse
40 g Butter

Zum Garnieren:
evtl. einige Basilikumblättchen

Zubereitungszeit: 20 Minuten
Garzeit: 50–55 Minuten

1. Kartoffeln gründlich waschen. Die Kartoffeln mit Wasser bedeckt in einem Topf zum Kochen bringen. Kartoffen 20–25 Minuten kochen. Kartoffeln abgießen, mit kaltem Wasser abschrecken, etwas abkühlen lassen und pellen.

2. Den Backofen vorheizen.
Ober-/Unterhitze: etwa 200 °C
Heißluft: etwa 180 °C

3. Schinken in Würfel schneiden. Kartoffeln in gleich große Scheiben schneiden.

4. Kartoffelscheiben und Schinkenwürfel abwechselnd in eine große, flache Auflaufform (gefettet) schichten. Dabei die Kartoffellagen mit Salz und Pfeffer bestreuen. Die letzte Schicht sollten Kartoffelscheiben sein.

5. Die Brühe mit saurer Sahne und Eiern verschlagen, mit Salz, Pfeffer und Muskat würzen.

6. Eiermasse auf den Auflauf gießen. Den Auflauf mit Käse bestreuen. Butter in Flöckchen daraufsetzen. Die Auflaufform auf dem Rost auf mittlerer Einschubleiste in den vorgeheizten Backofen schieben. Den Auflauf **etwa 30 Minuten garen.**

7. Nach Belieben die Basilikumblättchen abspülen, trocken tupfen und den Auflauf damit garnieren.

Tipp: Sie können die Kartoffeln bereits am Vortag kochen. Schneiden Sie die Kartoffeln am Zubereitungstag und schichten Sie sie erst dann ein.

Kartoffelauflauf mit Hackfleisch und Porree | Deftig

4 Portionen

Pro Portion: E: 35 g, F: 35 g, Kh: 32 g, kJ: 2460, kcal: 588, BE: 2,5

750 g Kartoffeln
Salzwasser
4 Stangen Porree (Lauch, etwa 500 g)
2 Zwiebeln
2 Knoblauchzehen
1 EL Olivenöl
500 g Gehacktes (halb Rind-, halb Schweinefleisch)
Salz, frisch gemahlener Pfeffer
Cayennepfeffer
250 g saure Sahne
2 EL gehackte Petersilie
50 g geriebener Emmentaler Käse

Zubereitungszeit: 40 Minuten, ohne Abkühlzeit
Garzeit: etwa 30 Minuten

1. Die Kartoffeln gründlich waschen, mit Salzwasser bedeckt zum Kochen bringen, zugedeckt 20–25 Minuten garen. Kartoffeln abgießen, abdämpfen, heiß pellen und erkalten lassen. Kartoffeln in Scheiben schneiden.

2. Den Porree putzen. Die Stangen längs halbieren, gründlich waschen, abtropfen lassen und in Streifen schneiden. Porreestreifen in kochendem Salzwasser 2–3 Minuten blanchieren, in ein Sieb geben und abtropfen lassen.

3. Den Backofen vorheizen.
Ober-/Unterhitze: etwa 200 °C
Heißluft: etwa 180 °C

4. Zwiebeln und Knoblauch abziehen und in kleine Würfel schneiden. Olivenöl in einer Pfanne erhitzen. Zwiebel- und Knoblauchwürfel darin glasig dünsten. Danach Gehacktes hinzugeben und unter Rühren braun braten. Dabei die Fleischklümpchen mit einer Gabel zerdrücken. Gehacktes mit Salz, Pfeffer und Cayennepfeffer würzen.

5. Saure Sahne mit Petersilie verrühren, mit Salz und Pfeffer würzen.

6. Die Hälfte der Kartoffelscheiben und Porreestreifen in eine Auflaufform (gefettet) geben, mit Salz bestreuen und die Hälfte der Petersiliensahne darauf verteilen. Die Gehacktesmasse ebenfalls darauf verteilen. Restliche Kartoffelscheiben und Porreestreifen daraufgeben und mit Salz bestreuen. Restliche Petersiliensahne darauf verteilen. Käse daraufstreuen.

7. Die Form auf dem Rost im unteren Drittel in den vorgeheizten Backofen schieben. Den Auflauf **etwa 30 Minuten garen.**

Tipp: Nach Belieben den Auflauf mit Petersilie garniert servieren.

Kartoffelauflauf mit Speck | Deftig

4 Portionen

Pro Portion: E: 20 g, F: 17 g, Kh: 46 g, kJ: 1771, kcal: 422, BE: 4,0

1 1/2 kg vorwiegend festkochende Kartoffeln
2 große Zwiebeln
4 Eier (Größe M)
Salz
frisch gemahlener Pfeffer
100 g durchwachsener Speck
50 g Frühstücksspeck in Scheiben (Bacon)

Zubereitungszeit: 40 Minuten
Garzeit: etwa 2 Stunden

1. Den Backofen vorheizen.
Ober-/Unterhitze: etwa 160 °C
Heißluft: etwa 140 °C

2. Kartoffeln schälen, abspülen, abtropfen lassen, grob reiben und in ein Sieb geben.

3. Die Zwiebeln abziehen und in sehr feine Würfel schneiden.

4. Geriebene Kartoffeln mit Zwiebelwürfeln und Eiern in einer Schüssel vermengen, mit Salz und Pfeffer würzen.

5. Durchwachsenen Speck zuerst in Scheiben, dann in Streifen schneiden, zu der Kartoffelmasse geben und unterrühren.

6. Die Kartoffelmasse in eine Auflaufform (gefettet) geben und glatt streichen.

7. Frühstücksspeck auf dem Auflauf verteilen.

8. Die Form auf dem Rost im unteren Drittel in den vorgeheizten Backofen schieben. Den Auflauf **etwa 2 Stunden garen.**

Kartoffel-Feta-Puffer vom Grill |

Vegetarisch
10 Stück

Pro Stück: E: 8 g, F: 7 g, Kh: 19 g, kJ: 751, kcal: 179, BE: 1,5

750 g mehligkochende Kartoffeln
1 TL Salz
2 mittelgroße Möhren
250 g Fetakäse
3 Frühlingszwiebeln
2 Stängel Dill
2 Eier (Größe M)
Saft und abgeriebene Schale von ½ Bio-Zitrone (unbehandelt, ungewachst)
Salz, frisch gemahlener Pfeffer
2 EL Weizenmehl
6 EL Semmelbrösel

Außerdem:

extrastarke Alufolie
Olivenöl

Zubereitungszeit: 20 Minuten, ohne Abkühlzeit
Garzeit: etwa 25 Minuten
Grillzeit: etwa 8 Minuten

1. Kartoffeln schälen und abspülen. Kartoffeln knapp mit Wasser bedeckt zum Kochen bringen. Salz hinzugeben.

2. Kartoffeln zugedeckt in etwa 25 Minuten gar kochen. Kartoffeln abgießen, durch eine Kartoffelpresse drücken oder mit einem Kartoffelstampfer zerstampfen und in eine Schüssel geben, etwas abkühlen lassen.

3. Möhren putzen, schälen, abspülen und abtropfen lassen. Möhren grob raspeln. Fetakäse in Stücke schneiden und mit einer Gabel zerdrücken.

4. Frühlingszwiebeln putzen, abspülen, abtropfen lassen und in feine Ringe schneiden. Dill abspülen, trocken tupfen und die Spitzen von den Stängeln zupfen. Spitzen fein hacken.

5. Möhrenraspel, Fetakäse, Frühlingszwiebelringe, Dill, Eier, etwas Zitronensaft und -schale zu den zerstampften Kartoffeln geben. Die Zutaten gut vermengen. Kartoffel-Gemüse-Masse mit Salz und Pfeffer abschmecken.

6. Mehl und Semmelbrösel in einer flachen Schale vermischen. Aus der Kartoffel-Gemüse-Masse etwa 2 cm dicke Puffer formen und diese in der Mehl-Semmelbrösel-Mischung wenden. Panade gut andrücken.

7. Für den Grill ein etwa 20 x 30 cm großes Stück Alufolie bereitlegen. Die Ränder der Folie etwas hochfalten, sodass eine Schale entsteht. Die Folienschale gut mit Öl ausstreichen und auf den heißen Grill legen. Die Puffer darin von jeder Seite in 3–4 Minuten knusprig grillen. Puffer heiß servieren.

Beilage: Lecker dazu ist ein z.B. grüner Salat von Seite 89.

Kartoffelgratin | Beliebt

4 Portionen

Pro Portion: E: 7 g, F: 16 g, Kh: 26 g, kJ: 1189, kcal: 284, BE: 2,0

1	*Knoblauchzehe*
800 g	*festkochende Kartoffeln*
	Salz, frisch gemahlener Pfeffer
	frisch geriebene Muskatnuss
125 ml (1/8 l)	*Milch*
125 g	*Schlagsahne*
2 EL	*geriebener Parmesan-Käse*

Zubereitungszeit: 40 Minuten
Garzeit: 45–55 Minuten

1. Den Backofen vorheizen.
Ober-/Unterhitze: etwa 200 °C
Heißluft: etwa 180 °C

2. Knoblauch abziehen, durchschneiden und eine Auflaufform (gefettet, etwa 2 1/2-Liter-Inhalt) damit ausreiben. Kartoffeln schälen, abspülen, trocken tupfen und in dünne Scheiben schneiden.

3. Die Kartoffelscheiben dachziegelartig in die Auflaufform schichten. Die Kartoffelscheiben kräftig mit Salz, Pfeffer und Muskat würzen.

4. Milch mit Sahne verrühren und auf die Kartoffelscheiben gießen. Käse daraufstreuen.

5. Die Form auf dem Rost auf mittlerer Einschubleiste in den vorgeheizten Backofen schieben. Das Gratin **45–55 Minuten garen,** bis es schön goldbraun ist.

Tipps: Das Gratin kann auch in Portionsformen zubereitet werden. Die Garzeit verringert sich dann auf 40–45 Minuten. Das Gratin passt perfekt zu saucenlosen Fleisch-, Fisch- oder Gemüsegerichten.

Kartoffel-Käsecreme-Suppe I

Gut vorzubereiten

4 Portionen

Pro Portion: E: 12 g, F: 17 g, Kh: 37 g, kJ: 1474, kcal: 352, BE: 3,0

2 EL Sonnenblumenkerne (30 g)
1 Stange Porree (Lauch)
100 g Knollensellerie
1 Zwiebel
1 kg mehligkochende Kartoffeln
50 g getrocknete Tomaten, in Öl
einige Stängel Basilikum
1–2 EL Tomatenöl (von den getrockneten Tomaten)
1 l Gemüsebrühe
1 Lorbeerblatt
frisch gemahlener Pfeffer
frisch geriebene Muskatnuss
Salz
100 g Doppelrahm-Frischkäse

Zubereitungszeit: 55 Minuten
Garzeit: etwa 25 Minuten

1. Die Sonnenblumenkerne in einer Pfanne ohne Fett anrösten, herausnehmen und auf einen Teller geben. Porree putzen. Die Stange längs halbieren, gründlich waschen, abtropfen lassen und in dünne Streifen schneiden.

2. Sellerie putzen, schälen, abspülen, abtropfen lassen und in Würfel schneiden. Zwiebel abziehen und fein würfeln. Kartoffeln schälen, abspülen, abtropfen lassen und in grobe Würfel schneiden.

3. Tomatenhälften abtropfen lassen, dabei das Öl auffangen und 1–2 Esslöffel abmessen. Tomatenhälften in Streifen schneiden. Basilikum abspülen und trocken tupfen. Die Blättchen von den Stängeln zupfen. Blättchen in feine Streifen schneiden, zu den Tomatenstreifen geben, untermischen und beiseitestellen.

4. Aufgefangenes Tomatenöl in einem Topf erhitzen. Porreestreifen, Sellerie-, Zwiebel- und Kartoffelwürfel darin portionsweise andünsten. Gemüsebrühe und Lorbeerblatt hinzugeben. Das Ganze mit Pfeffer, Muskat und wenig Salz (der später zugegebene Frischkäse enthält ebenfalls Salz!) würzen.

5. Die Suppe zum Kochen bringen und zugedeckt etwa 25 Minuten bei schwacher bis mittlerer Hitze kochen lassen. Dann das Lorbeerblatt entfernen.

6. Die Suppe mit einem Stabmixer fein pürieren. Frischkäse unterrühren und nochmals mit dem Stabmixer durchpürieren. Die Suppe mit Pfeffer, etwas Salz und Muskat abschmecken.

7. Die Kartoffel-Käsecreme-Suppe mit der beiseitegestellten Tomaten-Basilikum-Mischung und den Sonnenblumenkernen anrichten.

Tipp: Falls die Suppe zu sämig wird (je nachdem wie stärkehaltig die Kartoffeln sind), einfach etwas mehr Gemüsebrühe hinzugießen.

Kartoffel-Mayo-Salat | Klassisch

4 Portionen

Pro Portion: E: 10 g, F: 30 g, Kh: 32 g, kJ: 1854, kcal: 446, BE: 2,5

750 g gegarte Pellkartoffeln
2 Zwiebeln
200 g Gewürzgurken
3 hart gekochte Eier

Für die Salatsauce:

200 g Salatmayonnaise
3 EL Gurkenflüssigkeit (von den Gewürzgurken)
1 Prise Zucker
Salz
frisch gemahlener Pfeffer

Zubereitungszeit: 20 Minuten, ohne Durchziehzeit

1. Die Kartoffeln pellen und in Scheiben schneiden. Zwiebeln abziehen und in kleine Würfel schneiden. Gurken abtropfen lassen und in dünne Scheiben schneiden. Eier pellen und in Scheiben schneiden. Zwiebelwürfel, Eier- und Gurkenscheiben mit den Kartoffelscheiben vermengen.

2. Für die Salatsauce Mayonnaise mit Gurkenflüssigkeit verrühren, mit Zucker, Salz und Pfeffer abschmecken. Sauce mit den Salatzutaten vermengen, zugedeckt im Kühlschrank etwa 30 Minuten durchziehen lassen. Salat vor dem Servieren nochmals mit Salz und Pfeffer abschmecken.

Tipp: Sie können den Kartoffelsalat bereits am Vortag zubereiten und zugedeckt in den Kühlschrank stellen.

Kartoffelpfanne „Spanische Art“ | Scharf

4 Portionen (im Foto hinten)

Pro Portion: E: 26 g, F: 35 g, Kh: 38 g, kJ: 2435, kcal: 581, BE: 3,0

1 kg festkochende Kartoffeln
etwa 50 g Frühstücksspeck
2 Zwiebeln
1 Knoblauchzehe
2 EL Olivenöl
Salz
200 g Chorizo (scharf gewürzte, spanische Knoblauchwurst)
2 rote Paprikaschoten
1 rote Chilischote
4 Eier (Größe M)
frisch gemahlener Pfeffer
Paprikapulver edelsüß

Zubereitungszeit: 45 Minuten

1. Kartoffeln schälen, abspülen, abtropfen lassen, halbieren und in Scheiben schneiden. Speck fein würfeln. Eine große Pfanne erwärmen. Die Speckwürfel darin ausbraten.

2. Zwiebeln und Knoblauch abziehen, beides fein würfeln. Öl zum Speckfett geben, Zwiebel- und Knoblauchwürfel in dem Fett glasig dünsten.

3. Die Kartoffelscheiben hinzugeben und alles mit Salz bestreuen. Die Pfanne mit einem Deckel zudecken und etwa 15 Minuten braten, zwischendurch umrühren.

4. Knoblauchwurst in Scheiben schneiden. Paprikaschoten und Chilischote halbieren, entstielen, entkernen und die weißen Scheidewände entfernen. Die Schoten abspülen, abtropfen lassen und in kleine Würfel schneiden.

5. Wurstscheiben, Paprika- und Chiliwürfel zu den Kartoffeln geben. Das Ganze etwa 8 Minuten bei mittlerer Hitze zugedeckt garen lassen, dabei ab und zu umrühren.

6. Eier mit Salz, Pfeffer und Paprikapulver verschlagen, über die Kartoffelpfanne gießen und bei mittlerer Hitze zugedeckt etwa 5 Minuten stocken lassen.

Rezeptvariante: Für eine **griechische Kartoffelpfanne** (im Foto vorn, pro Portion: etwa 1,20 €) etwa 1 kg festkochende Kartoffeln gründlich waschen, knapp mit Wasser bedeckt in einem Topf zum Kochen bringen, in 20–25 Minuten zugedeckt gar kochen. Die gegarten Kartoffeln abgießen, mit kaltem Wasser abschrecken, abtropfen lassen und etwas abkühlen. Pellkartoffeln pellen. 2 rote Paprikaschoten halbieren, entstielen, entkernen und die weißen Scheidewände entfernen. Schoten abspülen, abtropfen lassen und in kleine Würfel schneiden. 1–2 Knoblauchzehen abziehen und fein hacken. Pellkartoffeln in Scheiben schneiden. 1 Esslöffel Butterschmalz in einer Pfanne erhitzen. Die Kartoffelscheiben unter Wenden darin goldbraun braten. 200 g Fetakäse in Würfel schneiden. Kartoffeln mit Salz und Pfeffer würzen, aus der Pfanne nehmen. 1 weiteren Esslöffel Butterschmalz in die Pfanne geben, Paprikawürfel und Knoblauch zufügen und unter Rühren etwa 5 Minuten dünsten, mit Salz und Pfeffer würzen. Kartoffeln, Feta, etwa ½ Teelöffel getrockneter Oregano und abgetropfte, grüne oder schwarze Oliven ohne Stein (1 Glas; Abtropfgewicht 85 g) in die Pfanne geben. Zutaten vermengen und so lange erwärmen, bis der Käse leicht geschmolzen ist.

Kartoffelpüree

Für Kinder
4 Portionen

Pro Portion: etwa
0,30 €

Pro Portion: E: 6 g, F: 13 g, Kh: 33 g, kJ: 1162, kcal: 277, BE: 3,0

1 kg mehligkochende Kartoffeln
Salz
250 ml (1/4 l) Milch
50 g Butter
frisch geriebene Muskatnuss

Zubereitungszeit: 35 Minuten
Garzeit: 15–20 Minuten

1. Kartoffeln schälen, abspülen, abtropfen lassen und in Stücke schneiden. Kartoffelstücke in einen Topf geben und so viel Wasser hinzugießen, dass die Kartoffeln knapp bedeckt sind. Kartoffelstücke zugedeckt zum Kochen bringen. Salz hinzufügen. Die Kartoffeln in 15–20 Minuten gar kochen.

2. Kartoffeln abgießen und sofort mit einem Stampfer oder in einer Kartoffelpresse zerdrücken.

3. Milch in einem kleinen Topf erhitzen. Die heiße Milch nach und nach mit einem Schneebesen oder Kochlöffel unter die Kartoffelmasse rühren (je nach Beschaffenheit der Kartoffeln kann die Milchmenge etwas variieren).

4. Püree bei schwacher Hitze mit einem Schneebesen rühren, bis eine lockere, einheitliche Masse entstanden ist. Butter unterrühren. Das Püree mit wenig Salz und Muskat abschmecken.

Tipp: Die Kartoffeln nicht mit einem Handrührgerät verrühren oder mit einem Pürierstab pürieren, sonst wird das Püree zäh!

Rezeptvariante 1: Kartoffelpüree mit Knoblauch und Kräutern (pro Portion: etwa 0,40 €). Dafür zusätzlich 1–2 Knoblauchzehen abziehen und hacken. Butter zerlassen. Knoblauch darin bei schwacher Hitze etwa 5 Minuten dünsten. Knoblauch und Butter mit 2 Esslöffeln gehackter Petersilie und 1 Esslöffel Schnittlauchröllchen zum Schluss unter das Püree rühren.

Rezeptvariante 2: Kartoffelpüree mit gebräunten Zwiebelringen (Foto, pro Portion: etwa 0,40 €). Dafür 3–4 abgezogene, in dünne Scheiben geschnittene Zwiebeln in einer Pfanne mit 4 Esslöffeln Sonnenblumenöl anbraten und auf das Püree geben. Evtl. mit etwas gehackter Petersilie bestreuen.

Kartoffelsalat | Schnell

4 Portionen

Pro Portion: E: 15 g, F: 41 g, Kh: 32 g, kJ: 2390, kcal: 567, BE: 2,5

750 g gegarte Pellkartoffeln
3–4 Gewürzgurken
400 g fertiger Fleischsalat (aus dem Kühlregal)
etwas Gurkenflüssigkeit
Salz
frisch gemahlener Pfeffer
1 Prise Zucker
4 hart gekochte Eier

Zubereitungszeit: 20 Minuten, ohne Durchziehzeit

1. Kartoffeln pellen, in Würfel schneiden und in eine große Schüssel geben. Gurken abtropfen lassen, in dünne Scheiben schneiden und zu den Kartoffelwürfeln geben.

2. Fleischsalat mit etwas Gurkenflüssigkeit verrühren und untermischen. Salat mit Salz, Pfeffer und Zucker abschmecken.

3. Eier pellen und in Achtel schneiden. Einige Achtel zum Garnieren beiseitelegen, restliche Eierachtel vorsichtig unter den Salat heben. Den Salat im Kühlschrank etwas durchziehen lassen.

4. Den Salat vor dem Servieren evtl. nochmals mit Salz, Pfeffer, Zucker und etwas Gurkenflüssigkeit abschmecken. Salat mit beiseitegelegten Eierachteln garnieren und servieren.

Beilage: Servieren Sie Wiener Würstchen (1 Glas: 250 g, pro Portion: etwa 1,05 €) oder 4 gebratene Bratwürstchen (pro Portion: etwa 1,65 €) dazu.

Kartoffelsalat, warmer I

Einfach – beliebt

4 Portionen

Pro Portion: E: 6 g, F: 17 g, Kh: 35 g, kJ: 1354, kcal: 323, BE: 3,0

1 kg festkochende Kartoffeln
2 Zwiebeln
75 g fetter Speck
125 ml (1/8 l) Gemüsebrühe
4–5 EL Kräuteressig
Salz
frisch gemahlener Pfeffer
Zucker

2 EL Schnittlauchröllchen

Zubereitungszeit: 25 Minuten, ohne Durchziehzeit

1. Die Kartoffeln unter fließendem Wasser abbürsten und abtropfen lassen. Kartoffeln knapp mit Wasser bedeckt zum Kochen bringen und zugedeckt in 20–25 Minuten gar kochen.

2. Zwiebeln abziehen. Zwiebeln und Speck fein würfeln. Eine große Pfanne ohne Fett erhitzen. Speckwürfel darin ausbraten. Die ausgebratenen Speckgrieben mit einer Schaumkelle aus der Pfanne nehmen und beiseitestellen.

3. Zwiebelwürfel und Brühe in die Pfanne geben, kurz aufkochen lassen. Essig unterrühren. Die Marinade mit Salz, Pfeffer und Zucker abschmecken.

4. Die garen Kartoffeln abgießen, mit kaltem Wasser abschrecken, abtropfen lassen, sofort pellen, in Scheiben schneiden und in die Pfanne geben. Marinade mit den Kartoffeln vermengen und einige Minuten auf der ausgeschalteten Kochstelle ziehen lassen.

5. Den Salat nochmals mit Salz, Pfeffer und Essig abschmecken, mit beiseitegestellten Speckgrieben und Schnittlauchröllchen bestreut servieren.

Kartoffel-Schinken-Tortilla

Für Kinder
4 Portionen

Pro Portion: E: 26 g, F: 26 g, Kh: 19 g, kJ: 1742, kcal: 416, BE: 1,5

500 g festkochende Kartoffeln
Salz
125 g gekochter Schinken
125 g roher Schinken
6 Eier (Größe M)
6 EL Milch
frisch gemahlener Pfeffer
Paprikapulver edelsüß
1 Knoblauchzehe
½ Bund glatte Petersilie
5 EL Sonnenblumenöl

Zubereitungszeit: 25 Minuten, ohne Abkühlzeit
Garzeit: 45–50 Minuten

1. Die Kartoffeln gründlich waschen und mit Wasser bedeckt zum Kochen bringen. Salz zugeben und die Kartoffeln in 20–25 Minuten gar kochen. Die Kartoffeln abgießen, mit kaltem Wasser abschrecken, kurz abkühlen lassen. Kartoffeln pellen, in Scheiben schneiden und erkalten lassen.

2. Beide Schinkensorten in Würfel schneiden. Eier mit Milch verschlagen, mit Salz, Pfeffer und Paprikapulver würzen. Knoblauch abziehen, fein hacken und unterrühren. Petersilie abspülen und trocken tupfen. Die Blättchen von den Stängeln zupfen, grob hacken.

3. Den Backofen vorheizen.
Ober-/Unterhitze: etwa 180 °C
Heißluft: etwa 160 °C

4. Öl portionsweise in einer großen Pfanne erhitzen. Die Kartoffelscheiben portionsweise darin anbraten. Kartoffeln mit Salz und Pfeffer würzen. Etwa die Hälfte der Petersilie und der Schinkenwürfel unterrühren.

5. Die angebratenen Kartoffeln in einer Tarteform (gefettet, Ø etwa 28 cm) verteilen. Die Eiermasse daraufgießen. Die restlichen Schinkenwürfel daraufstreuen. Die Form auf dem Rost auf mittlerer Einschubleiste in den vorgeheizten Backofen schieben. Die Tortilla **etwa 25 Minuten garen,** bis die Masse gestockt ist.

6. Die Tortilla vor dem Servieren mit der restlichen Petersilie bestreuen.

Tipp: Wenn Sie keine Tarteform zur Verfügung haben, können Sie die Tortilla auch in einer großen Auflaufform zubereiten.

Kartoffelsuppe mit Wiener Würstchen | Beliebt

4 Portionen

Pro Portion: E: 23 g, F: 40 g, Kh: 26 g, kJ: 2350, kcal: 561, BE: 2,0

1 Bund Suppengrün (Möhre, Porree, Sellerie)
750 g mehligkochende Kartoffeln
2 EL Sonnenblumenöl
1 l Gemüsebrühe
1 Lorbeerblatt
1 TL gerebelter Majoran
Salz
frisch gemahlener Pfeffer
500 g Wiener Würstchen (aus dem Glas)

Zubereitungszeit: 30 Minuten, ohne Kühlzeit
Garzeit: etwa 20 Minuten

1. Suppengrün putzen. Dazu Sellerie schälen. Möhre putzen und schälen. Sellerie und Möhre abspülen und abtropfen lassen. Porree putzen. Die Stange längs halbieren, gründlich waschen und abtropfen lassen. Vorbereitetes Suppengrün grob würfeln.

2. Kartoffeln schälen, abspülen, abtropfen lassen und in Stücke schneiden.

3. Öl in einem großen Topf erhitzen. Zuerst das vorbereitete Suppengrün darin unter Rühren andünsten, danach die Kartoffelstücke hinzufügen und kurz mitdünsten.

4. Brühe hinzugießen. Lorbeerblatt und Majoran hinzugeben. Das Ganze zum Kochen bringen. Die Suppe zugedeckt bei mittlerer Hitze etwa 20 Minuten kochen lassen, dabei gelegentlich umrühren. Evtl. etwas Gemüsebrühe nachgießen.

5. Das Lorbeerblatt entfernen. Die Suppe mit einem Kartoffelstampfer etwas zerdrücken oder etwa ein Viertel der Suppe in einen Rührbecher geben, pürieren und wieder unter die Suppe rühren.

6. Die Suppe mit Salz und Pfeffer abschmecken. Die Wiener Würstchen ganz oder in Scheiben geschnitten in der Suppe erhitzen.

Tipp: Schmecken Sie die Kartoffelsuppe nach Belieben mit etwas Muskatnuss ab und bestreuen Sie die Suppe mit gehackter Petersilie.

Kartoffel-Wedges | Beliebt

4 Portionen

Pro Portion: E: 4 g, F: 13 g, Kh: 30 g, kJ: 1062, kcal: 253, BE: 2,5

1 kg vorwiegend festkochende, mittelgroße Kartoffeln
Salz
frisch gemahlener Pfeffer
5 EL Olivenöl
1 1/2 TL Kräuter der Provence

Zubereitungszeit: 15 Minuten
Garzeit: etwa 35 Minuten

1. Den Backofen vorheizen.
Ober-/Unterhitze: etwa 180 °C
Heißluft: etwa 160 °C

2. Kartoffeln unter fließendem kalten Wasser gründlich abspülen bzw. abbürsten und abtropfen lassen. Die Kartoffeln längs vierteln, mit Salz und Pfeffer würzen.

3. Öl zuerst mit den Kräutern, dann mit den Kartoffeln gründlich vermischen. Die Kartoffeln auf einem Backblech verteilen.

4. Das Backblech auf mittlerer Einschubleiste in den vorgeheizten Backofen schieben. Die Kartoffeln **etwa 35 Minuten garen.** Dabei Kartoffel-Wedges 2–3-mal wenden, damit sie rundherum gleichmäßig braun werden.

Tipps: Die Kartoffel-Wedges zu kurz gebratenem Fleisch oder gegrilltem Fisch servieren. Oder einfach einen Kräuterquark (400 g, etwa 0,70 €) oder Zaziki (500 g, etwa 1,50 €) dazureichen.

Kartoffel-Zwiebel-Spieße mit Speck | Einfach

8 Stück

Pro Stück: E: 5 g, F: 9 g, Kh: 14 g, kJ: 665, kcal: 159, BE: 1,0

800 g kleine, festkochende Kartoffeln (etwa 24 Stück)
150 g Frühstücksspeck in dünnen Scheiben (Bacon)
4 Frühlingszwiebeln
6 EL Olivenöl
1 TL gerebelter Rosmarin
½ TL Salz
evtl. 1 TL Kümmelsamen

Außerdem:

8 Holzspieße

Zubereitungszeit: 30 Minuten, ohne Abkühlzeit
Grillzeit: etwa 8 Minuten

1. Die Kartoffeln waschen, evtl. abbürsten. Die Kartoffeln in einem Topf mit Wasser bedeckt zum Kochen bringen und zugedeckt etwa 10 Minuten kochen, dann abgießen. Kartoffeln abkühlen lassen und halbieren oder in grobe Stücke schneiden.

2. Frühstücksspeck quer halbieren und aufrollen. Die Frühlingszwiebeln putzen, abspülen und abtropfen lassen. Das Frühlingszwiebelgrün bis auf etwa 15 cm abschneiden. Frühlingszwiebeln in je 4 Stücke schneiden und anschließend Kartoffelstücke, Speckröllchen und Frühlingszwiebeln abwechselnd auf die Spieße stecken.

3. Vorbereitete Spieße mit Öl bestreichen und auf den heißen Grillrost legen. Unter Wenden die Spieße etwa 8 Minuten grillen, zwischendurch mit etwas Öl bestreichen.

4. Kurz vor Ende der Grillzeit das restliche Öl mit Rosmarin, Salz und Kümmelsamen verrühren und die Spieße damit bestreichen.

Käse-Porree-Suppe

Für Gäste
6 Portionen

Pro Portion: E: 32 g, F: 36 g, Kh: 5 g, kJ: 1943, kcal: 464, BE: 0,0

3 Stangen	*Porree (Lauch, etwa 700 g)*
3 EL	*Olivenöl*
750 g	*Gehacktes (halb Rind-, halb Schweinefleisch)*
	Salz
	frisch gemahlener Pfeffer
1 l	*Fleischbrühe*
1 Glas	*Champignons in Scheiben (Abtropfgewicht 470 g)*
200 g	*Sahne- oder Kräuterschmelzkäse*

Zubereitungszeit: 30 Minuten
Garzeit: etwa 15 Minuten

1. Porree putzen. Porreestangen längs halbieren, gründlich waschen und abtropfen lassen. Porree in kleine Stücke schneiden.

2. Öl in einem großen Topf erhitzen. Gehacktes hinzufügen und anbraten. Dabei die Fleischklümpchen mit einem Pfannenwender oder Kochlöffel zerdrücken, mit Salz und Pfeffer würzen.

3. Die Porreestücke hinzufügen und kurz andünsten. Die Brühe hinzugießen und zum Kochen bringen. Das Ganze zugedeckt etwa 15 Minuten garen.

4. Champignonscheiben in einem Sieb abtropfen lassen und hinzufügen. Käse dazugeben und unter Rühren schmelzen lassen, dabei die Suppe nicht mehr kochen lassen. Die Suppe mit Salz und Pfeffer abschmecken.

Tipps: Die Suppe kann gut vorbereitet und ohne Schmelzkäse eingefroren werden. Sie eignet sich gut als Partysuppe.

Käse-Schinken-Wraps | Schnell

4 Portionen

Pro Portion: E: 34 g, F: 20 g, Kh: 35 g, kJ: 1960, kcal: 468, BE: 2,5

16 Blätter Kopfsalat
½ Salatgurke
1 Kästchen Kresse
8 EL Naturjoghurt
4 EL körniger Senf
1–2 EL flüssiger Honig
4 Tortilla-Fladen (Ø etwa 30 cm)
4 Scheiben gekochter Schinken (etwa 250 g)
8 Scheiben Gouda-Käse (etwa 200 g)

Zubereitungszeit: 15 Minuten

1. Salatblätter abspülen und trocken tupfen. Gurke abspülen, abtrocknen und grob raspeln. Kresse abspülen, trocken tupfen und vom Beet schneiden.

2. Den Joghurt mit Senf und Honig glatt rühren. Die Tortilla-Fladen damit gleichmäßig bestreichen. Schinken, Käse, Salatblätter und Gurkenraspel darauf verteilen. Kresse daraufstreuen.

3. Die Tortillas fest aufrollen, mit einem scharfen Messer schräg halbieren und sofort servieren oder kurz in den Kühlschrank stellen.

Tipp: Die Wraps mit einer Serviette umwickeln.

Käsespätzle | Beliebt

4 Portionen

Pro Portion: E: 30 g, F: 30 g, Kh: 87 g, kJ: 3160, kcal: 755, BE: 7,0

5 l Wasser
5 gestr. TL Salz
500 g getrocknete Spätzle
200 g geriebener Emmentaler Käse
3 Zwiebeln
50 g Butter
1 EL Schnittlauchröllchen

Zubereitungszeit: 30 Minuten
Garzeit: 15–20 Minuten

1. Wasser in einem großen Topf zugedeckt zum Kochen bringen. Dann Salz und Spätzle zufügen. Die Spätzle nach Packungsanleitung im geöffneten Topf bei mittlerer Hitze kochen, dabei gelegentlich umrühren.

2. Den Backofen vorheizen.
Ober-/Unterhitze: etwa 200 °C
Heißluft: etwa 180 °C

3. Die gegarten Spätzle in einem Sieb abtropfen lassen, mit kaltem Wasser abschrecken und abtropfen lassen. Die Spätzle abwechselnd mit dem Käse in eine Auflaufform (gefettet) schichten (die oberste Schicht sollte aus Käse bestehen).

4. Die Form auf dem Rost auf mittlerer Einschubleiste in den vorgeheizten Backofen schieben. Die Käsespätzle **15–20 Minuten backen.**

5. Zwiebeln abziehen, in Scheiben schneiden, dann in Ringe teilen. Butter in einer Pfanne zerlassen. Die Zwiebelringe darin goldbraun braten. Die Käsespätzle mit Zwiebelringen und Schnittlauchröllchen bestreuen und servieren.

Beilage: Servieren Sie einen Tomatensalat von Seite 254 dazu.

Käsespätzle mit Blattspinat

Vegetarisch

4 Portionen

Pro Portion: E: 26 g, F: 23 g, Kh: 72 g, kJ: 2542, kcal: 607, BE: 6,0

500 g TK-Blattspinat
1–2 EL Crème légère mit Kräutern
Salz
frisch gemahlener Pfeffer
frisch geriebene Muskatnuss
150 g Butterkäse

4 l Wasser
4 gestr. TL Salz
400 g getrocknete Spätzle

2 rote Zwiebeln
2 EL Olivenöl
2 EL Sonnenblumenkerne

Zubereitungszeit: 30 Minuten, ohne Auftauzeit
Garzeit: etwa 20 Minuten

1. Blattspinat nach Packungsanleitung auftauen lassen, evtl. etwas ausdrücken. Blattspinat mit Crème légère in einer Schüssel verrühren, mit Salz, Pfeffer und Muskat würzen. Käse in kleine Würfel schneiden.

2. Das Wasser in einem großen Topf zugedeckt zum Kochen bringen. Dann Salz und Spätzle zugeben. Die Spätzle im geöffneten Topf bei mittlerer Hitze nach Packungsanleitung bissfest kochen, dabei gelegentlich umrühren. Die Spätzle in ein Sieb geben, mit heißem Wasser abspülen und abtropfen lassen.

3. In der Zwischenzeit Zwiebeln abziehen, halbieren und in Ringe schneiden. Olivenöl in einer Pfanne erhitzen. Die Zwiebelringe unter gelegentlichem Rühren darin anbraten.

4. Den Backofen vorheizen.
Ober-/Unterhitze: etwa 200 °C
Heißluft: etwa 180 °C

5. Zuerst die Spätzle, dann ein Drittel von dem Käse und den Zwiebeln und zuletzt den Spinat in eine Auflaufform (gefettet) geben. Die restlichen Käsewürfel mit den Zwiebelringen mischen und darauf verteilen. Sonnenblumenkerne daraufstreuen.

6. Die Form auf dem Rost auf mittlerer Einschubleiste in den vorgeheizten Backofen schieben. Den Auflauf **etwa 20 Minuten garen.**

Tipp: Besonders würzig wird der Auflauf, wenn Sie statt Butterkäse in Streifen geschnittenen Raclettekäse verwenden (pro Portion: etwa 1,60 €).

Käsestangen | Für die Party

etwa 20 Stück

Pro Stück: E: 3 g, F: 7 g, Kh: 8 g,
kJ: 450, kcal: 108, BE: 0,5

450 g TK-Blätterteig

Für den Belag:

100 g geriebener Käse, z. B. Emmentaler
Paprikapulver edelsüß
frisch gemahlener Pfeffer

Zum Bestreichen:

1 Eigelb
1 EL Milch

Zubereitungszeit: 25 Minuten, ohne Auftau- und Ruhezeit
Backzeit: etwa 15 Minuten je Backblech

1. Den Blätterteig nach Packungsanleitung auftauen lassen.

2. Für den Belag Käse, Paprikapulver und Pfeffer in einer Schüssel mischen. Die Hälfte der Blätterteigscheiben aufeinanderlegen und auf der leicht bemehlten Arbeitsfläche zu einem Rechteck (etwa 20 x 40 cm) ausrollen.

3. Zum Bestreichen Eigelb mit Milch verquirlen und Blätterteig damit bestreichen. Die Hälfte des Belages auf einer Teighälfte (20 x 20 cm) verteilen. Die zweite Teighälfte daraufklappen und andrücken.

4. Den Backofen vorheizen.
Ober-/Unterhitze: etwa 200 °C
Heißluft: etwa 180 °C

5. Das Blätterteigquadrat mit einem scharfen Messer in etwa 2 cm breite Streifen schneiden.

6. Die Streifen spiralförmig drehen und auf ein Backblech (30 x 40 cm, mit Backpapier belegt) legen. Die Enden auf dem Backpapier andrücken. Spiralen etwa 10 Minuten ruhen lassen.

7. Restliche Blätterteigscheiben und restlichen Belag auf die gleiche Weise verarbeiten und auf ein Backblech (mit Backpapier belegt) legen.

8. Die Teigseiten der Spiralen mit der restlichen Eigelbmilch bestreichen. Die Backbleche nacheinander auf mittlerer Einschubleiste in den vorgeheizten Backofen schieben. Die Käsestangen **etwa 15 Minuten je Backblech backen.**

9. Die Käsestangen mit dem Backpapier von den Backblechen auf Kuchenroste ziehen und erkalten lassen.

Tipps: Bei Heißluft können beide Backbleche zusammen in den Backofen geschoben werden. Wenn Sie nur ein Backblech haben, können Sie die restlichen Stangen auf Backpapier vorbereiten, dann mit dem Backpapier auf das Backblech ziehen und wie angegeben backen.

Käsetarte | Etwas Besonderes

Insgesamt: E: 77 g, F: 120 g, Kh: 72 g, kJ: 7043, kcal: 1681, BE: 4,5

Zum Vorbereiten:
100 g Frühlingszwiebeln

Für den Teig:
50 g Weizenmehl (Type 550)
1 gestr. TL Dr. Oetker Backin
1 gestr. TL Salz
1 gestr. TL Zucker
250 g Magerquark
200 g Kräuter-Frischkäse
25 g TK-8-Kräuter
2 Eier (Größe M)
4 EL Olivenöl

30 g gestiftelte Mandeln

Zum Garnieren:
einige Stängel Kerbel

Zubereitungszeit: 40 Minuten
Backzeit: etwa 45 Minuten

1. Zum Vorbereiten die Frühlingszwiebeln putzen, abspülen, abtropfen lassen und in schmale Ringe schneiden.

2. Den Backofen vorheizen.
Ober-/Unterhitze: etwa 180 °C
Heißluft: etwa 160 °C

3. Für den Teig Mehl, Backpulver, Salz und Zucker in eine Rührschüssel geben und verrühren.

4. Quark, Frischkäse, gefrorene Kräuter, drei Viertel der Zwiebelringe, Eier und Olivenöl dazugeben und mit Handrührgerät mit Rührbesen unterrühren.

5. Den Teig in eine Tarteform (Ø 26–28 cm, gefettet, mit Semmelbröseln bestreut) geben und glatt streichen. Restliche Zwiebelringe und Mandelstifte darauf verteilen.

6. Die Form auf dem Rost auf mittlerer Einschubleiste in den vorgeheizten Backofen schieben. Die Tarte **etwa 45 Minuten backen.**

7. Die Form auf einen Kuchenrost stellen. Die Tarte in der Form erkalten lassen. Den Kerbel abspülen, trocken tupfen und in kleine Stängel zupfen. Die Tarte in Stücke schneiden und mit Kerbel garnieren.

Tipps: Die Käsetarte schmeckt lauwarm besonders gut. Als Beilage eignen sich z. B. gedünstete Tomaten. Für 4–6 Portionen 2 mittelgroße Zwiebeln abziehen, in Würfel schneiden und in 4 Esslöffeln Olivenöl etwa 10 Minuten dünsten. 500 g kleine Tomaten abspülen, abtrocknen, halbieren und etwa 3 Minuten mitdünsten. Das Gemüse mit Salz, Pfeffer und etwas Cayennepfeffer würzen, mit 1 Esslöffel Schnittlauchröllchen oder gehacktem Basilikum bestreuen (Zusatzkosten: etwa 2,- €).

Käse-Tunfisch-Salat | Für Gäste

6 Portionen

Pro Portion: E: 34 g, F: 35 g, Kh: 5 g, kJ: 1991, kcal: 476, BE: 0,5

2 Dosen	*Tunfisch naturell (Abtropfgewicht je 175 g)*
6	*hart gekochte Eier*
300 g	*Gouda-Käse*
1	*rote Paprikaschote*
1	*Zwiebel*
4	*Gewürzgurken*
	Salz, frisch gemahlener Pfeffer
1/2 gestr. TL	*Zucker*
3 EL	*Salatmayonnaise*
150 g	*Joghurt*
3 Stängel	*Basilikum*

Zubereitungszeit: 30 Minuten, ohne Durchziehzeit

1. Tunfisch in einem Sieb abtropfen lassen, etwas zerpflücken. Eier pellen und in Scheiben schneiden. Käse in Würfel schneiden.

2. Paprikaschote halbieren, entstielen, entkernen und die weißen Scheidewände entfernen. Schote abspülen, abtropfen lassen und in Würfel schneiden. Zwiebel abziehen. Zwiebel und Gewürzgurken fein würfeln.

3. Alle Zutaten miteinander vermischen, mit Salz, Pfeffer und Zucker abschmecken. Mayonnaise mit Joghurt verrühren und unterheben. Den Salat zugedeckt im Kühlschrank gut durchziehen lassen.

4. Basilikum abspülen, trocken tupfen und die Blättchen von den Stängeln zupfen. Blättchen fein schneiden und unter den Salat geben. Vor dem Servieren den Salat nochmals abschmecken.

Tipps: Richten Sie den Salat portionsweise auf Friséesalatblättern an. Statt der Gewürzgurken können auch 4 Tomaten, in Scheiben geschnitten, genommen werden (pro Portion: etwa 1,20 €). Optisch macht dieser Salat noch mehr her, wenn Sie die Salatzutaten in eine durchsichtige Schüssel schichten. Dann die Mayonnaise-Joghurt-Mischung zum Schluss darauf verteilen.

Kasseler Rippenspeer |

Klassisch

6 Portionen

Pro Portion: E: 36 g, F: 17 g, Kh: 5 g, kJ: 1317, kcal: 314, BE: 0,0

1	*Zwiebel*
1	*Tomate*
1 Bund	*Suppengrün (Sellerie, Möhre, Porree)*
1 1/2 kg	*Kasseler (Kotelettstück, Knochen vom Metzger herauslösen und zerkleinern lassen)*
1	*Lorbeerblatt*
400 ml	*heißes Wasser*
evtl.	*dunkler Saucenbinder*
	Salz
	frisch gemahlener Pfeffer

Zubereitungszeit: 20 Minuten, ohne Ruhezeit
Garzeit: etwa 50 Minuten

1. Den Backofen vorheizen.
Ober-/Unterhitze: etwa 200 °C
Heißluft: etwa 180 °C

2. Zwiebel abziehen, würfeln. Die Tomate abspülen, abtropfen lassen, vierteln und den Stängelansatz herausschneiden. Sellerie und Möhre putzen, schälen, abspülen und abtropfen lassen. Porree putzen, die Stange längs halbieren, gründlich waschen und abtropfen lassen. Suppengrün fein würfeln.

3. Kasseler und Knochen unter fließendem kalten Wasser abspülen, trocken tupfen. Die Fettschicht gitterförmig einschneiden. Das Fleisch mit der Fettschicht nach oben in einen mit Wasser ausgespülten Bräter legen. Suppengrün, Zwiebel, Tomate, Lorbeerblatt und Knochen zugeben.

4. Den Bräter ohne Deckel auf dem Rost im unteren Drittel in den vorgeheizten Backofen schieben. Fleisch **etwa 50 Minuten garen.** Wenn der Bratensatz bräunt, etwas von dem heißen Wasser zugeben. Verdampfte Flüssigkeit nach und nach durch heißes Wasser ersetzen. Das Fleisch ab und zu mit Bratensatz begießen.

5. Gegartes Fleisch und Knochen aus dem Bräter nehmen. Das Fleisch etwa 10 Minuten zugedeckt ruhen lassen, damit sich der Fleischsaft setzt.

6. Für die Sauce den Bratensatz mit etwas Wasser loskochen. Bratensatz mit dem Gemüse durch ein Sieb streichen und auf der Kochstelle erneut zum Kochen bringen. Die Sauce nach Belieben mit Saucenbinder andicken und kurz aufkochen lassen.

7. Fleisch in Scheiben schneiden und auf einer vorgewärmten Platte anrichten. Die Sauce mit Salz und Pfeffer abschmecken und zu dem Fleisch servieren.

Beilage: Servieren Sie das Kasseler auf Sauerkraut (1 Dose 850 ml, pro Portion: etwa 2,- €) und dazu Salzkartoffeln von Seite 214 oder Kartoffelpüree von Seite 120.

Kirschbutter-Kuchen | Für Gäste

Insgesamt: E: 82 g, F: 241 g, Kh: 618 g, kJ: 21029, kcal: 5023, BE: 51,5

Zum Vorbereiten:
2 Gläser Sauerkirschen (Abtropfgewicht je 370 g)

Für den Quark-Öl-Teig:
300 g Weizenmehl
1 Pck. Dr. Oetker Backin
150 g Magerquark
100 ml Milch
100 ml Sonnenblumenöl
80 g Zucker
1 Pck. Dr. Oetker Vanillin-Zucker
1 Prise Salz

Für die Kirschbutter:
4 EL Kirschkonfitüre
125 g weiche Butter
3 Eigelb (Größe M)
3 Eiweiß (Größe M)
75 g Zucker

Zubereitungszeit: 40 Minuten
Backzeit: etwa 30 Minuten

1. Zum Vorbereiten die Sauerkirschen in einem Sieb gut abtropfen lassen.

2. Den Backofen vorheizen.
Ober-/Unterhitze: etwa 180 °C
Heißluft: etwa 160 °C

3. Für den Teig Mehl mit Backpulver in einer Rührschüssel mischen. Quark, Milch, Sonnenblumenöl, Zucker, Vanillin-Zucker und Salz hinzufügen. Die Zutaten mit Handrührgerät mit Knethaken zunächst kurz auf niedrigster, dann auf höchster Stufe in etwa 1 Minute zu einem Teig verarbeiten (nicht zu lange, Teig klebt sonst). Den Teig auf der leicht bemehlten Arbeitsfläche zu einer Rolle formen.

4. Den Teig auf einem Backblech (30 x 40 cm, gefettet) ausrollen. Sauerkirschen darauf verteilen.

5. Für die Kirschbutter Konfitüre mit Butter und Eigelb gut verrühren. Eiweiß steif schlagen und den Zucker unterrühren. Die Eiweißmasse unter die Kirschbutter heben und auf den mit Sauerkirschen belegten Teig streichen.

6. Das Backblech auf mittlerer Einschubleiste in den vorgeheizten Backofen schieben. Den Kuchen **etwa 30 Minuten backen.**

7. Das Backblech auf einen Kuchenrost stellen, den Kuchen erkalten lassen.

Rezeptvariante: Für einen **Kirschkuchen mit Streuseln** (pro Kuchen: etwa 4,55 €) statt der Kirschbutter Mandelstreusel auf die Sauerkirschen geben. Dafür aus 250 g Weizenmehl, 200 g Zucker und 200 g Butter Streusel von gewünschter Größe zubereiten, 100 g gehobelte Mandeln unterheben. Die Streusel auf die Kirschen streuen. Den Kuchen bei der oben angegebenen Backofeneinstellung etwa 40 Minuten backen.

Kirschkuchen mit Guss | Fruchtig

Insgesamt: E: 56, F: 156 g, Kh: 390 g, kJ: 13544, kcal: 3235, BE: 32,5

Zum Vorbereiten:

1 Glas Sauerkirschen (Abtropfgewicht 350 g)

Für den Rührteig:

125 g weiche Butter oder Margarine
125 g Zucker
1 Pck. Dr. Oetker Vanillin-Zucker
1 Prise Salz
3 Eier (Größe M)
200 g Weizenmehl
2 gestr. TL Dr. Oetker Backin
1 EL Milch

50 g gehobelte Mandeln

Für den Guss:

1 Pck. ungezuckerter Tortenguss, klar
250 ml (1/4 l) Kirschsaft (aus dem Glas)
1 TL Zucker

Zubereitungszeit: 30 Minuten, ohne Abkühlzeit
Backzeit: 40–50 Minuten

1. Zum Vorbereiten die Kirschen in einem Sieb abtropfen lassen. Dabei den Saft auffangen und 250 ml (1/4 l) davon abmessen.

2. Den Backofen vorheizen.
Ober-/Unterhitze: etwa 180 °C
Heißluft: etwa 160 °C

3. Für den Teig Butter oder Margarine in einer Rührschüssel mit Handrührgerät mit Rührbesen auf höchster Stufe geschmeidig rühren. Nach und nach Zucker, Vanillin-Zucker und Salz unterrühren. So lange rühren, bis eine gebundene Masse entstanden ist. Eier nach und nach unterrühren (jedes Ei etwa 1/2 Minute).

4. Das Mehl mit Backpulver mischen. Das Gemisch in 2 Portionen abwechselnd mit der Milch auf mittlerer Stufe unterrühren.

5. Den Teig in eine Springform (Ø 26 cm, Boden gefettet) geben und glatt streichen. Sauerkirschen darauf verteilen, dabei rundherum einen etwa 1 cm breiten Rand frei lassen. Mandeln daraufstreuen. Die Form auf dem Rost im unteren Drittel in den vorgeheizten Backofen schieben und den Kuchen **40–50 Minuten backen.**

6. Nach dem Backen die Form auf einen Kuchenrost stellen. Den Kuchen in der Form etwa 1 Stunde erkalten lassen, dann aus der Form lösen.

7. Für den Guss aus Tortengusspulver, Kirschsaft und Zucker nach Packungsanleitung einen Guss zubereiten. Den Guss löffelweise von der Mitte aus zügig über die Kirschen geben. Den Kirschkuchen mindestens 30 Minuten in den Kühlschrank stellen.

Knusperkissen | Für Kinder

8 Stück (im Foto vorn)

Pro Stück: E: 6 g, F: 29 g, Kh: 46 g, kJ: 1987, kcal: 475, BE: 4,0

225 g TK-Blätterteig (5 quadratische Scheiben)
1 Eigelb
1 EL Milch

Für die Streusel:
175 g Weizenmehl
75 g Zucker
100 g Butter

Für die Füllung:
250 g gekühlte Schlagsahne
25 g gesiebter Puderzucker
1 Pck. Dr. Oetker Sahnesteif
150 g Sahne-Pudding Bourbon-Vanille (aus dem Kühlregal)

Zum Bestäuben:
etwas Puderzucker

Zubereitungszeit: 40 Minuten, ohne Auftau- und Abkühlzeit
Backzeit: etwa 20 Minuten

1. Die Blätterteigplatten nebeneinander nach Packungsanleitung auftauen lassen.

2. Den Backofen vorheizen.
Ober-/Unterhitze: etwa 200 °C
Heißluft: etwa 180 °C

3. Platten aufeinanderlegen, auf der leicht bemehlten Arbeitsfläche zu einer Platte (etwa 40 x 20 cm) ausrollen. Daraus mit einem scharfen Messer 8 Quadrate (etwa 10 x 10 cm) schneiden und auf das Backblech legen. Eigelb mit Milch verrühren, die Quadrate damit bestreichen.

4. Für die Streusel Mehl, Zucker und Butter in eine Rührschüssel geben und mit Handrührgerät mit Rührbesen zu Streuseln von gewünschter Größe verarbeiten. Die Streusel gleichmäßig auf den Teigplatten verteilen. Das Backblech auf mittlerer Einschubleiste in den vorgeheizten Backofen schieben. Die Kissen **etwa 20 Minuten backen.**

5. Die Knusperkissen auf einem Kuchenrost erkalten lassen und von jedem Gebäck vorsichtig mit einem Sägemesser waagerecht einen Deckel abschneiden.

6. Für die Füllung die Sahne mit Puderzucker und Sahnesteif steif schlagen und unter den Vanille-Pudding heben. Die Creme mit einem Esslöffel oder einem Spritzbeutel auf den Gebäckböden verteilen, die Deckel auflegen und die Knusperkissen mit Puderzucker bestäuben.

Rezeptvariante: Bereiten Sie aus dem restlichen Blätterteig aus der Packung (225 g) **Prasselschnitten** (im Foto hinten, für 10 Stück: etwa 1,50 €) zu. Dazu die aufgetauten Teigplatten halbieren und auf ein mit Backpapier belegtes Backblech legen. Streusel wie im Rezept beschrieben zubereiten. Die Teigstreifen mit etwa 40 g Konfitüre bestreichen und mit Streuseln bestreuen. Die Streusel leicht andrücken. Die Prasselschnitten wie im Rezept angegeben backen. Erkaltete Prasselschnitten mit einem Zuckerguss (75 g gesiebter Puderzucker, verrührt mit 1 Esslöffel Zitronensaft) besprenkeln.

Knusper-Obst-Salat

Für Kinder – fruchtig

4 Portionen

Pro Portion: E: 4 g, F: 2 g, Kh: 48 g, kJ: 972, kcal: 232, BE: 4,0

200 g blaue Weintrauben
2 Äpfel
2 Bananen
Saft von
2 Orangen
2 EL flüssiger Honig
8 EL Vollkorn-Haferflocken (etwa 80 g)

Zubereitungszeit: 15 Minuten

1. Die Weintrauben waschen, gut abtropfen lassen, entstielen, halbieren und evtl. entkernen. Äpfel abspülen, abtrocknen, vierteln, entkernen und in Stücke schneiden. Bananen schälen und in dünne Scheiben schneiden.

2. Orangensaft mit 1 Esslöffel Honig verrühren und sofort mit dem vorbereiteten Obst vermischen.

3. Haferflocken in einer Pfanne ohne Fett unter Rühren goldgelb rösten. Salat mit Haferflocken bestreuen, mit dem restlichen Honig beträufeln und sofort servieren.

Kokosmilchkuchen | Für Kinder

Insgesamt: E: 69 g, F: 163 g, Kh: 788 g, kJ: 20635, kcal: 4931, BE: 65,0

Für den Teig:

400 g Weizenmehl
3 TL Dr. Oetker Backin
225 g Zucker
4 Eier (Größe M)
150 g weiche Butter oder Margarine
150 ml Kokosmilch

Für den Guss:

250 g gesiebter Puderzucker
etwa 100 ml Kokosmilch
gelbe und rote Speisefarbe

Zubereitungszeit: 15 Minuten, ohne Abkühlzeit
Backzeit: etwa 20 Minuten

1. Den Backofen vorheizen.
Ober-/Unterhitze: etwa 180 °C
Heißluft: etwa 160 °C

2. Für den Teig Mehl mit Backpulver in einer Rührschüssel vermischen. Restliche Teigzutaten hinzufügen und mit Handrührgerät mit Rührbesen zunächst kurz auf niedrigster, dann auf höchster Stufe in etwa 2 Minuten zu einem glatten Teig verarbeiten.

3. Den Teig auf einem Backblech (30 x 40 cm, gefettet, bemehlt) verteilen und glatt streichen. Das Backblech auf mittlerer Einschubleiste in den vorgeheizten Backofen schieben. Den Kuchen **etwa 20 Minuten backen.** Das Backblech auf einen Kuchenrost stellen. Den Kuchen erkalten lassen.

4. Für den Guss den Puderzucker mit Kokosmilch zu einem dickflüssigen Guss verrühren. Den Kuchen mit etwa zwei Dritteln des Gusses überziehen. Den restlichen Guss in 3 Portionen teilen und mit Speisefarbe rot, gelb und orange einfärben.

5. Den Guss getrennt in Gefrierbeutel füllen, je eine kleine Spitze abschneiden und abwechselnd Linien auf den noch feuchten Guss spritzen. Mit einem Holzstäbchen abwechselnd von oben nach unten und von unten nach oben durch den Guss ziehen, sodass geschwungene Linien entstehen.

Tipp: Wenn Sie keine Speisefarbe verwenden möchten, dann bestreichen Sie den Kuchen einfach nur mit dem Kokosmilchguss und streuen nach Belieben noch etwa 75 g geröstete Kokosraspel dekorativ darauf. So sparen Sie etwa 0,25 €.

Kräuterkartoffeln, gefüllte

Dauert länger – vegetarisch

4 Portionen

Pro Portion: E: 15 g, F: 25 g, Kh: 63 g, kJ: 2284, kcal: 545, BE: 5,0

8 vorwiegend festkochende Kartoffeln (je etwa 150 g)
1 TL Salz

250 g Kartoffeln (normale Größe)
1/2 TL Salz
2 Zwiebeln
1 Bund Petersilie
1 Bund Majoran
1 Bund Thymian
2 Zweige Rosmarin
2 EL Olivenöl
200 ml Milch
60 g Butter
Salz
frisch geriebene Muskatnuss
2 Eier
100 g getrocknete Tomaten, in Öl

Zubereitungszeit: 35 Minuten
Garzeit: 35–40 Minuten

1. Kartoffeln unter fließendem kalten Wasser abbürsten und abtropfen lassen. Kartoffeln in einen großen Topf geben und so viel Wasser hinzufügen, dass die Kartoffeln knapp bedeckt sind. Kartoffeln zugedeckt zum Kochen bringen. Salz hinzugeben.

2. Kartoffeln zugedeckt in 20–25 Minuten (je nach Größe der Kartoffeln) gar kochen. Kartoffeln abgießen, mit kaltem Wasser abschrecken und nochmals abgießen. Kartoffeln etwas abkühlen lassen.

3. Gleichzeitig restliche Kartoffeln schälen, abspülen, abtropfen lassen, würfeln und mit Wasser bedeckt zum Kochen bringen. Salz hinzugeben. Die Kartoffelwürfel etwa 20 Minuten garen, danach abgießen, abdämpfen und sofort durch eine Kartoffelpresse drücken oder zerstampfen.

4. Von den ganzen Kartoffeln einen länglichen Deckel abschneiden. Die Kartoffeln mit einem Teelöffel so aushöhlen, dass ein etwa 1/2 cm breiter Rand stehen bleibt.

5. Die abgeschnittenen Kartoffeldeckel pellen und mit dem ausgehöhlten Kartoffelfleisch ebenfalls durch eine Kartoffelpresse drücken oder fein zerstampfen. Mit dem restlichen Kartoffelpüree vermengen.

6. Den Backofen vorheizen.
Ober-/Unterhitze: etwa 200 °C
Heißluft: etwa 180 °C

7. Zwiebeln abziehen und in feine Würfel schneiden. Kräuter abspülen, trocken tupfen. Die Blättchen oder Nadeln von den Stängeln bzw. Zweigen zupfen und fein hacken.

8. Olivenöl in einer Pfanne erhitzen. Zwiebelwürfel darin andünsten. Kräuter unterrühren. Die Pfanne von der Kochstelle nehmen.

9. Milch erwärmen. Butter zerlassen. Kartoffelpüree mit Milch, Butter und den Kräutern vermengen, mit Salz und Muskat würzen. Die ausgehöhlten Kartoffeln mithilfe eines Teelöffels mit dem Kartoffelpüree füllen und auf ein Backblech (mit Backpapier belegt) legen.

10. Die Eier verschlagen. Kartoffel-Kräuter-Füllung damit bestreichen. Das Backblech auf mittlerer Einschubleiste in den vorgeheizten Backofen schieben. Die Kartoffeln **etwa 15 Minuten garen.**

11. Die getrockneten Tomaten abtropfen lassen und in feine Streifen schneiden. Die Kräuterkartoffeln mit Tomatenstreifen belegen und servieren.

Tipps: Richten Sie die Kräuterkartoffeln mit kleinen Kräuterstängeln nett an. Die Kräuterkartoffeln eignen sich sehr gut als Beilage zur Grillparty. Sie können die Kartoffeln bis einschließlich Punkt 9 vorbereiten und zugedeckt in den Kühlschrank stellen. Dann die vorbereiteten Kartoffeln mit dem verschlagenem Ei bestreichen und im vorgeheizten Backofen (Ober-/Unterhitze: etwa 180 °C, Heißluft: etwa 160 °C) etwa 40 Minuten garen.

Pro Portion: etwa
1,55 €

Kräuterreis mit Hackbällchen |

Beliebt

4 Portionen

Pro Portion: E: 30 g, F: 31 g, Kh: 55 g, kJ: 2569, kcal: 611, BE: 4,0

250 g Naturreis
500 g Kohlrabi
500 g Möhren
500 g Thüringer Mett (gewürztes Schweinegehacktes)
1–2 EL Speiseöl, z. B. Sonnenblumenöl
25 g TK-8-Kräuter-Mischung
Salz
frisch gemahlener Pfeffer

Zubereitungszeit: 35 Minuten

1. Den Naturreis nach Packungsanleitung zubereiten, in ein Sieb geben und abtropfen lassen.

2. In der Zwischenzeit Kohlrabi und Möhren putzen, schälen, abspülen, abtropfen lassen und in Stifte schneiden.

3. Aus dem Thüringer Mett mit angefeuchteten Händen kleine Bällchen formen.

4. Öl in einem Wok oder einer Pfanne erhitzen. Die Hackbällchen portionsweise darin rundherum anbraten und herausnehmen.

5. Gemüsestreifen in dem verbliebenen Fett unter Rühren 3–4 Minuten braten. Hackbällchen wieder dazugeben und alles bei mittlerer Hitze unter gelegentlichem Wenden weitere etwa 3 Minuten braten.

6. Reis und Kräuter dazugeben, alles noch etwa 5 Minuten braten, dabei gelegentlich vorsichtig umrühren.

7. Kräuterreis mit Hackbällchen vor dem Servieren mit Salz und Pfeffer würzen.

Kürbiscurry | Fruchtig – exotisch

4 Portionen

Pro Portion: E: 7 g, F: 7 g, Kh: 42 g, kJ: 1117, kcal: 268, BE: 2,0

1 kleiner Kürbis, z. B. Hokkaido, (etwa 1 ½ kg)
2 Zwiebeln
2 Knoblauchzehen
20 g frischer Ingwer
250 g festkochende Kartoffeln
1 rote Paprikaschote
2 EL Erdnussöl
2 EL Currypulver
400 ml Gemüsebrühe
200 ml Orangensaft
einige Petersilien- oder Korianderblättchen
1 Apfel
50 g Rosinen
Salz

Zubereitungszeit: 40 Minuten

1. Kürbis halbieren, in Spalten schneiden, entkernen und schälen. Das Kürbisfruchtfleisch in kleine Spalten schneiden. Zwiebeln und Knoblauch abziehen. Ingwer schälen. Zwiebeln, Knoblauch und Ingwer fein würfeln.

2. Kartoffeln schälen, abspülen, abtropfen lassen und in etwa 1 cm große Würfel schneiden. Paprikaschote halbieren, entstielen, entkernen und die weißen Scheidewände entfernen. Schote abspülen, abtropfen lassen und in Streifen schneiden.

3. Das Öl in einem Wok oder einer Pfanne erhitzen. Die Kartoffelwürfel darin etwa 5 Minuten unter Rühren anbraten. Dann die Kartoffeln herausnehmen.

4. Die Kürbisspalten in den Wok oder die Pfanne geben und unter Rühren anbraten.

5. Zwiebel-, Knoblauch- und Ingwerwürfel sowie die Paprikastreifen hinzufügen und andünsten. Kartoffelwürfel wieder hinzufügen. Curry unterrühren. Gemüsebrühe und Orangensaft unterrühren. Das Ganze etwa 10 Minuten köcheln lassen. Kräuterblättchen abspülen und trocken tupfen.

6. Apfel vierteln, entkernen, schälen, würfeln, zusammen mit den Rosinen in den Wok oder die Pfanne geben und unterrühren.

7. Das Kürbiscurry mit Salz abschmecken und mit Kräuterblättchen garniert servieren.

Beilage: Dazu nach Belieben gedünsteten Reis von Seite 204 servieren.

Kürbisgratin

Für Gäste – süße Mahlzeit

4 Portionen

Pro Portion: E: 7 g, F: 22 g, Kh: 49 g, kJ: 1761, kcal: 421, BE: 4,0

Für das Gratin:

50 g Semmelbrösel
50 g abgezogene, gemahlene Mandeln
4 EL brauner Zucker
700 g Speisekürbis-Fruchtfleisch (geschält, ohne Kerne und faserigen Innenteil)

Außerdem:

50 g Butter
3 EL brauner Zucker

Zum Bestäuben und Bestreuen:

2 EL Puderzucker
1 EL gehackte Pistazienkerne

Zubereitungszeit: 30 Minuten, ohne Abkühlzeit
Backzeit: etwa 35 Minuten

1. Für das Gratin Semmelbrösel und Mandeln in einer Pfanne ohne Fett goldbraun rösten. Zucker unterrühren. Masse abkühlen lassen.

2. Den Backofen vorheizen.
Ober-/Unterhitze: etwa 200 °C
Heißluft: etwa 180 °C

3. Kürbisfleisch in dünne Scheiben schneiden. Semmelbrösel-Mandel-Masse in eine Tarteform (Ø 28 cm, gut gefettet) geben. Die Kürbisscheiben rosettenförmig darauf verteilen.

4. Butter zerlassen und die Kürbisscheiben damit bestreichen. Zucker daraufstreuen. Die Form auf dem Rost auf mittlerer Einschubleiste in den vorgeheizten Backofen schieben. Kürbisgratin **etwa 35 Minuten backen.**

5. Die Form auf einen Kuchenrost stellen. Das Gratin heiß mit Puderzucker bestäuben und mit Pistazienkernen bestreuen.

Tipp: Dazu schmeckt Vanillesauce, die Sie mit etwas Zimt abschmecken können (Zusatzkosten für etwa 500 ml (½ l): etwa 0,60 €).

Kürbis-Linsen-Eintopf

Einfach

4 Portionen

Pro Portion: E: 18 g, F: 20 g, Kh: 32 g, kJ: 1607, kcal: 383, BE: 2,5

3 Zwiebeln
2 Knoblauchzehen
500 g Speisekürbis
200 g Staudensellerie
450 g festkochende Kartoffeln
100 g Tellerlinsen
2 EL Kürbiskernöl
1 l Gemüsebrühe

200 g Wiener Würstchen
4–5 Stängel Thymian- oder Zitronenthymian
Salz
frisch gemahlener Pfeffer

Zum Beträufeln:
1 EL Kürbiskernöl

Zubereitungszeit: 25 Minuten
Garzeit: 30–35 Minuten

1. Zwiebeln und Knoblauchzehen abziehen und beides fein würfeln. Kürbis entkernen, schälen und das Fruchtfleisch in Stücke schneiden.

2. Staudensellerie putzen und die harten Außenfäden abziehen. Sellerie abspülen, abtropfen lassen und in Würfel schneiden. Kartoffeln schälen, abspülen, abtropfen lassen und ebenfalls würfeln.

3. Tellerlinsen in einem Sieb mit kaltem Wasser abspülen und abtropfen lassen. Kürbiskernöl in einem Topf erhitzen. Zwiebel- und Knoblauchwürfel darin andünsten. Vorbereitetes Gemüse mit Linsen und Gemüsebrühe zufügen. Das Ganze zum Kochen bringen und zugedeckt 20–25 Minuten bei mittlerer Hitze kochen lassen.

4. Inzwischen Wiener Würstchen in Scheiben schneiden. Thymian abspülen, trocken tupfen und die Blättchen von den Stängeln zupfen.

5. Würstchenscheiben und Kräuterblättchen in den Eintopf geben und zugedeckt noch etwa 10 Minuten garen. Die Suppe vor dem Servieren mit Salz und Pfeffer abschmecken und zum Servieren mit Kürbiskernöl beträufeln.

Kürbisragout mit Kasseler

Etwas Besonderes

4 Portionen

Pro Portion: E: 24 g, F: 28 g, Kh: 14 g, kJ: 1692, kcal: 405, BE: 0,5

500 g	*Kasseler Nackenfleisch (ohne Knochen)*
200 g	*Zwiebeln*
400 g	*Kürbisfleisch (geschält, ohne Kerne und faserigen Innenteil)*
400 g	*Möhren*
2 EL	*Olivenöl*
100 g	*Schlagsahne*
125 ml (1/8 l)	*klare Brühe*
1/2 Bund	*Schnittlauch*
1–2 TL	*Speisestärke*
1 EL	*Wasser*
	frisch gemahlener Pfeffer

Zubereitungszeit: 60 Minuten

1. Das Kasseler unter fließendem kalten Wasser abspülen, trocken tupfen und in etwa 2 cm große Würfel schneiden.

2. Die Zwiebeln abziehen und in Spalten schneiden. Kürbisfleisch in etwa 2 cm große Würfel schneiden. Möhren putzen, schälen, abspülen, abtropfen lassen und in etwa 2 cm große Stücke schneiden.

3. Olivenöl in einem Topf erhitzen. Kasselerwürfel unter Wenden darin anbraten. Zwiebeln und Möhren dazugeben und kurz anbraten. Sahne und Brühe hinzugießen.

4. Das Ganze zugedeckt etwa 5 Minuten schmoren lassen. Die Kürbiswürfel hinzugeben. Die Kasseler-Gemüse-Masse 5–10 Minuten garen.

5. In der Zwischenzeit Schnittlauch abspülen, trocken tupfen und in Röllchen schneiden.

6. Speisestärke mit Wasser anrühren, zum Ragout geben und unterrühren. Ragout nochmals aufkochen lassen.

7. Ragout mit Pfeffer abschmecken und mit Schnittlauchröllchen bestreut servieren.

Beilage: Servieren Sie nach Belieben Kartoffelpüree von Seite 120 oder Bratkartoffeln von Seite 36 dazu.

Lachsfilets in Sahnesauce

Für Gäste

4 Portionen

Pro Portion: E: 27 g, F: 28 g, Kh: 11 g, kJ: 1714, kcal: 410, BE: 1,0

4 TK-Lachsfilets (je etwa 125 g)
1 Bund Suppengrün (Möhre, Porree, Sellerie)
1 mittelgroße Zwiebel
Salz
frisch gemahlener Pfeffer
15 g Butter
2 EL Weizenmehl
200 g Schlagsahne
125 ml (1/8 l) Gemüsebrühe
Saft von
1/2 Zitrone
evtl. 1 EL Kerbel- oder Petersilienblättchen

Zubereitungszeit: 20 Minuten, ohne Auftauzeit
Garzeit: etwa 20 Minuten

1. Lachsfilets nach Packungsanleitung auftauen lassen.

2. Suppengrün putzen, Sellerie und Möhre abspülen, abtropfen lassen und in kleine Würfel schneiden. Porree putzen. Die Stange längs halbieren, gründlich waschen und abtropfen lassen. Porree ebenfalls in ganz kleine Stücke schneiden. Zwiebel abziehen und ebenfalls fein würfeln.

3. Den Backofen vorheizen.
Ober-/Unterhitze: etwa 200 °C
Heißluft: etwa 180 °C

4. Lachsfilets unter fließendem kalten Wasser abspülen und trocken tupfen. Die Fischfilets nebeneinander in eine Auflaufform (gefettet) legen, mit Salz und Pfeffer bestreuen.

5. Die Butter in einem Topf zerlassen. Zwiebel und Suppengrün darin unter Rühren andünsten. Mehl mit der Sahne verrühren und mit der Gemüsebrühe zu den Gemüsewürfeln in den Topf gießen.

6. Sauce unter Rühren zum Kochen bringen, etwa 2 Minuten kochen lassen, mit Salz, Pfeffer und Zitronensaft abschmecken und über den Lachs geben.

7. Die Auflaufform auf mittlerer Einschubleiste auf dem Rost in den vorgeheizten Backofen schieben. Den Lachs **etwa 20 Minuten garen.**

8. Die Lachsfilets nach Belieben vor dem Servieren mit Kräuterblättchen garnieren.

Beilage: Reichen Sie Salzkartoffeln von Seite 214 dazu.

Linsen-Fisch-Auflauf

Etwas Besonderes

4 Portionen

Pro Portion: E: 38 g, F: 16 g, Kh: 40 g, kJ: 1938, kcal: 463, BE: 3,0

500 g TK-Pangasius- oder -Tilapiafilet
2 Stangen Porree (Lauch)
2 EL Speiseöl, z. B. Sonnenblumenöl
1 Dose Linsen mit Suppengrün (Einwaage 800 g)
Salz
4 Scheiben Weizen-Toastbrot (je 25 g)
30 g Butter
100 g Schinkenwürfel (aus der Kühltheke)
1 Pck. Dr. Oetker Finesse Geriebene Zitronenschale
1 EL gemischte TK-Kräuter
frisch gemahlener Pfeffer

Zubereitungszeit: 35 Minuten, ohne Auftauzeit
Garzeit: etwa 20 Minuten

1. Fischfilet nach Packungsanleitung auftauen lassen.

2. Porree putzen. Die Stangen längs halbieren. Porree gründlich waschen, abtropfen lassen und in sehr feine Streifen schneiden. Speiseöl in einem Topf erhitzen. Porree unter Rühren darin andünsten. Linsen mit der Flüssigkeit unterrühren und erhitzen. Linsen-Porree-Mischung mit Salz abschmecken.

3. Den Backofen vorheizen.
Ober-/Unterhitze: etwa 200 °C
Heißluft: etwa 180 °C

4. Toastbrot entrinden und zerbröseln. Butter in einer Pfanne zerlassen. Die Brotbrösel darin goldbraun rösten. Schinkenwürfel, Zitronenschale und Kräuter unterrühren.

5. Fischfilet unter fließendem kalten Wasser abspülen, trocken tupfen und in 4 gleich große Stücke teilen. Fisch mit Salz und Pfeffer bestreuen.

6. Die Linsen-Porree-Mischung in eine flache Auflaufform (gefettet) geben. Die Filetstücke darauflegen und die Brot-Schinken-Mischung darauf verteilen.

7. Die Form auf dem Rost in den vorgeheizten Backofen schieben. Den Auflauf **etwa 20 Minuten garen.**

Linsengemüse mit Leberkäse I

Deftig

4 Portionen

Pro Portion: E: 22 g, F: 18 g, Kh: 22 g, kJ: 1440, kcal: 344, BE: 1,5

150 g Tellerlinsen
750 ml (3/4 l) Gemüsebrühe
50 g magerer, durchwachsener Speck
2 Zwiebeln
1 Bund Suppengrün (Porree, Möhre, Sellerie)
2 EL Sonnenblumenöl
Salz
frisch gemahlener Pfeffer
1/2 TL Zucker
etwas Essig
200 g Leberkäse
2 Tomaten

Zubereitungszeit: 60 Minuten

1. Die Linsen abspülen, abtropfen lassen und mit der Brühe in einem Topf zum Kochen bringen. Die Linsen 35–45 Minuten garen (dabei die Packungsanleitung beachten, die Linsen sollten noch etwas Biss haben). Sollte zu viel Flüssigkeit verdampfen oder aufgesogen werden, noch etwas Brühe hinzugießen.

2. In der Zwischenzeit Speck in kleine Würfel schneiden. Zwiebeln abziehen und fein würfeln.

3. Das Suppengrün putzen. Dazu Sellerie und Möhre putzen, schälen, abspülen und abtropfen lassen. Anschließend beides in kleine Würfel schneiden. Porree putzen. Die Stange längs halbieren, gründlich waschen, abtropfen lassen und in Streifen schneiden.

4. Öl in einer großen Pfanne erhitzen. Die Speckwürfel darin auslassen. Zwiebelwürfel unterrühren und kurz andünsten. Vorbereitetes Suppengrün hinzufügen, alles unter Rühren andünsten und etwa 5 Minuten garen.

5. Die Linsen in ein Sieb abgießen, dabei die Brühe auffangen. Die Linsen in die Pfanne geben und unterrühren. Linsengemüse mit Salz, Pfeffer, Zucker und Essig abschmecken, evtl. noch etwas von der aufgefangenen Brühe hinzugießen.

6. Leberkäse in Würfel schneiden. Tomaten abspülen, abtropfen lassen, halbieren und die Stängelansätze herausschneiden. Die Tomaten in Spalten schneiden. Leberkäse und Tomaten zu den Linsen geben, kurz miterwärmen und das Ganze nochmals abschmecken.

Beilage: Reichen Sie frisch aufgebackenes Baguette (300 g, etwa 0,70 €) dazu.

Linsensalat mit Senfdressing

Gut vorzubereiten

4–6 Portionen

Pro Portion: E: 26 g, F: 17 g, Kh: 56 g, kJ: 2030, kcal: 485, BE: 4,0

Für den Salat:

500 g Tellerlinsen
1 ¾ l Gemüsebrühe
1 Gemüsezwiebel
1 Bund Suppengrün (Möhre, Porree, Sellerie)

Für das Dressing:

1 geh. EL Salatmayonnaise
2 geh. EL mittelscharfer Senf
60 ml Speiseöl, z. B. Sonnenblumenöl
60 ml Gemüsebrühe
1 Prise Zucker
Salz
frisch gemahlener Pfeffer
2 EL Weißweinessig

1 Kästchen Kresse

Zubereitungszeit: 25 Minuten, ohne Abkühl- und Durchziehzeit
Garzeit: 35–45 Minuten

1. Für den Salat Linsen abspülen, abtropfen lassen und mit der Brühe in einem Topf zum Kochen bringen. Die Linsen 35–45 Minuten garen (dabei die Packungsanleitung beachten, die Linsen sollten noch etwas Biss haben).

2. In der Zwischenzeit die Gemüsezwiebel abziehen und fein würfeln. Suppengrün putzen. Dazu Sellerie schälen. Die Möhre putzen und schälen. Sellerie und Möhre abspülen und abtropfen lassen. Porree putzen. Die Stange längs halbieren, gründlich waschen und abtropfen lassen. Vorbereitetes Suppengrün in feine Würfel oder Streifen schneiden.

3. Zwiebelwürfel und Gemüse etwa 10 Minuten vor Ende der Garzeit zu den Linsen geben und mitkochen lassen.

4. Linsen und Gemüse in ein Sieb abgießen, dabei die Gemüsebrühe auffangen. Das Linsengemüse unter fließendem kalten Wasser abschrecken und gut abtropfen lassen. Die Zutaten erkalten lassen.

5. Für das Dressing Mayonnaise mit Senf verrühren. Öl nach und nach unterschlagen. Von der aufgefangenen Gemüsebrühe 60 ml abmessen und unterrühren. Das Dressing mit Zucker, Salz, Pfeffer und Essig abschmecken, mit dem Salat vermischen. Den Salat gut durchziehen lassen und bis zum Verzehr in den Kühlschrank stellen.

6. Kresse abspülen, trocken tupfen und abschneiden. Die Hälfte der Kresse unter den Salat geben. Salat mit der restlichen Kresse garniert servieren.

Tipp: Wenn Sie mögen, können Sie noch 400 g fein gewürfelte Fleischwurst (pro Portion: etwa 1,30 €) unter den Salat heben.

Linsensuppe | Klassisch – beliebt
4 Portionen

Pro Portion: E: 26 g, F: 16 g, Kh: 52 g, kJ: 1955, kcal: 469, BE: 4,0

250 g Tellerlinsen
1 1/2 l Fleisch- oder Gemüsebrühe
500 g Kartoffeln
1 Bund Suppengrün (Möhre, Porree, Sellerie)
1 Zwiebel
1/2 TL Salz
frisch gemahlener Pfeffer
2 Mettenden (Rauchenden)
etwas Essig
1 Prise Zucker

2 EL gehackte Petersilie

Zubereitungszeit: 15 Minuten
Garzeit: 35–45 Minuten

1. Linsen abspülen, abtropfen lassen. Die Brühe in einen Topf geben und zum Kochen bringen. Die Linsen hinzufügen und etwa 15 Minuten zugedeckt bei schwacher Hitze kochen lassen, dabei gelegentlich umrühren.

2. In der Zwischenzeit Kartoffeln schälen, abspülen und abtropfen lassen. Suppengrün putzen, schälen, abspülen und abtropfen lassen. Zwiebel abziehen. Gemüse würfeln, zu den Linsen geben, mit Salz und Pfeffer würzen. Die Suppe noch 20–30 Minuten kochen lassen, dabei gelegentlich umrühren.

3. Die Mettenden in dünne Scheiben schneiden, dazugeben und etwa 1 Minute mitkochen lassen. Die Suppe mit Essig und Zucker abschmecken, mit Petersilie bestreut servieren.

Tipp: Braten Sie zuerst etwa 150 g geräucherten, gewürfelten Speck in dem Topf an und geben Sie dann die Linsen hinzu. Lassen Sie 1 Teelöffel gehackte Kümmelsamen mitkochen (pro Portion: etwa 1,20 €).

Makkaroni mit Tunfisch-Gemüse-Sauce | Raffiniert

4 Portionen

Pro Portion: E: 35 g, F: 28 g, Kh: 75 g, kJ: 2888, kcal: 691, BE: 6,0

2 Zwiebeln
2 Knoblauchzehen
250 g Zucchini
2 EL Olivenöl
1 gelbe Paprikaschote
1 Chilischote
75 g Crème fraîche
100 ml Gemüsebrühe
2 Dosen Tunfisch naturell (je 185 g)
Salz
frisch gemahlener Pfeffer
gerebelter Oregano
gerebelter Thymian

4 l Wasser
4 gestr. TL Salz
400 g Makkaroni

etwas frischer Thymian

Zubereitungszeit: 30 Minuten

1. Zwiebeln und Knoblauch abziehen, in kleine Würfel schneiden. Die Zucchini abspülen, abtrocknen und die Enden abschneiden. Die Zucchini in kleine Würfel schneiden. Olivenöl in einem Topf erhitzen. Zwiebel- und Knoblauchwürfel darin andünsten. Zucchiniwürfel hinzugeben und mit andünsten.

2. Paprika- und Chilischote längs halbieren, entstielen, entkernen und die weißen Scheidewände entfernen. Schotenhälften abspülen, abtropfen lassen und in kleine Würfel schneiden. Paprika- und Chiliwürfel zu den Zucchiniwürfeln geben. Crème fraîche und Brühe unterrühren.

3. Den Tunfisch abtropfen lassen, mit einer Gabel in Stücke zupfen und zu den Gemüsewürfeln in den Topf geben. Die Sauce mit Salz, Pfeffer, Oregano und Thymian würzen. Die Sauce zugedeckt etwa 5 Minuten bei schwacher Hitze kochen lassen, dabei ab und zu umrühren.

4. In der Zwischenzeit das Wasser in einem großen Topf zugedeckt zum Kochen bringen. Dann Salz und Makkaroni hinzugeben. Die Makkaroni im geöffneten Topf bei mittlerer Hitze nach Packungsanleitung kochen lassen, dabei gelegentlich umrühren.

5. Anschließend die Makkaroni in ein Sieb geben, mit heißem Wasser abspülen und abtropfen lassen.

6. Thymian abspülen und trocken tupfen. Die Blättchen von den Stängeln zupfen. Die Blättchen klein schneiden.

7. Makkaroni mit der Tunfischsauce auf Tellern verteilen, mit Thymian bestreuen und sofort servieren.

Makkaroni-Schinken-Auflauf I

Für Kinder

4 Portionen

Pro Portion: E: 29 g, F: 17 g, Kh: 51 g, kJ: 2021, kcal: 483, BE: 4,0

250 g Makkaroni
2 1/2 l Wasser
2 1/2 gestr. TL Salz
200 g gekochter Schinken
60 g geriebener Käse, z. B. Gouda
2 Eier (Größe M)
250 ml (1/4 l) Milch
Salz, frisch gemahlener Pfeffer
frisch geriebene Muskatnuss
2 EL Semmelbrösel
20 g Butter

Zubereitungszeit: 20 Minuten
Garzeit: etwa 40 Minuten

1. Die Makkaroni in mundgerechte Stücke brechen. Wasser in einem großen Topf zugedeckt zum Kochen bringen. Dann Salz und Makkaroni hinzugeben. Die Makkaroni im geöffneten Topf bei mittlerer Hitze nach Packungsanleitung kochen lassen, dabei gelegentlich umrühren.

2. Den Backofen vorheizen.
Ober-/Unterhitze: etwa 200 °C
Heißluft: etwa 180 °C

3. Anschließend die Makkaroni in ein Sieb geben, mit heißem Wasser abspülen und abtropfen lassen.

4. Schinken würfeln. Makkaroni, Schinkenwürfel und Käse abwechselnd lagenweise in eine große, flache Auflaufform (gefettet) schichten.

5. Eier mit Milch verschlagen, mit Salz, Pfeffer und Muskat würzen. Den Auflauf mit der Eiermilch übergießen und mit Semmelbröseln bestreuen. Butter in Flöckchen daraufsetzen.

6. Die Form auf dem Rost auf mittlerer Einschubleiste in den vorgeheizten Backofen schieben. Den Auflauf **etwa 40 Minuten garen.**

Tipp: Anstelle des gekochten Schinkens 250 g in 2 Esslöffeln Öl halb gar gedünstete Pilze (pro Portion: etwa 0,60 €) oder 400 g in Scheiben geschnittene Tomaten und 4 in Scheiben geschnittene, hart gekochte Eier einschichten (pro Portion: etwa 0,75 €).

Beilage: Sie können noch einen grünen Salat z. B. von Seite 89 dazureichen.

Makronenkuchen | Einfach – schnell

Insgesamt: E: 76 g, F: 336 g, Kh: 566 g, kJ: 23523, kcal: 5622, BE: 46,5

Für den All-in-Teig:

300 g Weizenmehl
2 TL Dr. Oetker Backin
125 g Zucker
1 Pck. Dr. Oetker Vanillin-Zucker
1 Prise Salz
4 Eigelb (Größe M)
200 g weiche Butter oder Margarine
200 ml Milch

Für den Belag:

4 Eiweiß (Größe M)
200 g Zucker
200 g Kokosraspel

Zubereitungszeit: 15 Minuten
Backzeit: etwa 35 Minuten

1. Den Backofen vorheizen.
Ober-/Unterhitze: etwa 180 °C
Heißluft: etwa 160 °C

2. Für den Teig Mehl mit Backpulver in einer Rührschüssel vermischen. Zucker, Vanillin-Zucker, Salz, Eigelb, Butter oder Margarine und Milch hinzufügen.

3. Die Zutaten mit Handrührgerät mit Rührbesen zunächst kurz auf niedrigster, dann auf höchster Stufe in etwa 2 Minuten zu einem glatten Teig verarbeiten.

4. Den Teig auf ein Backblech (30 x 40 cm, gefettet) geben und glatt streichen. Das Backblech auf mittlerer Einschubleiste in den vorgeheizten Backofen schieben. Den Kuchenboden **etwa 20 Minuten vorbacken.**

5. Für den Belag Eiweiß steif schlagen, Zucker nach und nach hinzufügen. Kokosraspel vorsichtig unterheben. Die Masse auf dem vorgebackenen Boden verteilen. Nach Belieben die Oberfläche mit einem Tortengarnierkamm wellenförmig verzieren.

6. Die Backofentemperatur auf Ober-/Unterhitze: etwa 160 °C, Heißluft: etwa 140 °C herunterschalten. Das Backblech wieder in den heißen Backofen schieben. Den Kuchen **weitere etwa 15 Minuten backen.**

7. Das Backblech auf einen Kuchenrost stellen. Kuchen erkalten lassen.

Mandarinen-Mandel-Kuchen I

Einfach – gut vorzubereiten

Insgesamt: E: 78 g, F: 420 g, Kh: 490 g, kJ: 25725, kcal: 6147, BE: 41,0

Für den Belag:

2 Dosen Mandarinen (Abtropfgewicht je 175 g)
125 g Butter
75 g Zucker
4 EL Saft von den Mandarinen
150 g gehobelte Mandeln

Für den Rührteig:

250 g Weizenmehl
2 gestr. TL Dr. Oetker Backin
250 g weiche Butter oder Margarine
150 g Zucker
1 Prise Salz
1 Pck. Dr. Oetker Vanillin-Zucker
3 Eier (Größe M)
75 ml Milch

Zubereitungszeit: 25 Minuten, ohne Abkühlzeit
Backzeit: etwa 25 Minuten

1. Für den Belag Mandarinen in einem Sieb abtropfen lassen, dabei den Saft auffangen und 4 Esslöffel davon abmessen. Butter mit Zucker und abgemessenem Saft unter Rühren erhitzen. Mandeln unterrühren. Die Masse aufkochen, von der Kochstelle nehmen und etwas abkühlen lassen.

2. Den Backofen vorheizen.
Ober-/Unterhitze: etwa 180 °C
Heißluft: etwa 160 °C

3. Für den Teig das Mehl mit Backpulver vermischen. Butter oder Margarine mit Handrührgerät mit Rührbesen auf höchster Stufe geschmeidig rühren. Nach und nach Zucker, Salz und Vanillin-Zucker unterrühren. So lange rühren, bis eine gebundene Masse entstanden ist.

4. Die Eier nach und nach unterrühren (jedes Ei etwa 1/2 Minute). Mehlgemisch und Milch abwechselnd in jeweils 2 Portionen auf mittlerer Stufe unterrühren.

5. Den Teig auf ein Backblech (30 x 40 cm, gefettet) geben und glatt streichen. Mandarinen auf dem Teig verteilen. Mandelmasse mit einem Esslöffel darauf verteilen.

6. Das Backblech auf mittlerer Einschubleiste in den vorgeheizten Backofen schieben. Den Kuchen **etwa 25 Minuten backen.**

7. Das Backblech auf einen Kuchenrost stellen. Den Kuchen erkalten lassen und in Stücke schneiden.

Marmor-Becherkuchen I

Gefriergeeignet

Insgesamt: E: 52 g, F: 187 g, Kh: 337 g, kJ: 13634, kcal: 3258, BE: 28,0

Für den All-in-Teig:

1 Becher saure Sahne (150 g)
2 Becher Weizenmehl (200 g)
3 gestr. TL Dr. Oetker Backin
1 Becher Zucker (150 g)
1 Pck. Dr. Oetker Vanillin-Zucker
2 Eier (Größe M)
½ Pck. weiche Butter (125 g)
1 leicht geh. EL gesiebtes Kakaopulver

Zum Verzieren:

50 g Zartbitter-Schokolade
1 TL Speiseöl, z. B. Sonnenblumenöl

Zubereitungszeit: 25 Minuten, ohne Abkühlzeit
Backzeit: etwa 50 Minuten

1. Den Backofen vorheizen.
Ober-/Unterhitze: etwa 180 °C
Heißluft: etwa 160 °C

2. Für den Teig saure Sahne in ein Schälchen geben, den Becher abwaschen, abtrocknen und zum Abmessen der Zutaten verwenden. Das Mehl mit Backpulver in einer Rührschüssel vermischen. Zucker, Vanillin-Zucker, Eier, Butter und saure Sahne hinzufügen. Die Zutaten mit Handrührgerät mit Rührbesen zunächst kurz auf niedrigster, dann auf höchster Stufe in etwa 2 Minuten zu einem glatten Teig verarbeiten.

3. Die Hälfte des Teiges in eine Kastenform (25 x 11 cm, gefettet, bemehlt) füllen. Den Kakao auf den restlichen Teig sieben und unterrühren. Den dunklen Teig auf dem hellen Teig verteilen. Eine Gabel spiralförmig durch die Teigschichten ziehen, sodass ein Marmormuster entsteht. Die Form im unteren Drittel auf dem Rost in den vorgeheizten Backofen schieben. Den Kuchen **etwa 50 Minuten backen.**

4. Den Kuchen etwa 10 Minuten in der Form stehen lassen, aus der Form lösen und auf einem mit Backpapier belegten Kuchenrost erkalten lassen.

5. Zum Verzieren Schokolade in kleine Stücke brechen und mit Speiseöl in einem kleinen Topf im Wasserbad bei schwacher Hitze unter Rühren schmelzen. Die Schokolade mit einem kleinen Löffel über den Kuchen sprenkeln und fest werden lassen.

Marmorkuchen | Klassisch

Insgesamt: E: 60 g, F: 220 g, Kh: 440 g, kJ: 16980, kcal: 4060, BE: 80,0

Für den Rührteig:

225 g	*weiche Butter oder Margarine*
200 g	*Zucker*
1 Pck.	*Dr. Oetker Vanillin-Zucker*
1 Prise	*Salz*
4	*Eier (Größe M)*
275 g	*Weizenmehl*
3 gestr. TL	*Dr. Oetker Backin*
etwa 2 EL	*Milch*
15 g	*Kakaopulver*
15 g	*Zucker*
etwa 2 EL	*Milch*

Zum Bestäuben:

1 EL	*Puderzucker*

Zubereitungszeit: 30 Minuten, ohne Abkühlzeit
Backzeit: etwa 55 Minuten

1. Den Backofen vorheizen.
Ober-/Unterhitze: etwa 180 °C
Heißluft: etwa 160 °C

2. Für den Teig die Butter oder Margarine in einer Rührschüssel mit Handrührgerät mit Rührbesen auf höchster Stufe geschmeidig rühren. Nach und nach Zucker, Vanillin-Zucker und Salz unterrühren. So lange rühren, bis eine gebundene Masse entstanden ist. Die Eier nach und nach unterrühren (jedes Ei etwa 1/2 Minute).

3. Mehl mit Backpulver mischen und abwechselnd mit der Milch in 2 Portionen kurz auf mittlerer Stufe unterrühren.

4. Zwei Drittel des Teiges in eine Gugelhupfform (Ø 22 cm, gefettet) füllen. Kakaopulver sieben, mit Zucker und Milch unter den übrigen Teig rühren. Den dunklen Teig auf dem hellen Teig verteilen und eine Gabel spiralförmig leicht durch die Teigschichten ziehen, sodass ein Marmormuster entsteht.

5. Die Form auf dem Rost im unteren Drittel in den vorgeheizten Backofen schieben. Den Kuchen **etwa 55 Minuten backen.**

6. Den Kuchen etwa 10 Minuten in der Form stehen lassen, dann aus der Form lösen, auf einen Kuchenrost stürzen und erkalten lassen.

7. Den Kuchen mit Puderzucker bestäuben.

Maultaschen-Sauerkraut-Auflauf

Raffiniert – deftig

4–6 Portionen

Pro Portion: E: 25 g, F: 34 g, Kh: 40 g, kJ: 2365, kcal: 565, BE: 3,0

1 Zwiebel
1 rote Paprikaschote (etwa 150 g)
2 EL Sonnenblumenöl
1 Dose Weinsauerkraut (Abtropfgewicht 810 g)
1 EL gehackte Rosmarinnadeln
Salz, frisch gemahlener Pfeffer
600 g Schwäbische Maultaschen (mit Fleischfüllung, aus dem Kühlregal)
300 g saure Sahne
200 g geriebener Gouda-Käse
1 TL Paprikapulver edelsüß

Zubereitungszeit: 30 Minuten
Garzeit: etwa 30 Minuten

1. Zwiebel abziehen und in kleine Würfel schneiden. Paprikaschote halbieren, entstielen, entkernen und die weißen Scheidewände entfernen. Schotenhälften abspülen, trocken tupfen und in Streifen schneiden.

2. Öl in einem Topf erhitzen. Die Zwiebelwürfel und Paprikastreifen darin andünsten. Sauerkraut mit der Flüssigkeit und Rosmarin hinzugeben, etwa 5 Minuten mitdünsten.

3. Den Backofen vorheizen.
Ober-/Unterhitze: etwa 180 °C
Heißluft: etwa 160 °C

4. Sauerkraut mit Salz und Pfeffer würzen. Maultaschen aus der Packung nehmen, auf das Sauerkraut legen und zugedeckt 1–2 Minuten garen. Den Deckel abnehmen. Sauerkraut so lange weiterdünsten lassen, bis fast keine Flüssigkeit mehr vorhanden ist. Die Sauerkraut-Maultaschen-Masse in eine große, flache Auflaufform (gefettet) geben.

5. Für den Guss saure Sahne und Käse mit einem Schneebesen verrühren, mit Paprika, Salz und Pfeffer würzen. Den Guss gleichmäßig auf der Sauerkraut-Maultaschen-Masse verteilen. Die Form auf dem Rost auf mittlerer Einschubleiste in den vorgeheizten Backofen schieben. Den Auflauf **etwa 30 Minuten garen.**

Milchreis | Für Kinder – süße Mahlzeit

4 Portionen

Pro Portion: E: 11 g, F: 9 g, Kh: 51 g, kJ: 1395, kcal: 333, BE: 4,0

1 l Milch
1 Prise Salz
20 g Zucker
175 g Milchreis (Rundkornreis)

Zubereitungszeit: 10 Minuten
Garzeit: etwa 35 Minuten

1. Die Milch mit Salz und Zucker in einem Topf zum Kochen bringen. Milchreis unterrühren, zum Kochen bringen und bei schwacher Hitze etwa 35 Minuten mit halb aufgelegtem Deckel quellen lassen, gelegentlich umrühren.

2. Den Milchreis heiß oder kalt servieren.

Tipp: Den Milchreis als süßes Hauptgericht mit 75 g zerlassener, gebräunter Butter und etwas Zimt-Zucker (pro Portion: etwa 0,40 €) servieren. Als Dessert reicht der Milchreis auch für sechs.

Rezeptvariante: Für **Milchreis mit Mandeln** (pro Portion: etwa 0,50 €) 40 g gehobelte Mandeln in einer Pfanne ohne Fett rösten, auf den Reis streuen und zum Schluss noch mit etwas flüssigem Honig beträufeln.

Mitropa-Torte | Raffiniert

Insgesamt: E: 70 g, F: 99 g, Kh: 379 g, kJ: 11378, kcal: 2720, BE: 31,5

Für den Biskuitteig:
2 Eier (Größe M)
1 Eigelb (Größe M)
75 g Zucker
1 Pck. Dr. Oetker Vanillin-Zucker
75 g Weizenmehl
25 g Speisestärke
1 gestr. TL Dr. Oetker Backin

Zum Bestreichen:
100 g rotes Johannisbeergelee

Für die Füllung:
1 Pck. gemahlene Gelatine, rot
100 ml kaltes Wasser
250 g Schlagsahne
150 ml Johannisbeernektar
250 g Magerquark

Zum Aprikotieren:
5 EL Aprikosenkonfitüre

Zubereitungszeit: 40 Minuten, ohne Kühlzeit
Backzeit: 8–10 Minuten

1. Den Backofen vorheizen.
Ober-/Unterhitze: etwa 200 °C
Heißluft: etwa 180 °C

2. Für den Teig Eier und Eigelb mit Handrührgerät mit Rührbesen auf höchster Stufe in etwa 1 Minute schaumig schlagen. Den Zucker mit Vanillin-Zucker mischen, in etwa 1 Minute einstreuen, dann noch etwa 2 Minuten weiterschlagen.

3. Mehl, Speisestärke und Backpulver mischen, auf die Eiercreme geben und kurz auf niedrigster Stufe unterrühren. Den Teig auf ein Backblech (30 x 40 cm, gefettet, mit Backpapier belegt) geben und verstreichen. Das Backblech sofort auf mittlerer Einschubleiste in den vorgeheizten Backofen schieben und den Biskuit **8–10 Minuten backen.**

4. Die Biskuitplatte sofort auf ein mit Zucker bestreutes Stück Backpapier stürzen und das mitgebackene Backpapier abziehen. An einer der langen Seiten einen etwa 10 cm breiten Streifen abschneiden und beiseitelegen. Gelee verrühren und die Biskuitplatte sofort damit bestreichen. Biskuitplatte von der langen Seite her aufrollen und erkalten lassen.

5. Biskuitrolle in etwa 1 cm dicke Scheiben schneiden und eine Schüssel (etwa 2-Liter-Inhalt, mit Frischhaltefolie ausgelegt) damit auslegen.

6. Für die Füllung gemahlene Gelatine in einen kleinen Topf geben, mit dem kalten Wasser verrühren und etwa 5 Minuten quellen lassen. Sahne steif schlagen. Die Gelatine nach Packungsanleitung bei schwacher Hitze unter Rühren auflösen. Aufgelöste Gelatine zunächst mit etwas von dem Nektar verrühren, dann die Mischung unter den restlichen Nektar rühren. Sobald die Masse beginnt dicklich zu werden, Quark und steif geschlagene Sahne unterheben.

7. Die Masse in die Schüssel auf die Biskuitscheiben geben, glatt streichen und mit dem beiseitegelegten, zurechtgeschnittenen Biskuitstreifen belegen. Torte etwa 3 Stunden in den Kühlschrank stellen.

8. Die Torte auf eine Tortenplatte stürzen und die Frischhaltefolie entfernen. Aprikosenkonfitüre durch ein Sieb streichen, in einem kleinen Topf unter Rühren aufkochen lassen. Die Torte damit bestreichen.

Tipp: Die Torte kann bis Punkt 7 am Vortag zubereitet werden. Aber erst am Serviertag die Torte stürzen und aprikotieren.

Pro Torte: etwa
3,45 €

Möhren-Apfel-Salat I

Für Kinder – beliebt

4 Portionen

Pro Portion: E: 1 g, F: 4 g, Kh: 11 g, kJ: 371, kcal: 89, BE: 0,5

Für die Sauce:

1–2 EL Zitronensaft
Salz
Zucker
1–2 EL Sonnenblumenöl

Für den Salat:

500 g Möhren
250 g Äpfel

Zubereitungszeit: 20 Minuten, ohne Durchziehzeit

1. Für die Sauce Zitronensaft mit Salz und Zucker verrühren, Sonnenblumenöl unterschlagen.

2. Möhren putzen, schälen, abspülen und abtropfen lassen. Die Äpfel schälen, vierteln und entkernen.

3. Möhren und Apfelviertel auf einer Haushaltsreibe raspeln und in eine Schüssel geben. Die Sauce zu den Möhren- und Apfelraspeln geben und untermengen. Den Salat mit Salz und Zucker abschmecken, vor dem Servieren kurz durchziehen lassen.

Rezeptvariante: Für einen **Möhren-Orangen-Salat** (pro Portion: etwa 0,55 €) 500 g Möhren putzen, schälen, abspülen und abtropfen lassen. Die Möhren auf einer Haushaltsreibe raspeln. 3 Orangen so schälen, dass die weiße Haut mitentfernt wird. Die Orangenfilets über einer Schüssel herausschneiden, dabei den Saft auffangen. Möhrenraspel mit den Orangenfilets und dem aufgefangenen Saft vermischen. 1 Esslöffel Sonnenblumenöl, 1 Esslöffel flüssigen Honig und 1 Esslöffel Zitronensaft verrühren und unter den Salat mischen. Den Salat zusätzlich mit 50 g gehackten Nusskernen bestreuen.

Möhren-Gurken-Pfanne I

Einfach

4 Portionen

Pro Portion: E: 9 g, F: 23 g, Kh: 20 g, kJ: 1372, kcal: 328, BE: 0,5

1 kg Möhren
1 Salatgurke
2 Stangen Porree (Lauch)
20 g frischer Ingwer
½ Bund glatte Petersilie
50 g Sonnenblumenkerne
6 EL Sojaöl
200 ml Gemüsebrühe
1 TL Speisestärke
1 EL kaltes Wasser
1 EL brauner Zucker
Salz
2 EL helle Sojasauce

Zubereitungszeit: 30 Minuten

1. Die Möhren putzen, schälen, abspülen, abtropfen lassen und in dünne Scheiben schneiden. Gurke abspülen und abtrocknen, die Enden abschneiden. Die Gurke längs vierteln, entkernen und in kleine dreieckige Stücke schneiden.

2. Porree putzen, die Stangen längs halbieren, gründlich waschen und abtropfen lassen. Den Porree in etwa 1 cm breite Stücke schneiden. Ingwer schälen und in feine Würfel schneiden.

3. Petersilie abspülen, trocken tupfen und die Blättchen von den Stängeln zupfen.

4. Die Sonnenblumenkerne in einem Wok oder einer großen Pfanne ohne Fett goldbraun rösten, dann herausnehmen.

5. Das Öl in dem Wok oder der Pfanne erhitzen. Die Möhrenscheiben darin etwa 2 Minuten unter Rühren anbraten. Gurken und Ingwer zugeben, weitere etwa 2 Minuten braten.

6. Porreestücke unterheben. Gemüsebrühe hinzugießen und das Ganze kurz aufkochen lassen.

7. Speisestärke mit kaltem Wasser anrühren und in die Möhren-Gurken-Pfanne einrühren, nochmals kurz aufkochen lassen. Die Möhren-Gurken-Pfanne mit Zucker, Salz und Sojasauce abschmecken, mit Sonnenblumenkernen und Petersilie bestreut servieren.

Beilage: Servieren Sie 250 g Wildreismischung (pro Portion: etwa 1,15 €) dazu.

Möhrenkuchen | Mit Alkohol

Insgesamt: E: 92 g, F: 193 g, Kh: 334 g, kJ: 14628, kcal: 3495, BE: 28,0

200–250 g Möhren

Für den Teig:

4 Eiweiß (Größe M)
4 Eigelb (Größe M)
160 g Zucker
1 Pck. Dr. Oetker Vanillin-Zucker
1 Prise Salz
2–3 EL Rum oder Orangensaft
50 g Weizenmehl
2 1/2 gestr. TL Dr. Oetker Backin
300 g nicht abgezogene, gemahlene Mandeln

Für den Guss:

100 g gesiebter Puderzucker
1–2 EL Zitronensaft

Zubereitungszeit: 30 Minuten, ohne Abkühlzeit
Backzeit: etwa 60 Minuten

1. Die Möhren putzen, schälen, abspülen, gut abtropfen lassen und auf einer Küchenreibe fein raspeln.

2. Den Backofen vorheizen.
Ober-/Unterhitze: etwa 180 °C
Heißluft: etwa 160 °C

3. Für den Teig Eiweiß in einer Rührschüssel so steif schlagen, dass ein Messerschnitt sichtbar bleibt und beiseitestellen. Eigelb mit Zucker, Vanillin-Zucker und Salz in einer anderen Rührschüssel mit Handrührgerät mit Rührbesen auf höchster Stufe etwa 5 Minuten schaumig rühren.

4. Rum oder Orangensaft kurz unterrühren. Mehl mit Backpulver mischen, mit der Hälfte der Mandeln auf niedrigster Stufe unterrühren.

5. Eischnee unterheben. Übrige Mandeln und die Möhrenraspel ebenfalls kurz unterrühren. Den Teig in eine Kastenform (25 x 11 cm, gefettet, bemehlt) füllen. Die Form auf dem Rost im unteren Drittel in den vorgeheizten Backofen schieben. Den Kuchen **etwa 60 Minuten backen.**

6. Den Kuchen etwa 10 Minuten in der Form auf einem Kuchenrost stehen lassen. Den Kuchen aus der Form lösen, auf einen Kuchenrost stürzen und erkalten lassen.

7. Für den Guss den Puderzucker und Zitronensaft zu einer dickflüssigen Masse verrühren. Den Kuchen mit dem Guss überziehen, fest werden lassen.

Tipps: Ohne Guss lässt sich der Kuchen gut einfrieren. Auch zum Vorbereiten ist er sehr gut geeignet. 1–2 Tage vorher gebacken und verpackt, kann er noch durchziehen.

Mousse-au-Chocolat-Tarte

Einfach

Insgesamt: E: 73 g, F: 280 g, Kh: 235 g, kJ: 15691, kcal: 3745, BE: 19,5

Für den Rührteig:

200 g Zartbitter-Schokolade
150 g Butter
5 Eiweiß (Größe M)
1 Prise Salz
5 Eigelb (Größe M)
100 g Zucker
1 Pck. Dr. Oetker Vanillin-Zucker
100 g abgezogene, gemahlene Mandeln
1 Msp. Dr. Oetker Backin
1 Pck. Gala Schokoladen-Pudding-Pulver

Zum Bestäuben:

1 EL Kakaopulver

Zubereitungszeit: 25 Minuten, ohne Abkühlzeit
Backzeit: etwa 35 Minuten

1. Den Backofen vorheizen.
Ober-/Unterhitze: etwa 180 °C
Heißluft: etwa 160 °C

2. Für den Teig Schokolade in Stücke brechen und mit der Butter in einem Topf bei schwacher Hitze unter Rühren schmelzen. Die Schoko-Butter-Masse beiseitestellen und abkühlen lassen. Eiweiß mit Salz in einer Rührschüssel so steif schlagen, dass ein Messerschnitt sichtbar bleibt.

3. In einer anderen Rührschüssel Eigelb mit Zucker und Vanillin-Zucker mit Handrührgerät mit Rührbesen weißschaumig rühren und die Schoko-Butter-Masse unterrühren. Eischnee unterheben. Mandeln, Backpulver und Pudding-Pulver mischen und ebenfalls unterheben.

4. Den Teig in eine Springform (Ø 26 cm, Boden gefettet, mit Backpapier belegt) füllen und glatt streichen. Die Form im unteren Drittel auf dem Rost in den vorgeheizten Backofen schieben. Die Tarte **etwa 35 Minuten backen.**

5. Die Tarte etwa 1 Stunde in der Form auf einem Kuchenrost abkühlen lassen, dann den Springformrand lösen und entfernen. Die Tarte auf einen Kuchenrost setzen und völlig erkalten lassen, dann auch vom Springformboden lösen und das Backpapier entfernen. Vor dem Servieren die Mousse-au-Chocolat-Tarte mit Kakaopulver bestäuben.

Tipps: Die Tarte einen Tag in Alufolie verpackt kalt stellen, so zieht sie ganz besonders gut durch. Sie schmeckt weniger herb, wenn die Hälfte der Zartbitter-Schokolade durch Vollmilch-Schokolade ersetzt wird.

Nudelbeilagen | Schnell – beliebt

je 4 Portionen

Spaghetti

Pro Portion: etwa **0,10 €**

Pro Portion: E: 8 g, F: 1 g, Kh: 44 g, kJ: 909, kcal: 218, BE: 3,5

2 1/2 l Wasser
2 1/2 gestr. TL Salz
250 g Spaghetti oder andere getrocknete Nudeln

Zubereitungszeit: 25 Minuten

1. Das Wasser in einem großen Topf zugedeckt zum Kochen bringen. Salz und Spaghetti zugeben.

2. Die Spaghetti nach Packungsanleitung ohne Deckel bei mittlerer Hitze bissfest gar kochen, dabei gelegentlich umrühren.

3. Anschließend die Spaghetti in ein Sieb geben, mit heißem Wasser abspülen und abtropfen lassen.

Tipps: 250 g getrocknete Nudeln reichen für 4 Portionen als Beilage, zum Sattessen sollten Sie 400–500 g Nudeln zubereiten. Pro 100 g Nudeln benötigt man 1 Liter Wasser, pro Liter Wasser wird jeweils 1 gestrichener Teelöffel Salz zugegeben. Ab einer Nudelmenge von 500 g evtl. 2 Töpfe verwenden.

Rezeptvariante 1: Für **Spaghetti mit Tomatensauce** (Foto, pro Portion: etwa 0,70 €) für die Tomatensauce jeweils 1 fein gewürfelte Zwiebel und Knoblauchzehe in etwa 2 Esslöffeln Olivenöl in einem Topf andünsten. 1 Esslöffel Tomatenmark unterrühren. 2 Dosen stückige Tomaten (je 400 g) hinzugießen. 1 Lorbeerblatt und 1 Teelöffel Kräuter der Provence unterrühren. Die Sauce bei mittlerer Hitze zugedeckt etwa 15 Minuten unter gelegentlichem Rühren kochen lassen. Die Sauce dann mit Salz, Pfeffer und evtl. 1 Prise Zucker abschmecken. In der Zwischenzeit 400–500 g Spaghetti wie im Rezept beschrieben garen und abtropfen lassen. Spaghetti mit der Tomatensauce und etwa 40 g geriebenen Parmesan-Käse servieren.

Rezeptvariante 2: Für **Spaghetti Bolognese** (pro Portion: etwa 0,85 €) für die Sauce je 1 Zwiebel und Knoblauchzehe abziehen, fein würfeln. 2 Möhren putzen. 100 g Knollensellerie und die Möhren schälen, abspülen, abtropfen lassen und würfeln. 2 Esslöffel Olivenöl in einem Topf erhitzen. Zuerst die Zwiebel- und Knoblauchwürfel, dann die Möhren- und Selleriewürfel darin andünsten. 250 g Rindergehacktes hinzufügen, anbraten, dabei umrühren und die Klümpchen mit einer Gabel zerdrücken. Die geschälten Tomaten aus der Dose (Einwaage 800 g) zerkleinern, mit dem Saft und 2 Esslöffeln Tomatenmark in den Topf geben. Alles mit Salz, Pfeffer und etwas Oregano würzen. Sauce zum Kochen bringen und bei schwacher Hitze etwa 15 Minuten ohne Deckel leicht kochen, dabei ab und zu umrühren. Inzwischen 400–500 g Spaghetti wie im Rezept beschrieben zubereiten und mit der Sauce servieren.

Spätzle

Pro Portion: etwa **0,15 €**

Pro Portion: E: 8 g, F: 10 g, Kh: 43 g, kJ: 1235, kcal: 295, BE: 3,5

2 1/2 l Wasser
2 1/2 gestr. TL Salz
250 g getrocknete Spätzle
40 g Butter

Zubereitungszeit: 25 Minuten

1. Wasser in einem großen Topf zugedeckt zum Kochen bringen. Dann Salz und Spätzle zufügen. Die Spätzle nach Packungsanleitung im geöffneten Topf bei mittlerer Hitze kochen, dabei gelegentlich umrühren.

2. Die gegarten Spätzle in ein Sieb geben und abtropfen lassen. Butter in einer Pfanne bräunen und die Spätzle darin schwenken.

Rezeptvariante: Für **geschmälzte Spätzle** (pro Portion: etwa 0,40 €) 30 g Butter zerlassen (schmälzen), mit 2 Esslöffeln Semmelbröseln verrühren und auf die Spätzle geben.

Pro Portion: etwa
0,70 €

Nudel-Eier-Pfanne | Vegetarisch

4 Portionen

Pro Portion: E: 13 g, F: 8 g, Kh: 50 g, kJ: 1379, kcal: 329, BE: 3,5

2 ½ l Wasser
2 ½ gestr. TL Salz
250 g bunte Nudeln, z. B. Spirelli
2 rote Paprikaschoten
1 grüne Paprikaschote
2 Eier (Größe M)
4 EL Milch
Salz
frisch gemahlener Pfeffer
Paprikapulver edelsüß
1 EL Speiseöl, z. B. Sonnenblumenöl

Zubereitungszeit: 30 Minuten

1. Das Wasser in einem großen Topf zugedeckt zum Kochen bringen. Salz und Nudeln zugeben. Nudeln im geöffneten Topf bei mittlerer Hitze nach Packungsanleitung bissfest kochen, ab und zu umrühren. Die Nudeln in ein Sieb geben, mit kaltem Wasser abspülen und abtropfen lassen.

2. In der Zwischenzeit Paprika halbieren, entstielen, entkernen und die weißen Scheidewände entfernen. Die Schoten abspülen, abtropfen lassen und in dünne Streifen schneiden. Eier mit Milch verschlagen, mit Salz, Pfeffer und Paprikapulver würzen.

3. Das Öl in einer großen, beschichteten Pfanne erhitzen. Paprikastreifen unter Rühren etwa 3 Minuten darin dünsten. Nudeln unterrühren und die Eiermilch gleichmäßig daraufgießen. Die Masse bei schwacher Hitze einige Minuten stocken lassen und anschließend sofort servieren.

Tipp: Nach Belieben etwa 200 ml Tomatenketchup (pro Portion: etwa 1,25 €) oder eine fertige Tomatensauce aus der Packung (etwa 300 ml, pro Portion: etwa 1,40 €) dazureichen.

Nudelgratin mit Erbsen, Tomaten und Mozzarella | Für Kinder

4 Portionen

Pro Portion: E: 32 g, F: 32 g, Kh: 84 g, kJ: 3195, kcal: 764, BE: 7,0

4 l	*Wasser*
4 gestr. TL	*Salz*
400 g	*Spiralnudeln*
250 g	*Mozzarella-Käse*
½ Bund	*Schnittlauch*
200 g	*Schlagsahne*
1 geh. TL	*Gemüsebrühepulver*
1 Dose	*stückige Tomaten (400 g)*
300 g	*TK-Erbsen*
	Salz
	frisch gemahlener Pfeffer

Zubereitungszeit: 30 Minuten
Garzeit: etwa 20 Minuten

1. Das Wasser in einem großen Topf zugedeckt zum Kochen bringen. Dann Salz und Nudeln zugeben. Die Nudeln im geöffneten Topf bei mittlerer Hitze nach Packungsanleitung bissfest kochen, dabei gelegentlich umrühren. Anschließend die Nudeln in ein Sieb geben, mit kaltem Wasser abspülen und abtropfen lassen.

2. Mozzarella abtropfen lassen und in kleine Würfel schneiden. Schnittlauch abspülen, trocken tupfen und in Röllchen schneiden.

3. Den Backofen vorheizen.
Ober-/Unterhitze: etwa 200 °C
Heißluft: etwa 180 °C

4. Die Sahne in einem Topf unter Rühren erwärmen. Die Gemüsebrühe unter Rühren darin auflösen. Die Nudeln in eine große, flache Auflaufform (gefettet) geben. Stückige Tomaten mit der Sahne verrühren und auf den Nudeln verteilen.

5. Gefrorene Erbsen, zwei Drittel der Mozzarella-Würfel und zwei Drittel der Schnittlauchröllchen daraufgeben, gut mit den Nudeln vermengen. Das Ganze mit Salz und Pfeffer würzen. Restliche Mozzarella-Würfel darauf verteilen. Die Form auf dem Rost auf mittlerer Einschubleiste in den vorgeheizten Backofen schieben. Das Gratin **etwa 20 Minuten garen.**

6. Das Gratin vor dem Servieren mit den restlichen Schnittlauchröllchen bestreuen.

Tipp: Wenn das Gratin würziger sein soll, ersetzen Sie den Mozzarella-Käse durch 200 g Bergkäse (pro Portion: etwa 1,45 €).

Nudeln mit feuriger Paprikasauce | Vegetarisch

4 Portionen

Pro Portion: E: 17 g, F: 7 g, Kh: 92 g, kJ: 2131, kcal: 509, BE: 7,0

2 kleine Zwiebeln
2 milde Peperoni
je 1 rote, grüne und gelbe Paprikaschote
4 Tomaten

4–5 l Wasser
4–5 gestr. TL Salz
400–500 g Nudeln, z. B. Farfalle

2 EL Olivenöl
200 ml Tomatensaft
Salz, frisch gemahlener Pfeffer
½ TL Sambal Oelek
3 Frühlingszwiebeln

Zubereitungszeit: 35 Minuten

1. Zwiebeln abziehen und in feine Ringe schneiden. Peperoni halbieren, entkernen, abspülen, trocken tupfen und fein würfeln.

2. Paprikaschoten halbieren, entstielen, entkernen und die weißen Scheidewände entfernen. Schoten abspülen, abtropfen lassen und in Würfel schneiden.

3. Tomaten abspülen, kreuzweise einschneiden und mit kochendem Wasser begießen. Nach 1–2 Minuten herausnehmen und mit kaltem Wasser abschrecken. Anschließend Tomaten enthäuten, halbieren und die Stängelansätze herausschneiden. Tomaten ebenfalls würfeln.

4. Das Wasser in einem großen Topf zugedeckt zum Kochen bringen. Dann Salz und Nudeln zugeben. Die Nudeln im geöffneten Topf bei mittlerer Hitze nach Packungsanleitung bissfest kochen, dabei gelegentlich umrühren. Anschließend die Nudeln in ein Sieb geben, mit heißem Wasser abspülen und abtropfen lassen.

5. In der Zwischenzeit Olivenöl in einem Topf erhitzen. Zwiebelringe, Peperoni-, Paprika- und Tomatenwürfel nach und nach hineingeben und darin andünsten. Den Tomatensaft hinzufügen und alles bei schwacher Hitze etwa 8 Minuten sämig kochen lassen. Die Sauce mit Salz, Pfeffer und Sambal Oelek feurig würzen.

6. Die Frühlingszwiebeln putzen, abspülen, abtropfen lassen und in feine Ringe schneiden. Einige Frühlingszwiebelringe zum Garnieren beiseitelegen. Die restlichen Frühlingszwiebelringe in die Sauce geben und etwa 1 Minute mitkochen. Die Sauce nochmals mit den Gewürzen feurig abschmecken, mit den beiseitegelegten Zwiebelringen bestreuen und servieren.

Nudelsalat mit Dillgurken

Gut vorzubereiten

4 Portionen

Pro Portion: E: 27 g, F: 14 g, Kh: 38 g, kJ: 1634, kcal: 391, BE: 3,0

200 g Nudeln, z. B. Makkaroni
2 l Wasser
2 gestr. TL Salz
½ gebratenes Hähnchen (400–500 g)
etwa 250 g Staudensellerie
etwa 200 g Dillgurken (aus dem Glas)

Für die Salatsauce:

2 EL Crème fraîche
2 EL Naturjoghurt
1 EL Weißweinessig
1–2 EL Dillgurkenflüssigkeit (aus dem Glas)
Salz, frisch gemahlener Pfeffer
Zucker

1–2 Stängel Dill

Zubereitungszeit: 45 Minuten, ohne Durchziehzeit

1. Makkaroni in etwa 2 cm lange Stücke brechen. Wasser in einem großen Topf zugedeckt zum Kochen bringen. Dann Salz und Nudeln zugeben. Die Nudeln im geöffneten Topf bei mittlerer Hitze nach Packungsanleitung bissfest kochen, dabei gelegentlich umrühren. Anschließend die Nudeln in ein Sieb geben, mit heißem Wasser abspülen und abtropfen lassen.

2. Hähnchenfleisch von den Knochen lösen. Die Haut entfernen. Das Fleisch in Stücke schneiden. Sellerie putzen und die harten Außenfäden abziehen. Sellerie abspülen, abtropfen lassen und in dünne Scheiben schneiden. Dillgurken in einem Sieb abtropfen lassen, dabei die Gurkenflüssigkeit auffangen, abmessen und 2 Esslöffel davon beiseitestellen. Gurken ebenfalls in dünne Scheiben schneiden.

3. Für die Sauce Crème fraîche mit Joghurt, Essig und Gurkenflüssigkeit verrühren. Sauce mit Salz, Pfeffer und Zucker abschmecken.

4. Die vorbereiteten Salatzutaten mit der Sauce in einer Schüssel mischen. Den Salat gut durchziehen lassen. Dill abspülen, trocken tupfen und die Spitzen von den Stängeln zupfen. Dillspitzen fein schneiden. Vor dem Servieren den Salat mit Salz, Pfeffer und Zucker abschmecken. Dill unterheben.

Nudelsalat, ratzfatz | Beliebt

4 Portionen

Pro Portion: E: 28 g, F: 20 g, Kh: 69 g, kJ: 2393, kcal: 572, BE: 5,0

3 l Wasser
3 gestr. TL Salz
300 g Nudeln, z. B. Spirelli, Farfalle oder Hörnchennudeln
1 Dose Gemüsemais (Abtropfgewicht 140 g)
1 Dose Erbsen (Abtropfgewicht 140 g)
150 g Joghurt
2–3 EL Salatmayonnaise
1 Knoblauchzehe
Salz, frisch gemahlener Pfeffer
100 g Gouda-Käse
100 g gekochter Schinken
150 g Cocktailtomaten
2 rote Paprikaschoten
evtl. 100 ml Gemüsebrühe

Zubereitungszeit: 20 Minuten, ohne Durchziehzeit

1. Das Wasser in einem großen Topf zugedeckt zum Kochen bringen. Salz und Nudeln zugeben und die Nudeln nach Packungsanleitung bei mittlerer Hitze bissfest kochen, dabei gelegentlich umrühren.

2. Inzwischen Mais und Erbsen in einem Sieb abtropfen lassen. Joghurt mit Mayonnaise in einer Salatschüssel verrühren. Knoblauch abziehen und durch die Knoblauchpresse in die Sauce drücken. Sauce mit etwa ½ Teelöffel Salz und etwas Pfeffer abschmecken.

3. Anschließend die Nudeln in ein Sieb abgießen, mit kaltem Wasser abspülen und gut abtropfen lassen.

4. Gouda und Schinken in feine Würfel schneiden. Tomaten abspülen, trocken tupfen, halbieren und Stängelansätze herausschneiden. Paprikaschoten halbieren, entstielen, entkernen und Scheidewände herausschneiden. Paprika abspülen, abtropfen lassen und in Würfel schneiden.

5. Nudeln mit Erbsen, Mais, Käse, Schinken, Tomaten und Paprika in die Schüssel zur Sauce geben, alles gut vermischen. Den Salat zugedeckt etwa 1 Stunde im Kühlschrank durchziehen lassen.

6. Den Salat dann nochmals mit Salz und Pfeffer abschmecken, evtl. noch etwas Brühe unterrühren.

Nudelspieße, überbacken

Raffiniert – einfach

4 Portionen

Pro Portion: E: 27 g, F: 29 g, Kh: 66 g, kJ: 2654, kcal: 630, BE: 5,5

250 g Cocktailtomaten
200 g Zucchini
200 g kleine Champignons
500 g Tortellini Formaggia (aus dem Kühlregal)
2 Dosen stückige Tomaten (je 400 g)
Salz
frisch gemahlener Pfeffer
2 EL Olivenöl
100 g frisch geriebener Parmesan-Käse
1 EL gehacktes Basilikum

Außerdem:

8 Schaschlikspieße

Zubereitungszeit: 30 Minuten
Garzeit: etwa 25 Minuten

1. Den Backofen vorheizen.
Ober-/Unterhitze: etwa 200 °C
Heißluft: etwa 180 °C

2. Tomaten abspülen, abtrocknen und evtl. die Stängelansätze herausschneiden. Die Zucchini abspülen, abtrocknen und die Enden abschneiden. Zucchini in etwa 1 cm dicke Scheiben schneiden. Champignons putzen, mit Küchenpapier abreiben, evtl. abspülen und gut abtropfen lassen.

3. Abwechselnd die Tortellini, Tomaten, Champignons und Zucchinischeiben auf die Holzspieße stecken (auf jeden Spieß mindestens 4 Tortellini). Stückige Tomaten in einer großen, flachen Auflaufform (gefettet) verteilen. Die Spieße darauflegen.

4. Die restlichen Tomaten, Zucchinischeiben und Champignons mit in die Form geben, mit Salz und Pfeffer würzen. Olivenöl daraufträufeln.

5. Die Form auf dem Rost im unteren Drittel in den vorgeheizten Backofen schieben. Die Nudelspieße **etwa 10 Minuten garen.**

6. Dann die Backofentemperatur auf Ober-/Unterhitze: etwa 180 °C, Heißluft: etwa 160 °C herunterschalten. Käse auf die Nudelspieße streuen. Die Nudelspieße **weitere etwa 15 Minuten garen.**

7. Nudelspieße mit Basilikum bestreut servieren.

Tipps: Die Nudelspieße können auch am Vortag vorbereitet und zugedeckt in den Kühlschrank gestellt werden. Die Garzeit erhöht sich in diesem Fall um etwa 10 Minuten. Sie können auch die Hälfte des Parmesan-Käses durch Gouda-Käse ersetzen.

Nudelsuppe I

Schnell

4 Portionen

Pro Portion: E: 17 g, F: 3 g, Kh: 23 g, kJ: 797, kcal: 191, BE: 2,0

300 g Möhren
1 Kohlrabi
1 ½ l Gemüsebrühe
50 g TK-Suppengrün
100 g Fadennudeln
200 g gekochter Schinken, in dicken Scheiben
½ Bund Schnittlauch
Salz
frisch gemahlener Pfeffer

Zubereitungszeit: 20 Minuten

1. Möhren putzen. Möhren und Kohlrabi schälen, abspülen, abtropfen lassen und grob raspeln.

2. Die Gemüsebrühe in einem Topf aufkochen lassen. Unaufgetautes Suppengrün, Fadennudeln und Gemüseraspel hinzufügen, zum Kochen bringen und etwa 5 Minuten kochen lassen.

3. In der Zwischenzeit den Schinken in kurze Streifen schneiden. Schnittlauch abspülen, trocken tupfen und in Röllchen schneiden.

4. Schinken in die Suppe geben und miterwärmen. Die Suppe mit Salz und Pfeffer abschmecken, mit Schnittlauchröllchen bestreut servieren.

Nussecken, schnelle | Beliebt

Insgesamt: E: 58 g, F: 294 g, Kh: 409 g, kJ: 18923, kcal: 4523, BE: 34,0

Für den All-in-Teig:

200 g Weizenmehl
1 gestr. TL Dr. Oetker Backin
50 g gemahlene Haselnusskerne
100 g Zucker
1 Prise Salz
1 Ei (Größe M)
150 g weiche Butter oder Margarine
4 EL kaltes Wasser

Für den Belag:

200 g Aprikosenkonfitüre
1 Pck. Dr. Oetker Vanillin-Zucker
2 EL Schlagsahne
200 g gehobelte Haselnusskerne

Zubereitungszeit: 25 Minuten, ohne Abkühlzeit
Backzeit: 22–25 Minuten

1. Den Backofen vorheizen.
Ober-/Unterhitze: etwa 200 °C
Heißluft: etwa 180 °C

2. Für den Teig Mehl mit Backpulver in einer Rührschüssel mischen. Gemahlene Nusskerne, Zucker, Salz, Ei, Butter oder Margarine und Wasser hinzufügen. Die Zutaten mit Handrührgerät mit Rührbesen kurz auf niedrigster, dann auf höchster Stufe in etwa 2 Minuten zu einem glatten Teig verarbeiten.

3. Den Teig auf einem Backblech (30 x 40 cm, gefettet, bemehlt) verteilen und verstreichen.

4. Das Backblech auf mittlerer Einschubleiste in den vorgeheizten Backofen schieben. Den All-in-Teig **etwa 10 Minuten vorbacken.**

5. Inzwischen für den Belag Konfitüre unter Rühren in einem Topf aufkochen lassen und von der Kochstelle nehmen. Vanillin-Zucker, Sahne und gehobelte Nusskerne unterrühren.

6. Das Backblech auf einen Kuchenrost stellen. Die Nussmasse sofort auf dem vorgebackenen Teig verteilen und mit einer Teigkarte oder einem Esslöffel verstreichen. Das Backblech wieder in den heißen Backofen schieben. Das Gebäck **weitere 12–15 Minuten backen.**

7. Das Backblech auf einen Kuchenrost stellen. Das Gebäck erkalten lassen. Dann das Gebäck in 12 Quadrate (etwa 10 x 10 cm) schneiden und die Quadrate diagonal halbieren.

Tipps: Die fertigen Nussecken mit 50 g aufgelöster Zartbitter-Schokolade besprenkeln (siehe Foto, Zusatzkosten: etwa 0,35 €). Die Nussecken halten sich 2–3 Wochen in gut schließenden Dosen.

Rezeptvariante: Für **Mandelecken** die Haselnusskerne durch Mandeln ersetzen (insgesamt: etwa 3,80 €).

Omas Gröstelpfanne I

Dauert länger

4 Portionen

Pro Portion: E: 18 g, F: 25 g, Kh: 29 g, kJ: 1752, kcal: 418, BE: 2,5

800 g	*festkochende Kartoffeln*
2	*Zwiebeln*
2 Paar	*Wiener Würstchen (etwa 200 g)*
2	*Gewürzgurken*
2 ½–3 EL	*Speiseöl, z. B. Sonnenblumenöl*
4	*Eier (Größe M)*
	Salz
½ Bund	*Schnittlauch*
	frisch gemahlener Pfeffer
½ TL	*getrockneter Majoran*

Zubereitungszeit: 25 Minuten, ohne Abkühlzeit
Garzeit: 35–40 Minuten

1. Die Kartoffeln unter fließendem Wasser abbürsten und abtropfen lassen. Die Kartoffeln knapp mit Wasser bedeckt in einem Topf zum Kochen bringen und 20–25 Minuten zugedeckt kochen.

2. Die gegarten Kartoffeln abgießen, kurz mit kaltem Wasser abspülen, abtropfen lassen, noch heiß pellen und abkühlen lassen.

3. Kartoffeln in Würfel schneiden. Zwiebeln abziehen und würfeln. Würstchen in Scheiben schneiden. Die Gewürzgurken in Würfel schneiden.

4. Zwei Esslöffel Speiseöl in einer großen Pfanne erhitzen. Die Kartoffelwürfel hinzufügen und unter gelegentlichem Wenden goldbraun braten.

5. Zwiebelwürfel, Würstchenscheiben und Gurkenwürfel zu den Kartoffeln geben und alles etwa 10 Minuten weiterbraten, dabei ab und zu wenden.

6. In einer zweiten Pfanne das restliche Speiseöl erhitzen. Die Eier vorsichtig aufschlagen und nebeneinander in die Pfanne gleiten lassen. Die Eier mit etwas Salz bestreuen und etwa 5 Minuten bei mittlerer Hitze braten, bis das Eiweiß fest ist.

7. Schnittlauch abspülen, trocken tupfen und in Röllchen schneiden. Die Gröstelpfanne mit Salz, Pfeffer und Majoran abschmecken. Die Spiegeleier aus der Pfanne nehmen und die Gröstelpfanne damit belegen, mit Schnittlauchröllchen bestreuen und servieren.

Orangen-Butterkeks-Kuchen

Fruchtig – ohne zu backen

Insgesamt: E: 63 g, F: 212 g, Kh: 289 g, kJ: 13989, kcal: 3345, BE: 24,0

Für die Füllung:

8 Blatt weiße Gelatine
500 g Orangenjoghurt
30 g Zucker
250 g Schlagsahne
3 mittelgroße Orangen

200 g Butterkekse

Zum Garnieren:

200 g Schlagsahne
30 g Zartbitter-Schokolade

Zubereitungszeit: 25 Minuten, ohne Kühlzeit

1. Für die Füllung die Gelatine nach Packungsanleitung einweichen. Joghurt und Zucker in einer Schüssel verrühren.

2. Eingeweichte Gelatine leicht ausdrücken und in einem kleinen Topf unter Rühren bei schwacher Hitze auflösen. Zunächst etwa 4 Esslöffel der Joghurtmasse mit der Gelatine verrühren, dann unter die restliche Joghurtmasse rühren. Die Masse in den Kühlschrank stellen.

3. Sahne steif schlagen. Sobald die Joghurtmasse anfängt dicklich zu werden. Sahne unterheben.

4. Orangen so schälen, dass die weiße Haut mitentfernt wird. Die Orangenfilets herausschneiden. Einige Filets zum Garnieren beiseitelegen. Restliche Filets evtl. halbieren und unter die Joghurtcreme heben.

5. Eine Lage Butterkekse in eine Kastenform (25 x 11 cm, mit Backpapier ausgelegt) legen, mit einem Drittel der Joghurtcreme bestreichen und mit Butterkeksen belegen. Restliche Joghurtcreme und Butterkekse auf die gleiche Weise einschichten. Die oberste Schicht sollte aus Butterkeksen bestehen. Die Torte mindestens 2 Stunden in den Kühlschrank stellen.

6. Die Kekstorte auf eine Platte stürzen und das Backpapier entfernen.

7. Sahne steif schlagen. Den Kuchen mit etwa 4 Esslöffeln Sahne einstreichen. Restliche Sahne in einen Spritzbeutel mit Lochtülle (Ø etwa 10 mm) füllen. Sahnetupfen auf die Gebäckoberfläche spritzen.

8. Von der Schokolade mit einem Sparschäler Schokolocken abschaben. Die Torte mit den Schokolocken bestreuen und mit den beiseitegelegten Orangenfilets garnieren.

Orangentorte

Fruchtig – für Gäste

Insgesamt: E: 75 g, F: 200 g, Kh: 688 g, kJ: 20470, kcal: 4891, BE: 57,5

Für den All-in-Teig:

275 g Weizenmehl
3 gestr. TL Dr. Oetker Backin
150 g Zucker
1 Pck. Dr. Oetker Vanillin-Zucker
150 g weiche Butter oder Margarine
4 Eier (Größe M)
125 ml (1/8 l) Orangensaft

Für die Orangencreme:

4 Blatt weiße Gelatine
750 ml (3/4 l) Orangensaft
40–50 g Zucker
2 Pck. Dr. Oetker Pudding-Pulver Vanille-Geschmack
150 g saure Sahne

Zum Garnieren:

70 g gesiebter Puderzucker
1–2 TL Orangen- oder Zitronensaft
100 g Schlagsahne

Zubereitungszeit: 40 Minuten, ohne Kühlzeit
Backzeit: etwa 20 Minuten

1. Den Backofen vorheizen.
Ober-/Unterhitze: etwa 200 °C
Heißluft: etwa 180 °C

2. Für den Teig Mehl mit Backpulver in einer Rührschüssel mischen. Restliche Teigzutaten hinzugeben und alles mit Handrührgerät mit Rührbesen erst kurz auf niedrigster, danach auf höchster Stufe in etwa 2 Minuten zu einem glatten Teig verarbeiten.

3. Den Teig auf ein Backblech (30 x 40 cm, gefettet, mit Backpapier belegt) geben und verstreichen. Das Backblech auf mittlerer Einschubleiste in den vorgeheizten Backofen schieben. Den Tortenboden **etwa 20 Minuten backen.**

4. Den Boden auf dem Backblech auf einem Kuchenrost erkalten lassen.

5. Für die Orangencreme Gelatine nach Packungsanleitung einweichen. Aus Saft, Zucker und Pudding-Pulver nach Packungsanleitung einen Pudding kochen. Den Topf von der Kochstelle nehmen. Gelatine leicht ausdrücken, in dem heißen Pudding unter Rühren auflösen und saure Sahne unterrühren. Die Creme erkalten lassen, dabei gelegentlich umrühren.

6. Tortenboden vom Rand lösen, auf eine mit Backpapier belegte Arbeitsplatte stürzen und mitgebackenes Backpapier abziehen. Von der längeren Seite der Platte einen 5 cm breiten und 40 cm langen Streifen abschneiden und beiseitelegen. Die restliche Platte so halbieren, dass 2 Rechtecke (etwa 20 x 25 cm) entstehen.

7. Einen Boden auf eine Tortenplatte legen. Die Hälfte der Creme daraufstreichen, zweiten Boden darauflegen. Restliche Creme darauf verstreichen. Torte etwa 2 Stunden in den Kühlschrank stellen.

8. Aus dem beiseitegelegten Gebäckstreifen mit einem Glas oder einer Ausstechform Kreise (Ø etwa 5 cm) ausstechen, diese halbieren. Puderzucker und Saft zu einem Guss verrühren, in einen kleinen Gefrierbeutel füllen und eine kleine Ecke abschneiden. Die Halbkreise mit Guss verzieren, sodass sie wie Orangenscheiben aussehen.

9. Sahne steif schlagen, in einen Spritzbeutel mit Lochtülle füllen und so viele Tuffs auf die Tortenoberfläche spritzen, wie garnierte „Orangenscheiben“ vorhanden sind. Die „Orangenscheiben“ auf die Sahnetupfen legen.

Pro Torte: etwa
4,55 €

Paprika-Nudel-Eintopf | Einfach

4 Portionen

Pro Portion: E: 32 g, F: 27 g, Kh: 54 g, kJ: 2492, kcal: 595, BE: 3,5

Für die Fleischklößchen:

1 Brötchen (Semmel) vom Vortag
400 g Gehacktes (halb Rind-, halb Schweinefleisch)
1 Ei (Größe M)
Salz, frisch gemahlener Pfeffer
Paprikapulver edelsüß

Für den Eintopf:

1 Bund Suppengrün (Sellerie, Möhre, Porree)
2–3 EL Speiseöl, z. B. Sonnenblumenöl
je 1 rote, grüne und gelbe Paprikaschote
1 l Fleischbrühe
1 Dose stückige Tomaten (400 g)

2 l Wasser
2 gestr. TL Salz
200 g Hörnchennudeln

1 EL fein gehackte Petersilie

Zubereitungszeit: 40 Minuten

1. Für die Klößchen das Brötchen in kaltem Wasser einweichen und anschließend gut ausdrücken. Das Gehackte in einer Schüssel mit dem ausgedrückten Brötchen und dem Ei vermengen. Die Fleischmasse mit Salz, Pfeffer und Paprika würzen. Aus der Masse mit angefeuchteten Händen kleine Klößchen formen.

2. Für den Eintopf Sellerie und Möhre putzen, schälen, abspülen und abtropfen lassen. Beides in Würfel schneiden. Porree putzen. Die Stange längs halbieren, gründlich waschen, abtropfen lassen und in Stücke schneiden. Das Öl in einem Topf erhitzen. Die Gemüsestücke darin andünsten.

3. Die Paprikaschoten halbieren, entstielen, entkernen und die weißen Scheidewände entfernen. Die Schotenhälften abspülen, abtropfen lassen und in kleine Stücke schneiden.

4. Die Paprikastücke zum angedünsteten Gemüse geben. Anschließend die Fleischbrühe hinzugießen, zum Kochen bringen und etwa 5 Minuten bei schwacher Hitze zugedeckt kochen lassen.

5. Die Fleischklößchen und die Tomaten in den Eintopf geben. Die Zutaten zum Kochen bringen und zugedeckt bei schwacher Hitze etwa 10 Minuten gar ziehen lassen.

6. In der Zwischenzeit das Wasser in einem großen Topf zugedeckt zum Kochen bringen. Dann Salz und Nudeln hinzugeben. Die Nudeln im geöffneten Topf bei mittlerer Hitze nach Packungsanleitung bissfest kochen, dabei gelegentlich umrühren. Dann die Nudeln in ein Sieb geben, mit heißem Wasser abspülen und abtropfen lassen.

7. Die Nudeln in den Eintopf geben. Den Eintopf mit Salz und Pfeffer abschmecken, mit Petersilie bestreut servieren.

Paprikaschoten mit Hackfüllung I

Beliebt – für Kinder

4 Portionen

Pro Portion: E: 23 g, F: 38 g, Kh: 18 g, kJ: 2121, kcal: 506, BE: 0,5

4 Paprikaschoten (je etwa 150 g)
250 g Gemüsezwiebeln
500 g Tomaten
6 EL Olivenöl
400 g Gehacktes (halb Rind-, halb Schweinefleisch)
1 EL Tomatenmark
Salz
frisch gemahlener Pfeffer
etwa 375 ml (3/8 l) Gemüsebrühe
1 EL Tomatenmark
15 g Weizenmehl
6 EL Schlagsahne
1/2 TL gerebelter Oregano
etwas Zucker

Zubereitungszeit: 40 Minuten
Garzeit: etwa 50 Minuten

1. Am Stielende der Paprikaschoten je einen Deckel abschneiden. Kerne und weiße Scheidewände entfernen. Die Schoten innen und außen abspülen, abtropfen lassen. Gemüsezwiebeln abziehen, halbieren und würfeln. Tomaten abspülen, abtrocknen, halbieren, entkernen und die Stängelansätze herausschneiden. Die Hälfte der Tomaten würfeln.

2. Zwei Esslöffel Öl in einer Pfanne erhitzen. Die Hälfte der Zwiebelwürfel kurz darin dünsten. Gehacktes unter Rühren darin anbraten, dabei die Klümpchen mit einer Gabel zerdrücken. Tomatenwürfel und Tomatenmark unterrühren, mit Salz und Pfeffer würzen. Die Masse etwas abkühlen lassen, dann in die Schoten füllen. Die Paprikadeckel wieder auflegen.

3. Die restlichen Tomaten in Stücke schneiden. Das restliche Öl in einem großen Topf erhitzen. Die restlichen Zwiebelwürfel kurz darin andünsten. Die Paprikaschoten nebeneinander in den Topf stellen. Tomatenstücke und 375 ml (3/8 l) Gemüsebrühe zugeben. Die Schoten mit Deckel bei schwacher Hitze in etwa 50 Minuten gar dünsten. Die Paprikaschoten aus dem Topf nehmen und warm stellen.

4. Für die Sauce die Garflüssigkeit mit den Tomatenstücken und Zwiebeln durch ein Sieb streichen. 375 ml (3/8 l) abmessen, evtl. mit Gemüsebrühe ergänzen. Tomatenmark unterrühren. Sauce zum Kochen bringen. Mehl mit Sahne verrühren, in die Sauce rühren. Sauce etwa 10 Minuten schwach kochen lassen, gelegentlich umrühren.

5. Die Sauce mit Salz, Pfeffer, Oregano und Zucker würzen, zu den gefüllten Paprikaschoten servieren.

Tipp: Sie können die Paprikaschoten auch zugedeckt im vorgeheizten Backofen (bei Ober-/Unterhitze: etwa 200 °C, Heißluft: etwa 180 °C) etwa 50 Minuten garen.

Beilage: Reichen Sie Reis (siehe Seite 204) oder Salzkartoffeln (siehe Seite 214) dazu.

Paprika-Tortilla | Vegetarisch

4 Portionen

Pro Portion: E: 17 g, F: 22 g, Kh: 9 g, kJ: 1268, kcal: 302, BE: 0,5

1 Zwiebel
je 1 rote und grüne Paprikaschote
2 EL Olivenöl
4 Tomaten
1 Glas Oliven, mit Paprika gefüllt (Abtropfgewicht 85 g)
1/2 TL gerebelter Oregano
1/2 TL gerebeltes Basilikum
Salz, frisch gemahlener Pfeffer
1/2 Bund Petersilie
8 Eier (Größe M)
2 TL Tomatenmark
2 EL Milch

Zubereitungszeit: 25 Minuten
Garzeit: etwa 20 Minuten

1. Den Backofen vorheizen.
Ober-/Unterhitze: etwa 200 °C
Heißluft: etwa 180 °C

2. Zwiebel abziehen und in feine Würfel schneiden. Die Paprikaschoten halbieren, entstielen, entkernen und die weißen Scheidewände entfernen. Schoten abspülen, abtropfen lassen und in dünne Streifen schneiden.

3. Das Öl in einer Pfanne erhitzen. Die Zwiebelwürfel darin glasig dünsten. Paprikastreifen hinzufügen und mitdünsten.

4. Tomaten abspülen, abtropfen lassen und kreuzweise einschneiden. Tomaten mit kochendem Wasser begießen. Nach 1–2 Minuten herausnehmen und mit kaltem Wasser abschrecken. Anschließend die Tomaten enthäuten, halbieren und die Stängelansätze herausschneiden. Das Fruchtfleisch in kleine Würfel schneiden und zu dem Gemüse in die Pfanne geben.

5. Oliven abtropfen lassen, halbieren und hinzufügen. Gemüsemischung mit Oregano und Basilikum würzen, mit Salz und Pfeffer abschmecken und von der Kochstelle nehmen.

6. Die Petersilie abspülen, trocken tupfen und die Blättchen von den Stängeln zupfen. Blättchen fein hacken. Eier mit Tomatenmark, Milch und gehackter Petersilie verschlagen, mit Salz und Pfeffer würzen.

7. Die Gemüsemischung in eine große Auflaufform (gefettet) geben. Die Eiermilch daraufgießen. Die Form auf dem Rost auf mittlerer Einschubleiste in den vorgeheizten Backofen schieben. Tortilla **etwa 20 Minuten garen,** bis die Eiermasse gestockt ist.

Paprika-Zucchini-Pfanne mit Reis | Vegetarisch

4 Portionen

Pro Portion: E: 6 g, F: 11 g, Kh: 45 g, kJ: 1290, kcal: 308, BE: 3,5

20 g Butter
200 g Langkornreis
400 ml Gemüsebrühe
400 g Zucchini
je 2 rote und grüne Paprikaschoten (je etwa 200 g)
2–3 EL Olivenöl
1 Knoblauchzehe
Salz, frisch gemahlener Pfeffer
1 EL gehackte Petersilie

Zubereitungszeit: 35 Minuten

1. Butter in einem Topf zerlassen. Reis hinzugeben und unter Rühren andünsten. Brühe hinzugießen und alles zugedeckt bei schwacher Hitze etwa 20 Minuten quellen lassen.

2. Inzwischen Zucchini abspülen, abtrocknen und die Enden abschneiden. Zucchini in dünne Scheiben schneiden.

3. Paprikaschoten vierteln, entstielen, entkernen und die weißen Scheidewände entfernen. Die Schoten abspülen, abtropfen lassen und in kleine Stücke schneiden. Olivenöl in einer großen Pfanne erhitzen. Die Paprikastücke darin unter gelegentlichem Rühren etwa 5 Minuten braten.

4. Knoblauchzehe abziehen, durch eine Knoblauchpresse drücken und mit den Zucchinischeiben in die Pfanne geben. Alles weitere etwa 3 Minuten garen. Das Gemüse mit Salz und Pfeffer würzen. Reis zufügen, unterrühren und mit Petersilie bestreut servieren.

Tipps: Gut schmeckt die Pfanne auch, wenn zum Schluss etwa 200 g klein gewürfelter Schafkäse untergehoben wird und dieser leicht schmilzt (pro Portion: etwa 1,50 €). Probieren Sie doch Natur- statt Langkornreis; er ist gesünder, da die wertvolle Außenhaut noch um das Korn liegt. Dann erhöht sich die Reisgarzeit um etwa 10 Minuten.

Partybrötchen mit Frischkäse

Beliebt – für die Party

10 Stück

Pro Stück: E: 6 g, F: 4 g, Kh: 32 g, kJ: 784, kcal: 187, BE: 2,5

Für den Hefeteig:

500 g Weizenmehl
42 g frische Hefe
½ TL Zucker
125 ml (⅛ l) lauwarmes Wasser
125 ml (⅛ l) lauwarme Milch
1 gestr. TL Salz
150 g Frischkäse mit Kräutern

Zubereitungszeit: 45 Minuten, ohne Teiggehzeit
Backzeit: 25–30 Minuten

1. Für den Teig das Mehl in eine Schüssel geben und in die Mitte eine Vertiefung drücken. Hefe hineinbröckeln, Zucker und etwas Wasser hinzufügen, mit einer Gabel vorsichtig verrühren und etwa 10 Minuten stehen lassen.

2. Milch, Salz, Frischkäse und restliches Wasser hinzufügen. Die Zutaten mit Handrührgerät mit Knethaken zunächst kurz auf niedrigster, dann auf höchster Stufe in etwa 5 Minuten zu einem glatten Teig verarbeiten. Den Teig zugedeckt so lange an einem warmen Ort gehen lassen, bis er sich sichtbar vergrößert hat (etwa 30 Minuten).

3. Den Teig leicht mit Mehl bestäuben, aus der Schüssel nehmen, auf einer leicht bemehlten Arbeitsfläche nochmals gut durchkneten und zu einer Rolle formen. Die Teigrolle in 10 gleich große Portionen teilen, zu Brötchen formen und auf einem Backblech (mit Backpapier belegt) zu einem Kranz zusammenlegen.

4. Die Teigbrötchen nochmals zugedeckt so lange an einem warmen Ort gehen lassen, bis sie sich sichtbar vergrößert haben (etwa 20 Minuten).

5. Den Backofen vorheizen.
Ober-/Unterhitze: etwa 200 °C
Heißluft: etwa 180 °C

6. Das Backblech auf mittlerer Einschubleiste in den vorgeheizten Backofen schieben. Den Brötchenkranz **25–30 Minuten backen.**

7. Den Brötchenkranz vom Backpapier lösen und auf einem Kuchenrost erkalten lassen.

Tipp: Bunter werden die Brötchen, wenn zusätzlich 1 fein gewürfelte rote Paprikaschote unter den Teig geknetet wird (Zusatzkosten: etwa 0,70 €).

Partyring, gefüllt | Für die Party

Insgesamt: E: 75 g, F: 68 g, Kh: 295 g, kJ: 9025, kcal: 2154, BE: 24,0

Für die Füllung:

1 Dose Champignons in Scheiben (Abtropfgewicht 230 g)
1 mittelgroße Zwiebel
1 Knoblauchzehe
150 g Bacon (Frühstücksspeck)
25 g TK-Italienische Kräuter
70 g Tomatenmark
Salz, frisch gemahlener Pfeffer
Zucker

Für den Hefeteig:

375 g Weizenmehl
1 Pck. Hefeteig Garant
225 ml Wasser
1 EL Olivenöl

1 EL Olivenöl

Zubereitungszeit: 45 Minuten, ohne Abkühl- und Teigruhezeit
Backzeit: 30–35 Minuten

1. Für die Füllung die Champignons in einem Sieb abtropfen lassen. Die Zwiebel abziehen und in kleine Würfel schneiden. Knoblauch abziehen und durch eine Knoblauchpresse drücken. Bacon in kleine Stücke schneiden, in einer Pfanne ohne Fett bei mittlerer Hitze ausbraten. Zwiebelwürfel und Knoblauch hinzufügen und mit anbraten.

2. Champignonscheiben fein hacken, mit Kräutern und Tomatenmark zur Baconmasse geben und unterheben. Die Masse unter Rühren kurz erhitzen und mit Salz, Pfeffer und Zucker würzen. Die Masse abkühlen lassen.

3. Für den Teig Mehl in eine Rührschüssel geben und mit Hefeteig Garant vermischen. Wasser und Öl hinzufügen. Die Zutaten mit Handrührgerät mit Knethaken zunächst kurz auf niedrigster, dann auf höchster Stufe in etwa 2 Minuten zu einem glatten Teig verarbeiten.

4. Den Teig auf einer leicht bemehlten Arbeitsfläche zu einem Rechteck (etwa 30 x 50 cm) ausrollen. Die Bacon-Champignon-Masse darauf verteilen, dabei rundherum einen etwa 2 cm breiten Rand frei lassen. Die Teigränder mit Wasser bestreichen. Den Teig von der längeren Seite her aufrollen, auf ein Backblech (mit Backpapier belegt) legen, zu einem Ring formen und etwa 15 Minuten ruhen lassen.

5. Den Backofen vorheizen.
Ober-/Unterhitze: etwa 200 °C
Heißluft: etwa 180 °C

6. Den Teigring rundherum in etwa 3 cm dicke Scheiben schneiden, dabei den Ring nicht ganz bis zur Innenkante durchschneiden. Die Teigscheiben nach außen drehen und flach auf das Backpapier legen. Der Ring bleibt dabei erhalten! Den Teigring mit Öl bestreichen.

7. Das Backblech auf mittlerer Einschubleiste in den vorgeheizten Backofen schieben und den Ring **30–35 Minuten backen.**

8. Den Partyring mit dem Backpapier vom Backblech auf einen Kuchenrost ziehen und erkalten lassen.

Pasta-Salat mit Mais

Einfach

4 Portionen

Pro Portion: E: 18 g, F: 11 g, Kh: 69 g, kJ: 1875, kcal: 448, BE: 5,5

3 l Wasser
3 gestr. TL Salz
300 g Nudeln, z. B. Penne
150 g TK-Erbsen
100 g Rucola (Rauke)
1 Dose Gemüsemais (Abtropfgewicht 285 g)

Für die Sauce:

3 EL Orangensaft
1 EL Balsamico-Essig
2 EL Olivenöl
1 Knoblauchzehe
Salz
frisch gemahlener Pfeffer

40 g Parmesan-Käse

Zubereitungszeit: 25 Minuten, ohne Durchziehzeit

1. Das Wasser in einem großen Topf zugedeckt zum Kochen bringen. Dann Salz und Nudeln hinzugeben. Die Nudeln im geöffneten Topf bei mittlerer Hitze nach Packungsanleitung bissfest kochen, dabei gelegentlich umrühren. Etwa 3 Minuten vor Ende der Garzeit die Erbsen zufügen und mitgaren.

2. Anschließend Nudeln und Erbsen in ein Sieb geben, mit kaltem Wasser abspülen und abtropfen lassen.

3. Inzwischen Rucola verlesen und die dicken Stängel abschneiden. Rucola abspülen, gut abtropfen lassen oder trocken schleudern und evtl. etwas kleiner zupfen. Den Mais in einem Sieb abtropfen lassen.

4. Für die Sauce Orangensaft, Essig und Öl verrühren. Knoblauch abziehen und fein hacken oder durch die Knoblauchpresse drücken und hinzufügen. Die Sauce mit Salz und Pfeffer würzen.

5. Die lauwarmen Nudeln und Erbsen mit Rucola, Mais und Sauce in einer großen Schüssel vermischen. Den Pasta-Salat etwa 20 Minuten durchziehen lassen.

6. Vor dem Servieren den Salat mit Salz und Pfeffer abschmecken. Parmesan in grobe Streifen hobeln und auf den Salat geben.

Tipps: Die Nudeln für den Salat gleich nach dem Abgießen mit 1 Esslöffel Olivenöl vermischen: So glänzen die Nudeln schön und kleben nicht zusammen. Das Öl kann man bei der Marinade wieder einsparen.

Beilage: Reichen Sie frisch aufgebackenes Baguette (300 g, etwa 0,70 €) dazu.

Penne mit Wirsingsauce und Mettbällchen | Raffiniert

4 Portionen

Pro Portion: E: 24 g, F: 21 g, Kh: 57 g, kJ: 2169, kcal: 520, BE: 4,5

500 g Wirsing
200 g Möhren
2 EL Rapsöl
250 g Thüringer Mett (gewürztes Schweinegehacktes)
100 ml Gemüsebrühe
3 l Wasser
3 gestr. TL Salz
300 g Penne (Röhrennudeln)
1–2 EL Crème fraîche
Salz
frisch gemahlener Pfeffer
frisch geriebene Muskatnuss

Zubereitungszeit: 35 Minuten

1. Vom Wirsing die äußeren, welken Blätter entfernen. Kohl vierteln und den Strunk herausschneiden. Wirsingviertel abspülen, abtropfen lassen und in feine Streifen schneiden.

2. Möhren putzen, schälen, abspülen, abtropfen lassen und in dünne Scheiben schneiden. Rapsöl in einer großen Pfanne erhitzen. Von dem Mett mit einem Teelöffel kleine Klößchen abstechen und in dem erhitzten Rapsöl von allen Seiten knusprig braun braten.

3. Wirsingstreifen mit den Möhrenscheiben zu den Klößchen geben, unter Rühren kurz andünsten. Die Gemüsebrühe hinzugießen und das Ganze zugedeckt etwa 5 Minuten köcheln lassen, dabei gelegentlich umrühren.

4. In der Zwischenzeit das Wasser in einem großen Topf zugedeckt zum Kochen bringen. Dann Salz und Nudeln hinzugeben. Die Nudeln im geöffneten Topf bei mittlerer Hitze nach Packungsanleitung kochen lassen, dabei gelegentlich umrühren.

5. Crème fraîche unter die Sauce rühren. Die Sauce weitere etwa 3 Minuten köcheln lassen.

6. Die Nudeln in ein Sieb geben, mit heißem Wasser abspülen und abtropfen lassen.

7. Die Wirsingsauce mit Salz, Pfeffer und Muskat würzen. Die Nudeln vorsichtig unterheben und sofort servieren.

Penne-Würstchen-Auflauf | Beliebt

4 Portionen

Pro Portion: E: 37 g, F: 49 g, Kh: 53 g, kJ: 3379, kcal: 807, BE: 4,5

2 1/2 l Wasser
2 1/2 gestr. TL Salz
250 g Penne (Röhrennudeln)
200 g Wiener Würstchen
200 g feine, ungebrühte Bratwurst
200 g Cocktailtomaten
150 g TK-Erbsen
3 Eier (Größe M)
125 ml (1/8 l) Milch
125 g Schlagsahne
Salz, frisch gemahlener Pfeffer
frisch geriebene Muskatnuss
100 g geriebener Gouda-Käse

Zubereitungszeit: 25 Minuten
Garzeit: 35–45 Minuten

1. Das Wasser in einem großen Topf zugedeckt zum Kochen bringen. Dann Salz und Nudeln hinzugeben. Die Nudeln im geöffneten Topf bei mittlerer Hitze nach Packungsanleitung kochen lassen, dabei gelegentlich umrühren.

2. Anschließend die Nudeln in ein Sieb geben, mit heißem Wasser abspülen und abtropfen lassen.

3. Den Backofen vorheizen.
Ober-/Unterhitze: etwa 180 °C
Heißluft: etwa 160 °C

4. Würstchen in Scheiben schneiden, mit den Nudeln vermischt in eine Auflaufform (gefettet) geben.

5. Aus der Bratwurstmasse mit angefeuchteten Händen kleine Klößchen formen. Eine beschichtete Pfanne erwärmen und die Klößchen darin kurz anbraten. Die Tomaten abspülen, trocken tupfen und die Stängelansätze herausschneiden. Tomaten evtl. halbieren.

6. Die gefrorenen Erbsen und die Klößchen auf der Nudel-Würstchen-Mischung verteilen. Eier mit Milch und Sahne verschlagen. Die Eier-Sahne-Milch vorsichtig mit Salz (Würstchen, Brätmasse und Käse enthalten bereits Salz!), Pfeffer und Muskat würzen. Die Eier-Sahne-Milch auf dem Auflauf verteilen. Tomaten dazwischensetzen.

7. Den Auflauf mit Käse bestreuen. Die Form auf dem Rost auf mittlerer Einschubleiste in den vorgeheizten Backofen schieben. Den Penne-Würstchen-Auflauf **35–40 Minuten garen.**

Pesto-Schnecke | Für die Party

Insgesamt: E: 49 g, F: 57 g, Kh: 301 g, kJ: 8062, kcal: 1928, BE: 25,0

Für den Hefeteig:

375 g Weizenmehl (Type 550)
1 Pck. Dr. Oetker Trockenbackhefe
1 TL Zucker
1 TL Salz
225 ml lauwarmes Wasser
2 EL Sonnenblumenöl

Für die Füllung:

1 Glas grünes Pesto (90 g)

Zum Bestreichen und Bestreuen:

1 EL Wasser
1 EL grobes Meersalz

Zubereitungszeit: 40 Minuten, ohne Teiggehzeit
Backzeit: 35–40 Minuten

1. Für den Teig Mehl in eine Rührschüssel geben und mit Hefe, Zucker und Salz gut vermischen. Wasser und Öl hinzufügen. Die Zutaten mit Handrührgerät mit Knethaken zunächst auf niedrigster, dann auf höchster Stufe in etwa 5 Minuten zu einem glatten Teig verarbeiten.

2. Den Teig leicht mit Mehl bestäuben und zugedeckt an einem warmen Ort so lange gehen lassen, bis er sich sichtbar vergrößert hat (etwa 30 Minuten).

3. Den Teig leicht mit Mehl bestäuben. Den Teig auf einer leicht bemehlten Arbeitsfläche kurz durchkneten, zu einer Rolle formen und zu einem Rechteck (etwa 25 x 60 cm) ausrollen.

4. Für die Füllung Pesto mit einem Teelöffel kleckweise auf dem Rechteck verteilen, dabei rundherum einen 1 cm breiten Rand lassen. Den Teig von der Längsseite her aufrollen und auf ein Backblech (30 x 40 cm, mit Backpapier belegt) legen. Die Rolle zur Schnecke aufwickeln.

5. Die Teigschnecke mit Wasser bestreichen und mit Salz bestreuen. Die Teigschnecke zugedeckt so lange an einem warmen Ort gehen lassen, bis sie sich sichtbar vergrößert hat (etwa 20 Minuten).

6. Den Backofen vorheizen.
Ober-/Unterhitze: etwa 200 °C
Heißluft: etwa 180 °C

7. Das Backblech auf mittlerer Einschubleiste in den vorgeheizten Backofen schieben. Die Schnecke **35–40 Minuten backen.** Vom Backpapier nehmen und auf einem Kuchenrost erkalten lassen.

Pfannkuchen (Eierkuchen) I

Für Kinder

8 Stück

Pro Stück: E: 8 g, F: 13 g, Kh: 26 g, kJ: 1078, kcal: 258, BE: 2,0

250 g	*Weizenmehl*
4	*Eier (Größe M)*
1 EL	*Zucker*
1 Prise	*Salz*
375 ml (3/8 l)	*Milch*
125 ml (1/8 l)	*Mineralwasser mit Kohlensäure*
etwa 80 g	*Margarine oder 8 EL Speiseöl, z. B. Sonnenblumenöl*

Zubereitungszeit: 40 Minuten, ohne Teigruhezeit

1. Mehl in eine Rührschüssel geben und in die Mitte eine Vertiefung drücken. Eier mit Zucker, Salz, Milch und Mineralwasser verschlagen. Etwas davon in die Vertiefung geben. Von der Mitte aus Eierflüssigkeit und Mehl verrühren. Nach und nach die übrige Eierflüssigkeit zugeben, dabei darauf achten, dass keine Klümpchen entstehen. Den Teig 20–30 Minuten ruhen lassen.

2. Etwas Öl in einer beschichteten Pfanne (Ø 24 cm) erhitzen. Den Teig gut durchrühren und eine dünne Teiglage mit einer drehenden Bewegung gleichmäßig auf dem Boden der Pfanne verteilen.

3. Sobald die Ränder goldgelb sind, den Pfannkuchen vorsichtig mit einem Pfannenwender wenden oder auf einen Teller gleiten lassen, umgedreht wieder in die Pfanne geben. Die zweite Seite ebenfalls goldgelb backen. Bevor der Pfannkuchen gewendet wird, etwas Fett in die Pfanne geben.

4. Den restlichen Teig auf die gleiche Weise backen, dabei den Teig vor jedem Backen umrühren.

Tipps: Die Pfannkuchen werden zarter und lockerer, wenn Sie die Eier trennen und zuerst nur das Eigelb in den Teig rühren. Das Eiweiß kurz vor dem Backen steif schlagen und unter den Teig heben. Die einzelnen Pfannkuchen vor dem Stapeln mit wenig Zucker bestreuen. So kleben sie nicht zusammen.

Beilage: Die Pfannkuchen mit etwas Konfitüre bestrichen und aufgerollt (pro Portion: etwa 0,45 €) oder mit etwa 500 g frischen Früchten der Saison servieren (pro Portion: etwa 0,85 €).

Pfannkuchen mit Apfel-Quark-Füllung | Raffiniert

4 Stück

Pro Stück: E: 16 g, F: 13 g, Kh: 41 g, kJ: 1482, kcal: 354, BE: 3,5

2 Eier (Größe M)
150 ml Milch
1 EL Zucker
1 Prise Salz
100 g Weizenmehl
25 g feine Haferflocken
50 ml Mineralwasser mit Kohlensäure
2 EL Margarine

Für die Füllung:
250 g Magerquark
1 Pck. Dr. Oetker Vanillin-Zucker
1 EL Zitronensaft
1 großer Apfel
1–2 EL Zucker
1 Prise gemahlener Zimt

Zubereitungszeit: 40 Minuten, ohne Teigruhezeit

1. Eier, Milch, Zucker und Salz in einen hohen Rührbecher geben und alles mit Handrührgerät mit Rührbesen verschlagen. Mehl und Haferflocken dazugeben. Zuerst kurz auf niedrigster Stufe unterrühren, dann auf höchster Stufe kräftig durchrühren. Den Teig etwa 10 Minuten ruhen lassen.

2. In der Zwischenzeit für die Füllung Quark, Vanillin-Zucker und Zitronensaft in einer Schüssel verrühren. Apfel abwaschen und abtrocknen. Apfel halbieren und das Kerngehäuse herausschneiden. Apfel auf einer groben Reibe direkt in den Quark raspeln und unterrühren. Den Apfelquark mit Zucker und Zimt abschmecken.

3. Den Pfannkuchenteig nochmals durchrühren und das Mineralwasser dazugießen, kurz unterrühren. Pro Pfannkuchen etwa ½ Teelöffel Margarine bei mittlerer Hitze in einer beschichteten Pfanne (Ø 24 cm) erhitzen. Pro Pfannkuchen etwa ein Viertel des Teiges in die Pfanne gießen. Den Teig mit einer drehenden Bewegung gleichmäßig auf dem Boden der Pfanne verteilen. Den Pfannkuchen bei mittlerer Hitze etwa 2 Minuten goldbraun backen, bis die Teigoberfläche nicht mehr feucht ist. Pfannkuchen mit einem Pfannenwender wenden, etwas Margarine in die Pfanne geben und den Pfannkuchen fertig backen.

4. Den Pfannkuchen sofort mit dem Apfelquark füllen und aufrollen. Pfannkuchen warm stellen oder sofort servieren. Weitere 3 Pfannkuchen aus dem restlichen Teig backen und füllen.

Tipp: Zum Servieren noch einen Apfel abspülen, abtrocknen und in dünne Spalten schneiden (pro Portion: etwa 0,65 €).

Rezeptvariante: Für **Bananen-Schoko-Pfannkuchen** (pro Portion: etwa 0,40 €), die Pfannkuchen wie beschrieben backen. Dann die Pfannkuchen mit je 1 Teelöffel Nuss-Nougat-Creme bestreichen, mit ¼ in Scheiben geschnittener Banane belegen und vorsichtig aufrollen.

Pflaumen-Streusel-Kuchen |

Einfach – schnell

Insgesamt: E: 34 g, F: 163 g, Kh: 392 g, kJ: 13423, kcal: 3206, BE: 32,5

Zum Vorbereiten:

125 g Butter
1 Glas Pflaumen (Abtropfgewicht 385 g)

Für den Streuselteig:

200 g Weizenmehl
1 gestr. TL Dr. Oetker Backin
100 g Zucker
1 Pck. Dr. Oetker Vanillin-Zucker
1 Prise Salz

Für den Guss:

200 g Schmand (Sauerrahm)
1 Ei (Größe M)
1 Pck. Saucenpulver Vanille-Geschmack zum Kochen
50 g Zucker

Zubereitungszeit: 15 Minuten
Backzeit: 45–50 Minuten

1. Zum Vorbereiten Butter bei schwacher Hitze zerlassen und kurz abkühlen lassen. Pflaumen in einem Sieb gut abtropfen lassen.

2. Den Backofen vorheizen.
Ober-/Unterhitze: etwa 180 °C
Heißluft: etwa 160 °C

3. Für den Teig Mehl mit Backpulver in einer Rührschüssel vermischen. Zucker, Vanillin-Zucker, Salz und zerlassene Butter hinzufügen. Die Zutaten mit Handrührgerät mit Rührbesen zunächst kurz auf niedrigster, dann auf höchster Stufe kurz zu feinen Streuseln verarbeiten.

4. Etwa drei Viertel der Streusel in einer Springform (Ø 26 cm, gefettet) verteilen und zu einem Boden andrücken. Pflaumen darauf verteilen.

5. Für den Guss Schmand mit Ei, Saucenpulver und Zucker mit einem Schneebesen verrühren. Guss auf die Pflaumen gießen und mit den restlichen Streuseln bestreuen.

6. Die Form auf dem Rost im unteren Drittel in den vorgeheizten Backofen schieben und den Kuchen **45–50 Minuten backen.**

7. Die Form auf einen Kuchenrost stellen. Den Kuchen etwa 10 Minuten abkühlen lassen, dann den Springformrand lösen und entfernen. Den Kuchen mit dem Springformboden auf dem Kuchenrost erkalten lassen. Den Kuchen vom Springformboden lösen und auf eine Tortenplatte legen.

Rezeptvariante: Für einen **Apfel-Streusel-Kuchen** anstelle der Pflaumen 750 g säuerliche Äpfel schälen, vierteln und das Kerngehäuse entfernen. Die Viertel nochmals längs durchschneiden. So sparen Sie etwa 0,45 €.

Pochierte Eier |

Einfach

8 Stück

Pro Stück: etwa
0,25 €

Pro Stück: E: 7 g, F: 6 g, Kh: 1 g,
kJ: 355, kcal: 85, BE: 0,0

1 l Wasser
3 EL Essig, z. B. Weißweinessig
8 Eier (Größe M)
evtl. 1 EL gehackte Kräuter, z. B. Schnittlauch, Petersilie

Zubereitungszeit: 10 Minuten
Garzeit: 3–4 Minuten

1. Wasser mit Essig in einem Topf zum Kochen bringen. Eier einzeln in einer Kelle aufschlagen, vorsichtig in das siedende (nicht sprudelnd kochende) Wasser gleiten lassen. Eiweiß sofort mit 2 Esslöffeln an das Eigelb schieben. Die Eier bei schwacher Hitze 3–4 Minuten ohne Deckel gar ziehen lassen (maximal 4 Eier auf einmal garen).

2. Die gegarten Eier mit einem Schaumlöffel herausnehmen, kurz in kaltes Wasser tauchen, abtropfen lassen und die Ränder glatt schneiden. Eier auf Tellern anrichten und nach Belieben mit gehackten Kräutern bestreuen.

Tipp: Pochierte Eier (Verlorene Eier) als Einlage für Suppen reichen oder zu Bratkartoffeln servieren. Verwenden Sie möglichst frische Eier. Das Eiweiß zieht sich dann besser um das Eigelb herum zusammen.

Rezeptvariante 1: Pochierte Eier mit gemischtem Salat (Foto, pro Portion: etwa 1,15 €). Dazu von je ½ Kopf Lollo rossa und bionda die äußeren, welken Blätter entfernen. Den Salat waschen, trocken tupfen oder schleudern und in mundgerechte Stücke zupfen. 250 g Cocktailtomaten abspülen, abtrocknen und vierteln. 250 g Salatgurke abspülen, abtrocknen und die Enden abschneiden. Gurke in Scheiben schneiden. 200 g dünne Bundmöhren putzen, schälen, abspülen, abtropfen lassen, in dünne Scheiben schneiden oder hobeln. 1 Zwiebel abziehen und würfeln. Die vorbereiteten Salatzutaten in einer Schüssel vermengen. 2–3 Esslöffel Kräuter-Essig mit Salz, Pfeffer und 1 Teelöffel flüssigem Honig verrühren, 5 Esslöffel Olivenöl unterschlagen. Sauce mit den Salatzutaten vermengen, auf 4 Teller verteilen und mit je 2 Eiern auf gerösteten Ciabatta-Scheiben anrichten. Eier und Salat mit Dill garnieren.

Rezeptvariante 2: Pochierte Eier auf geröstetem Brot (pro Portion: etwa 0,95 €). Dazu 4 Scheiben Sandwichbrot toasten. Die heißen Brotscheiben dünn mit je ½ Teelöffel Pesto bestreichen und mit jeweils 2 Tomatenscheiben belegen. Die Eier wie im Rezept beschrieben pochieren (aber nicht abschrecken), sofort auf die Tomatenscheiben legen, mit etwa 25 g geriebenem Parmesan-Käse und Pfeffer bestreuen und sofort servieren.

Puffreistorte | Ohne zu backen

Insgesamt: E: 72 g, F: 166 g, Kh: 267 g, kJ: 10158, kcal: 2425, BE: 22,5

Für den Boden:

100 g weiße Kuvertüre
80 g bunter Knusper-Puffreis

Für den Belag:

375 ml (3/8 l) Milch
80 g Zucker
6 Blatt weiße Gelatine
1 Pck. Dr. Oetker Pudding-Pulver Vanille-Geschmack
100 ml Zitronensaft
200 g Schlagsahne
250 g Magerquark

Zubereitungszeit: 35 Minuten, ohne Kühlzeit

1. Für den Boden Kuvertüre grob hacken, in einem kleinen Topf im heißen Wasserbad bei schwacher Hitze unter Rühren schmelzen. Puffreis (3 Esslöffel zum Garnieren beiseitelegen) mit der Kuvertüre gut verrühren.

2. Einen Springformrand (Ø 26 cm) auf eine mit Tortenspitze oder Backpapier belegte Tortenplatte stellen.

3. Die Puffreismasse darin gleichmäßig verteilen, mit einem Löffel zu einem Boden andrücken. Den Boden in den Kühlschrank stellen.

4. Für den Belag die Milch mit Zucker in einem Topf zum Kochen bringen. Die Gelatine in kaltem Wasser nach Packungsanleitung einweichen.

5. Pudding-Pulver mit Zitronensaft anrühren, in die von der Kochstelle genommene Milch rühren und unter Rühren nochmals aufkochen lassen. Den Topf von der Kochstelle nehmen.

6. Eingeweichte Gelatine leicht ausdrücken und in dem heißen Pudding unter Rühren auflösen. Pudding in eine Schüssel geben und die Oberfläche mit Frischhaltefolie belegen. Pudding erkalten lassen.

7. Die Sahne steif schlagen. Den erkalteten Pudding nochmals durchrühren. Zuerst Quark, dann Sahne unter den Pudding heben. Die Pudding-Sahne-Creme auf den Puffreisboden geben und glatt streichen. Die Torte 2–3 Stunden in den Kühlschrank stellen.

8. Den Springformrand lösen und entfernen. Die Tortenoberfläche mit dem beiseitegelegten Puffreis garnieren, dafür z. B. mithilfe eines runden Ausstechförmchens Puffreiskreise auf die Torte streuen.

Tipps: Noch fruchtiger wird die Torte mit 1 Päckchen Dr. Oetker Finesse Geriebene Zitronenschale im Puffreisboden (Zusatzkosten: etwa 0,25 €). Anstelle der Kreise können Sie auch andere Formen auf die Torte streuen, z. B. ein Gesicht oder Herzen.

Puten-Champignon-Gulasch

Mit Alkohol

4 Portionen

Pro Portion: E: 39 g, F: 20 g, Kh: 4 g, kJ: 1525, kcal: 365, BE: 0,5

600 g	*Putenbrustfilet*
250 g	*Champignons*
1 Stange	*Porree (Lauch, etwa 200 g)*
4 EL	*Sonnenblumenöl*
	Salz, frisch gemahlener Pfeffer
250 ml (1/4 l)	*Geflügelbrühe*
70 ml	*Weißwein*
100 g	*Schlagsahne*
1 TL	*Weizenmehl*
1 EL	*Sojasauce*

Zubereitungszeit: 30 Minuten
Garzeit: etwa 15 Minuten

1. Putenbrustfilet unter fließendem kalten Wasser abspülen, trocken tupfen und in etwa 2 cm große Würfel schneiden.

2. Champignons putzen, mit Küchenpapier abreiben, evtl. abspülen, gut abtropfen lassen. Große Champignons halbieren. Porree putzen. Stange längs halbieren, gründlich waschen, abtropfen lassen, in Streifen schneiden.

3. Etwa 2 Esslöffel vom Öl in einer großen Pfanne erhitzen. Putenbrustfiletwürfel portionsweise darin von allen Seiten anbraten. Fleisch mit Salz und Pfeffer würzen, aus der Pfanne nehmen.

4. Das restliche Öl in dem verbliebenen Bratfett der Pfanne erhitzen. Champignons und Porree darin unter Rühren andünsten, dann herausnehmen.

5. Brühe und Wein in die Pfanne gießen, den Bratensatz loskochen. Das Ganze etwas einkochen lassen.

6. Die Putenbrustwürfel und das Champignon-Porree-Gemüse wieder in die Pfanne geben. Die Zutaten zum Kochen bringen und zugedeckt bei mittlerer Hitze etwa 10 Minuten garen.

7. Sahne mit Mehl anrühren und unterrühren. Gulasch unter Rühren kurz aufkochen und etwa 5 Minuten köcheln lassen.

8. Gulasch mit Salz, Pfeffer und Sojasauce abschmecken und servieren.

Tipp: Das Puten-Champignon-Gulasch schmeckt natürlich auch ohne Weißwein. Erhöhen Sie dann die Menge der Geflügelbrühe.

Beilage: Wir empfehlen Ihnen, dazu Spätzle (siehe Seite 166) zu reichen.

Putenkeule mit Cranberry-Sauce I

Zubereitung im Schnellkochtopf – mit Alkohol

4 Portionen

Pro Portion: E: 46 g, F: 33 g, Kh: 28 g, kJ: 2653, kcal: 633, BE: 2,5

1	*Putenoberkeule (etwa 1 kg)*
2	*Zwiebeln*
1	*Knoblauchzehe*
	Salz
	frisch gemahlener Pfeffer
½ TL	*Paprikapulver edelsüß*
2 EL	*Olivenöl*
300 ml	*trockener Rotwein*
1 TL	*gerebelter Thymian*
1 Pck.	*Dr. Oetker Finesse Orangenschalen-Aroma*
125 g	*getrocknete Cranberries*

Zubereitungszeit: 25 Minuten, ohne Durchziehzeit
Garzeit: 25–30 Minuten, ohne Ankochzeit

1. Die Putenkeule unter fließendem kalten Wasser abspülen und mit Küchenpapier trocken tupfen. Zwiebeln und Knoblauch abziehen und fein würfeln.

2. Die Putenkeule mit Salz, Pfeffer und Paprikapulver würzen. Olivenöl in einem offenen Schnellkochtopf erhitzen. Die Putenkeule darin rundherum gut anbraten. Zwiebel- und Knoblauchwürfel ebenfalls hinzugeben und kurz mitbraten. Rotwein hinzugießen. Thymian, Orangenschalen-Aroma und Cranberries unterrühren.

3. Den Schnellkochtopf nach Herstelleranleitung verschließen und erhitzen. Wenn die gewählte Schnellgarstufe erreicht ist, die Putenoberkeule 25–30 Minuten garen.

4. Nach der Garzeit den Topf nach Herstelleranleitung öffnen. Die Putenkeule aus dem Topf nehmen und das Fleisch vom Knochen schneiden. Das Putenfleisch mit der Sauce servieren, evtl. die Sauce nochmals mit Salz und Pfeffer abschmecken.

Hinweis: Die gewählte Schnellgarstufe kann je nach Modell, Hersteller bzw. Alter des Schnellkochtopfes unterschiedlich angezeigt werden.

Rezeptvariante: Für eine **Putenoberkeule mit Aprikosen-Sauce** (pro Portion: etwa 1,80 €) die Cranberries durch 125 g getrocknete, gewürfelte Aprikosen und den Rotwein durch trockenen Weißwein ersetzen.

Putenunterkeule, geschmort

Zubereitung im Schnellkochtopf – mit Alkohol

4–6 Portionen

Pro Portion: E: 61 g, F: 38 g, Kh: 2 g, kJ: 2116, kcal: 627, BE: 0,2

2	*Putenunterkeulen (je etwa 800 g)*
	Salz
	frisch gemahlener Pfeffer
2 TL	*getrocknete Kräuter der Provence*
2	*Knoblauchzehen*
2 EL	*Olivenöl*
250 ml (1/4 l)	*trockener Rotwein*
1 gestr. TL	*Weizenmehl*
2 EL	*Crème fraîche*

Zubereitungszeit: 25 Minuten, ohne Durchziehzeit
Garzeit: 40–45 Minuten, ohne Ankochzeit

1. Die Putenkeulen unter fließendem kalten Wasser abspülen und mit Küchenpapier trocken tupfen. Die Keulen mit Salz, Pfeffer und den Kräutern rundherum einreiben. Knoblauch abziehen und fein würfeln.

2. Olivenöl in einem offenen Schnellkochtopf erhitzen. Die Putenkeulen evtl. nacheinander darin rundherum gut anbraten. Knoblauch hinzugeben und Rotwein hinzugießen.

3. Den Schnellkochtopf nach Herstelleranleitung verschließen und erhitzen. Wenn die gewählte Schnellgarstufe erreicht ist, die Keulen 40–45 Minuten garen.

4. Nach der Garzeit den Topf nach Herstelleranleitung öffnen. Die Putenkeulen aus dem Topf nehmen und zugedeckt warm stellen. Die Bratensauce durch ein Sieb streichen und wieder in den Topf geben.

5. Mehl mit Crème fraîche verrühren und unter die Bratensauce rühren. Die Sauce kurz aufkochen und im offenen Topf etwa 5 Minuten köcheln lassen. Die Sauce mit Salz und Pfeffer abschmecken. Das Fleisch von den Keulen schneiden. Das Putenfleisch mit der Sauce servieren.

Hinweis: Die gewählte Schnellgarstufe kann je nach Modell, Hersteller bzw. Alter des Schnellkochtopfes unterschiedlich angezeigt werden.

Beilage: Reichen Sie Spaghetti oder andere Nudeln von Seite 166 dazu.

Quarkauflauf mit Äpfeln

Für Kinder

4 Portionen

Pro Portion: E: 22 g, F: 22 g, Kh: 57 g, kJ: 2178, kcal: 520, BE: 4,5

75 g weiche Butter oder Margarine
125 g Zucker
1 Pck. Dr. Oetker Vanillin-Zucker
3 Eier (Größe M)
1 Prise Salz
500 g Magerquark
1 Pck. Dr. Oetker Pudding-Pulver Vanille-Geschmack
500 g säuerliche Äpfel

Zubereitungszeit: 25 Minuten
Garzeit: 25–35 Minuten

1. Den Backofen vorheizen.
Ober-/Unterhitze: etwa 200 °C
Heißluft: etwa 180 °C

2. Die Butter oder Margarine mit Handrührgerät mit Rührbesen auf höchster Stufe geschmeidig rühren. Nach und nach Zucker, Vanillin-Zucker, Eier, Salz und Quark unterrühren.

3. Pudding-Pulver nach und nach auf mittlerer Stufe unterrühren.

4. Äpfel schälen, vierteln und entkernen. Die Hälfte der Äpfel in kleine Würfel, die andere Hälfte in Spalten schneiden. Apfelwürfel unter die Quarkmasse heben.

5. Die Masse in eine große, flache Auflaufform (gefettet, etwa 1 1/2-Liter-Inhalt) oder 4 kleine Portionsauflaufformen (gefettet, je etwa 400-ml-Inhalt) füllen und glatt streichen.

6. Die Apfelspalten auf dem Auflauf verteilen, evtl. etwas eindrücken. Die Form auf dem Rost auf mittlerer Einschubleiste in den vorgeheizten Backofen schieben. Den Quarkauflauf **25–35 Minuten garen** (in kleinen Formen braucht der Auflauf etwas weniger Zeit, in einer großen Form etwas länger).

Tipps: Wer Rosinen mag, kann noch Rosinen (50 g, etwa 0,15 €) mit den Apfelwürfeln unterheben. Bestäuben Sie den Auflauf vor dem Servieren noch mit etwas Puderzucker.

Quark-Creme-Auflauf mit Sauerkirschen | Süße Mahlzeit

4 Portionen

Pro Portion: E: 25 g, F: 9 g, Kh: 104 g, kJ: 2617, kcal: 624, BE: 8,5

2 Gläser Sauerkirschen (Abtropfgewicht je 350 g)
2 Pck. Dr. Oetker Pudding-Pulver Vanille-Geschmack
120 g Zucker
300 ml Milch
2 Eigelb (Größe M)
500 g Magerquark
2 Eiweiß (Größe M)

Für die Sauce:
500 ml (½ l) Kirschsaft (aus dem Glas)
2–3 TL Zucker

Zubereitungszeit: 35 Minuten
Garzeit: etwa 30 Minuten

1. Die Sauerkirschen in einem Sieb abtropfen lassen, dabei den Saft auffangen. Den Backofen vorheizen.
Ober-/Unterhitze: etwa 200 °C
Heißluft: etwa 180 °C

2. Vom Pudding-Pulver 20 g (2 Esslöffel) für die Sauce abnehmen und beiseitestellen. Das restliche Pudding-Pulver mit 80 g des Zuckers, 8 Esslöffeln von der Milch und Eigelb anrühren.

3. Die restliche Milch zum Kochen bringen. Das angerührte Pudding-Pulver in die von der Kochstelle genommene Milch rühren und unter ständigem Rühren einmal aufkochen lassen.

4. Quark unterrühren. Eiweiß steif schlagen, dabei nach und nach den restlichen Zucker unterschlagen. Den Eischnee unter die Puddingmasse heben.

5. Die Kirschen in eine große Auflaufform (gefettet) geben. Die Puddingmasse darauf verteilen und glatt streichen. Die Auflaufform mit Alufolie zudecken. Die Form auf dem Rost auf mittlerer Einschubleiste in den vorgeheizten Backofen schieben. Den Auflauf **etwa 30 Minuten garen.**

6. Für die Sauce den aufgefangenen Kirschsaft evtl. mit Wasser auf 500 ml (½ l) auffüllen. Beiseitegestelltes Pudding-Pulver mit Zucker und 4 Esslöffeln von dem Kirschsaft anrühren. Den restlichen Kirschsaft in einem Topf zum Kochen bringen und mit dem angerührten Pudding-Pulver binden. Die Kirschsauce heiß zum Quark-Creme-Auflauf reichen.

Quark-Eierschecke | Einfach

Insgesamt: E: 162 g, F: 147 g, Kh: 377 g, kJ: 14659, kcal: 3500, BE: 31,5

Für die Quarkmasse:

750 g Magerquark
170 g Zucker
1 Pck. Dr. Oetker Pudding-Pulver Vanille-Geschmack
2 Eier (Größe M)

Für die Eierscheckenmasse:

5 Eiweiß (Größe M)
100 g Zucker
375 ml (3/8 l) Milch
1 Pck. Dr. Oetker Pudding-Pulver Vanille-Geschmack
5 Eigelb (Größe M)
100 g Butter

Zubereitungszeit: 30 Minuten, ohne Abkühlzeit
Backzeit: 50–60 Minuten

1. Den Backofen vorheizen.
Ober-/Unterhitze: etwa 180 °C
Heißluft: etwa 160 °C

2. Für die Quarkmasse Quark, Zucker, Pudding-Pulver und Eier in eine Schüssel geben und die Zutaten mit Handrührgerät mit Rührbesen zu einer geschmeidigen Masse verrühren. Die Quarkmasse in eine Springform (Ø 26 cm, gefettet) geben und glatt streichen.

3. Für die Eierscheckenmasse Eiweiß steif schlagen. Ein Drittel des Zuckers langsam einstreuen, dabei den Eischnee weiterschlagen, bis er glänzt.

4. Von der Milch 100 ml abmessen und mit Pudding-Pulver, Eigelb und restlichem Zucker verrühren. Restliche Milch in einem Topf kurz aufkochen lassen und den Topf von der Kochstelle nehmen. Das angerührte Pudding-Pulver unterrühren und unter Rühren etwa 1 Minute aufkochen. Den Topf wieder von der Kochstelle nehmen. Butter unter den Pudding rühren. Den Eischnee in 2 Portionen kurz unterrühren.

5. Die Eierscheckenmasse löffelweise auf der Quarkmasse verteilen und glatt streichen. Die Form auf dem Rost im unteren Drittel in den vorgeheizten Backofen schieben. Den Kuchen **50–60 Minuten backen.**

6. Die Form auf einen Kuchenrost stellen und die Eierschecke in der Form erkalten lassen. Eierschecke aus der Form lösen und auf eine Tortenplatte legen.

Tipps: Nach Belieben 1 Glas Sauerkirschen (Abtropfgewicht 350 g) mit etwa 25 g angerührter Speisestärke unter Rühren aufkochen, mit Zucker abschmecken und heiß oder kalt dazureichen (Zusatzkosten: etwa 0,95 €). Statt Pudding-Pulver Vanille-Geschmack Pudding-Pulver Sahne-Geschmack verwenden.

Quarkkuchen | Für Kinder

Insgesamt: E: 229 g, F: 288 g, Kh: 714 g, kJ: 26817, kcal: 6412, BE: 59,5

Für den Streuselteig:

350 g Weizenmehl
1 gestr. TL Dr. Oetker Backin
150 g Zucker
2 Eier (Größe M)
100 g Butter oder Margarine

Für den Belag:

1 kg Magerquark
175 g Zucker
1 Pck. Dr. Oetker Vanillin-Zucker
4 Eier (Größe M)
60 g Speisestärke
400 g Schlagsahne
50 g gehobelte Mandeln

Zum Bestreuen:

2 EL Zucker
1 TL gemahlener Zimt

Zubereitungszeit: 25 Minuten
Backzeit: etwa 40 Minuten

1. Den Backofen vorheizen.
Ober-/Unterhitze: etwa 180 °C
Heißluft: etwa 160 °C

2. Für den Teig das Mehl mit Backpulver in einer Rührschüssel mischen. Zucker, Eier und Butter oder Margarine hinzufügen. Die Zutaten mit Handrührgerät mit Rührbesen zunächst kurz auf niedrigster, dann auf höchster Stufe zu Streuseln verarbeiten.

3. Die Streusel auf einem Backblech (30 x 40 cm, gefettet) verteilen und mit einem Esslöffel zu einem Boden andrücken.

4. Für den Belag Quark mit Zucker, Vanillin-Zucker, Eiern und Speisestärke gut verrühren. Sahne steif schlagen und unterheben. Die Quarkmasse auf den Streuselteig geben und glatt streichen. Mandeln darauf verteilen.

5. Das Backblech auf mittlerer Einschubleiste in den vorgeheizten Backofen schieben. Den Kuchen **etwa 40 Minuten backen.**

6. Das Backblech auf einen Kuchenrost stellen. Zucker und Zimt mischen, den noch heißen Kuchen damit bestreuen. Den Kuchen erkalten lassen.

Quiche Lorraine | Klassisch

Insgesamt: E: 180 g, F: 264 g, Kh: 180 g, kJ: 15060, kcal: 3600, BE: 18,0

Für den Knetteig:

250 g Weizenmehl
1 Msp. Dr. Oetker Backin
1 Prise Salz
1 Ei (Größe M)
2 EL kaltes Wasser
125 g weiche Butter oder Margarine

Für den Belag:

120 g durchwachsener Speck
100 g Gouda-Käse
4 Eier (Größe M)
200 g Schlagsahne
Salz
frisch gemahlener Pfeffer
frisch geriebene Muskatnuss

Zubereitungszeit: 40 Minuten
Backzeit: etwa 40 Minuten

1. Den Backofen vorheizen.
Ober-/Unterhitze: etwa 200 °C
Heißluft: etwa 180 °C

2. Für den Teig Mehl mit Backpulver in einer Rührschüssel mischen. Restliche Zutaten für den Teig hinzufügen und alles mit Handrührgerät mit Knethaken zunächst kurz auf niedrigster, dann auf höchster Stufe zu einem Teig verarbeiten. Anschließend den Teig mit den Händen zu einer Kugel formen.

3. Zwei Drittel des Teiges in der Größe eines Tarte- oder Springformbodens (Ø 26–28 cm) ausrollen und als Teigboden in die Tarte- oder Springform (gefettet) legen oder auf dem Boden der Springform ausrollen und den Springformrand darumlegen.

4. Den übrigen Teig zu einer langen Rolle formen, als Rand auf den Teigboden legen und so an die Form drücken, dass ein etwa 2 cm hoher Rand entsteht. Den Boden mehrmals mit einer Gabel einstechen. Die Form auf dem Rost auf mittlerer Einschubleiste in den vorgeheizten Backofen schieben. Den Boden **etwa 15 Minuten vorbacken.**

5. Für den Belag den Speck fein würfeln, in einem Topf andünsten und etwas abkühlen lassen. Käse in feine Streifen schneiden. Speck mit Käse, Eiern und Schlagsahne verrühren, mit Salz, Pfeffer und Muskatnuss würzen. Den Belag auf dem vorgebackenen Boden verteilen.

6. Die Form wieder auf dem Rost in den heißen Backofen schieben und bei gleicher Backofeneinstellung **weitere etwa 25 Minuten backen.**

7. Die Quiche noch warm und nach Belieben mit Kräuterblättchen garniert servieren.

Ravioli-Käse-Auflauf | Einfach

4 Portionen

Pro Portion: E: 23 g, F: 22 g, Kh: 70 g, kJ: 2412, kcal: 573, BE: 5,5

2 Dosen Ravioli in Tomatensauce (je 800 g)
1 Bund Frühlingszwiebeln
20 g Speisestärke
200 g geriebener Emmentaler Käse

Zubereitungszeit: 15 Minuten
Garzeit: etwa 40 Minuten

1. Den Backofen vorheizen.
Ober-/Unterhitze: etwa 200 °C
Heißluft: etwa 180 °C

2. Ravioli in einem Sieb abtropfen lassen, dabei die Tomatensauce auffangen. Frühlingszwiebeln putzen, abspülen, abtropfen lassen und in Ringe schneiden.

3. Speisestärke unter die Tomatensauce rühren. Dabei darauf achten, dass keine Klümpchen entstehen. Die Hälfte des Käses und zwei Drittel der Frühlingszwiebelringe unterrühren.

4. Die Ravioli in einer Auflaufform (gefettet, etwa 20 x 30 cm, etwa 2 ½-Liter-Inhalt) verteilen. Angerührte Tomatensauce gleichmäßig daraufgießen und restlichen Käse daraufstreuen.

5. Die Form auf dem Rost auf mittlerer Einschubleiste in den vorgeheizten Backofen schieben. Den Ravioli-Käse-Auflauf **etwa 40 Minuten garen.**

6. Den Auflauf aus dem Backofen nehmen, etwas abkühlen lassen und servieren.

Tipp: Statt der Dosen-Ravioli können Sie frische Käse-Tortellini (1 kg) aus dem Kühlregal verwenden, und 600 ml Tomatensauce mit Kräutern wie im Rezept beschrieben mitverarbeiten (pro Portion: etwa 1,80 €).

Reis, gedünstet | Klassisch

4 Portionen (im Foto Mitte)

Pro Portion: E: 6 g, F: 5 g, Kh: 59 g, kJ: 1287, kcal: 308, BE: 5,0

1 Zwiebel
20 g Butter oder Margarine
300 g Langkornreis
600 ml warme Gemüsebrühe
evtl. Salz

Zubereitungszeit: 10 Minuten
Garzeit: 15–20 Minuten

1. Zwiebel abziehen und in kleine Würfel schneiden.

2. Die Butter oder Margarine in einem Topf zerlassen. Zwiebelwürfel und Reis darin andünsten.

3. Brühe hinzugießen und zum Kochen bringen.

4. Reis bei schwacher Hitze zugedeckt 15–20 Minuten quellen lassen.

5. Den garen Reis evtl. mit Salz abschmecken.

Tipp: Reis als Beilage zu Fleisch- und Gemüsegerichten servieren oder für Reissalate verwenden.

Rezeptvariante 1: Für **Tomatenreis** (im Foto vorn, pro Portion: etwa 0,80 €) den Reis wie oben angegeben zubereiten. In der Zwischenzeit 800 g Tomaten enthäuten. Dazu die Tomaten kreuzweise einschneiden, kurz mit kochendem Wasser übergießen, mit kaltem Wasser abschrecken und enthäuten. Tomaten halbieren und die Stängelansätze herausschneiden. Tomaten entkernen und in Würfel schneiden. 2 Knoblauchzehen und 1 Zwiebel abziehen und fein würfeln. 3 Esslöffel Sonnenblumenöl erhitzen. Knoblauch- und Zwiebelwürfel darin andünsten. Tomatenwürfel und 1 Teelöffel getrocknete Kräuter der Provence hinzugeben. Das Ganze bei schwacher Hitze zugedeckt etwa 5 Minuten dünsten. Tomatenmasse mit Salz, Pfeffer und etwas Zucker abschmecken, mit dem gedünsteten Reis vermischen. 50 g geriebenen Gouda und 1 Esslöffel gehackte Petersilie unterrühren.

Rezeptvariante 2: Für **Curryreis** (im Foto hinten, pro Portion: etwa 0,25 €) Zwiebelwürfel und Reis wie oben angegeben andünsten. 1 Esslöffel Currypulver daraufstreuen und kurz mitdünsten lassen. Dann die Brühe hinzugießen. Reis wie angegeben garen.

Reisauflauf mit Hähnchenstreifen | Beliebt

4 Portionen

Pro Portion: E: 44 g, F: 21 g, Kh: 59 g, kJ: 2541, kcal: 607, BE: 5,0

1	*Zwiebel*
1 EL	*Olivenöl*
250 g	*Langkornreis*
600 ml	*Gemüsebrühe*
500 g	*Hähnchenbrustfilet*
2 EL	*Olivenöl*
50 g	*getrocknete Aprikosen*
20 g	*Sonnenblumenkerne*
1–2 Msp.	*Kreuzkümmel (Cumin)*
	Salz
	frisch gemahlener Pfeffer
1 Dose	*stückige Tomaten (400 g)*
100 g	*geriebener Gouda-Käse*

Zubereitungszeit: 30 Minuten
Garzeit: etwa 30 Minuten

1. Zwiebel abziehen und würfeln. Olivenöl in einem Topf erhitzen. Zwiebelwürfel und Reis dazugeben und kurz unter Rühren andünsten. Brühe hinzugießen, zum Kochen bringen. Den Reis zugedeckt bei schwacher Hitze etwa 15 Minuten quellen lassen.

2. In der Zwischenzeit Hähnchenbrustfilet unter fließendem kalten Wasser abspülen, trocken tupfen und in Streifen schneiden.

3. Olivenöl in einer Pfanne erhitzen. Die Hähnchenstreifen darin unter Rühren anbraten. Aprikosen fein würfeln und mit der Hälfte der Sonnenblumenkerne zu den Hähnchenstreifen geben. Die Hähnchenmischung mit Kreuzkümmel, Salz und Pfeffer würzen.

4. Den Backofen vorheizen.
Ober-/Unterhitze: etwa 200 °C
Heißluft: etwa 180 °C

5. Den Reis in eine Auflaufform (gefettet) geben. Die stückigen Tomaten und die Hähnchenmischung unterrühren. Restliche Sonnenblumenkerne und Käse daraufstreuen.

6. Die Form auf dem Rost auf mittlerer Einschubleiste in den vorgeheizten Backofen schieben. Den Auflauf **etwa 30 Minuten garen.**

Rindfleischbrühe I

Gut vorzubereiten
6–8 Portionen

Pro Portion: etwa
1,15 €

Pro Portion: E: 20 g, F: 9 g, Kh: 3 g, kJ: 732, kcal: 175, BE: 0,0

1 kg Rindfleisch, z. B. Bug, Querrippe (möglichst mit Knochen oder zusätzlich 1–2 Markknochen)
2–3 l kaltes Wasser, 1 EL Salz
1 Bund Suppengrün (Möhre, Porree, Sellerie)
2 mittelgroße Zwiebeln
1 TL Pfefferkörner
1 Lorbeerblatt

Zubereitungszeit: 30 Minuten, ohne Kühlzeit
Garzeit: 2–2 ½ Stunden

1. Rindfleisch und Knochen unter fließendem kalten Wasser abspülen und mit Wasser bedeckt in einen großen Topf geben. Das Ganze ohne Deckel zum Kochen bringen.

2. Den Schaum mit einer Schaumkelle abschöpfen. Salz in den Topf geben. Das Rindfleisch zugedeckt 2–2 ½ Stunden bei mittlerer Hitze kochen lassen.

3. In der Zwischenzeit Suppengrün putzen, schälen, abspülen und abtropfen lassen. Zwiebeln abziehen. Suppengrün und Zwiebeln etwas zerkleinern.

4. Nach etwa 1 Stunde Garzeit Suppengrün, Zwiebelstücke und Gewürze hinzufügen, mitkochen lassen.

5. Nach etwa 2 ½ Stunden Garzeit das Rindfleisch herausnehmen. Die Brühe durch ein feines Sieb gießen. Die Brühe mit Salz abschmecken.

6. Für eine fettarme Brühe die Brühe abkühlen lassen. Die Brühe dann mindestens 4 Stunden zugedeckt in den Kühlschrank stellen. Mit einem Löffel das kalte erstarrte Fett auf der Oberfläche der Brühe abheben.

Tipp: Das gekochte Rindfleisch, das Sie unter Punkt 5 aus der Brühe nehmen, kann vom Knochen gelöst, von Fett und Sehnen befreit und in kleine Stücke geschnitten, wieder als Einlage in die Brühe gegeben werden.

Rezeptvariante: Für eine einfache **Rindfleischbrühe mit Gemüseeinlage** (Foto, 3–4 Portionen, pro Portion: etwa 1,35 €) ½ Bund Suppengrün putzen, abspülen, abtropfen lassen, in dünne Streifen schneiden und etwa 10 Minuten in der Brühe garen. ½ Bund Petersilie abspülen, trocken tupfen, Blättchen abzupfen und hacken. Die Brühe damit bestreuen.

Rösti, überbacken | Schnell

4 Portionen

Pro Portion: E: 15 g, F: 43 g, Kh: 66 g, kJ: 2977, kcal: 711, BE: 5,0

4 Tomaten
200 g kleine Champignons
2 Zwiebeln
1 Bund Petersilie

2 EL Speiseöl, z. B. Olivenöl
1 kg TK-Rösti
4 Scheiben Gouda-Käse (je etwa 30 g)
Salz
frisch gemahlener Pfeffer

2 EL Speiseöl, z. B. Olivenöl

Zubereitungszeit: 30 Minuten
Überbackzeit: etwa 5 Minuten

1. Die Tomaten abspülen, abtrocknen, halbieren und die Stängelansätze herausschneiden. Die Tomaten in Scheiben schneiden. Die Champignons putzen, mit Küchenpapier abreiben, evtl. abspülen und ebenfalls in Scheiben schneiden. Zwiebeln abziehen und in Würfel schneiden.

2. Petersilie abspülen und trocken tupfen. 4 Stängel zum Garnieren beiseitelegen. Von der restlichen Petersilie die Blättchen von den Stängeln zupfen und die Blättchen fein schneiden.

3. Den Backofen vorheizen.
Ober-/Unterhitze: etwa 180 °C
Heißluft: etwa 160 °C

4. Das Speiseöl in einer großen Pfanne erhitzen. Die Rösti darin portionsweise von beiden Seiten nach Packungsanleitung braten. Gebratene Rösti in Dreiergruppen auf ein Backblech (gefettet) legen, mit Salz und Pfeffer bestreuen.

5. Die Rösti zuerst mit Tomatenscheiben, dann mit den Käsescheiben belegen und nach Belieben nochmals mit Pfeffer bestreuen.

6. Das Backblech auf mittlerer Einschubleiste in den vorgeheizten Backofen schieben und die Rösti **etwa 5 Minuten überbacken.**

7. In der Zwischenzeit das Speiseöl in einer Pfanne erhitzen. Die Zwiebelwürfel darin anbraten. Champignonscheiben hinzufügen und unter Rühren bei mittlerer Hitze anbraten, mit Salz und Pfeffer würzen.

8. Die überbackenen Rösti mit den gebratenen Champignons anrichten, mit der Petersilie bestreuen und den beiseitegelegten Petersilienstängeln garnieren.

Rühreier auf Vollkorntoast | Schnell

4 Portionen

Pro Portion: E: 18 g, F: 20 g, Kh: 14 g, kJ: 1289, kcal: 307, BE: 1,0

8 Eier (Größe M)
8 EL Milch
Salz, frisch gemahlener Pfeffer
30 g Margarine
2 Tomaten
1/2 Bund Schnittlauch
4 Scheiben Vollkorn-Toastbrot (je etwa 25 g)

Zubereitungszeit: 20 Minuten

1. Die Eier mit Milch verschlagen, mit Salz und Pfeffer würzen.

2. Margarine in einer Pfanne auf mittlerer Stufe zerlassen. Die Eiermilch hineingeben.

3. Sobald die Masse zu stocken beginnt, diese strichweise mit einem Pfannenwender oder Spatel vom Boden lösen und vom Pfannenrand zur Mitte schieben.

4. Die Eiermasse so lange weitererhitzen, bis keine Flüssigkeit mehr vorhanden ist (etwa 5 Minuten). Das Rührei sollte weich und großflockig, aber nicht trocken sein.

5. Die Tomaten abspülen, abtrocknen, halbieren und die Stängelansätze herausschneiden. Tomaten in Scheiben schneiden. Schnittlauch abspülen und trocken schütteln. Schnittlauch mit einer Schere in Röllchen schneiden.

6. Toast in einem Toaster rösten. Das Rührei auf den Toasts verteilen. Tomatenscheiben darauflegen.

7. Die Rührei-Toasts mit Schnittlauchröllchen bestreuen und servieren.

Rührteig-Kastenkuchen |

Einfach – gefriergeeignet

Insgesamt: E: 60 g, F: 240 g, Kh: 375 g, kJ: 16560, kcal: 3960, BE: 30,0

Für den Rührteig:

250 g	*weiche Butter oder Margarine*
150 g	*Zucker*
1 Pck.	*Dr. Oetker Vanillin-Zucker*
1 Prise	*Salz*
4	*Eier (Größe M)*
300 g	*Weizenmehl*
4 gestr. TL	*Dr. Oetker Backin*
2 EL	*Milch*

Zubereitungszeit: 20 Minuten
Backzeit: etwa 60 Minuten

1. Den Backofen vorheizen.
Ober-/Unterhitze: etwa 180 °C
Heißluft: etwa 160 °C

2. Für den Teig Butter oder Margarine mit Handrührgerät mit Rührbesen auf höchster Stufe geschmeidig rühren. Nach und nach Zucker, Vanillin-Zucker und Salz unterrühren. So lange rühren, bis eine gebundene Masse entstanden ist. Eier nach und nach unterrühren (jedes Ei etwa ½ Minute).

3. Mehl mit Backpulver mischen und abwechselnd mit der Milch in 2 Portionen kurz auf mittlerer Stufe unterrühren.

4. Den Teig in einer Kastenform (25 x 11 cm, gefettet, bemehlt) verteilen und glatt streichen. Die Form auf dem Rost im unteren Drittel in den vorgeheizten Backofen schieben. Den Kastenkuchen **etwa 60 Minuten backen.**

5. Nach etwa 15 Minuten Backzeit den Kuchen mit einem spitzen Messer der Länge nach in der Mitte etwa 1 cm tief einschneiden.

6. Den Kuchen etwa 10 Minuten in der Form stehen lassen, dann aus der Form lösen und auf einen Kuchenrost stürzen. Kuchen erkalten lassen.

Tipps: Verfeinern Sie den Kuchen, indem Sie 100 g gehackte Nusskerne (Zusatzkosten: etwa 1,- €) oder 100 g gehackte Schokolade (Zusatzkosten: etwa 0,70 €) zusätzlich unter den Teig heben. Sie können den Rührteig-Kastenkuchen auch in einer Gugelhupfform (Ø 22–24 cm, gefettet, bemehlt) backen. Geben Sie dann zusätzlich noch 100 g Krokant unter den Teig. Den Kastenkuchen 45–55 Minuten backen (pro Kuchen: etwa 2,90 €). Der Kuchen kann schon am Vortag gebacken werden. Den ausgekühlten Kuchen gut verpacken und kühl aufbewahren.

Russisch-Brot-Torte | Einfach

Insgesamt: E: 69 g, F: 264 g, Kh: 558 g, kJ: 20658, kcal: 4937, BE: 46,5

Zum Vorbereiten:
1 Glas Sauerkirschen (Abtropfgewicht 370 g)
100 g Russisch Brot (Gebäck in Buchstabenform)

Für den Rührteig:
200 g weiche Butter oder Margarine
170 g Zucker
4 Eier (Größe M)
220 g Weizenmehl
3 gestr. TL Dr. Oetker Backin

Für den Guss:
1 Pck. ungezuckerter Tortenguss, klar
250 ml (1/4 l) Kirschsaft (aus dem Glas)
20 g Zucker

Zum Garnieren:
200 g Schlagsahne
1 EL gesiebter Puderzucker

Zubereitungszeit: 30 Minuten, ohne Kühlzeit
Backzeit: etwa 40 Minuten

1. Zum Vorbereiten Sauerkirschen in einem Sieb abtropfen lassen, dabei den Saft für den Guss auffangen und 250 ml (1/4 l) davon abmessen. Vom Russisch Brot 12 ganze Buchstaben zum Garnieren beiseitelegen. Die restliche Buchstaben in einen Gefrierbeutel geben und den Beutel verschließen. Russisch Brot mit einer Teigrolle fein zerbröseln.

2. Den Backofen vorheizen.
Ober-/Unterhitze: etwa 180 °C
Heißluft: etwa 160 °C

3. Für den Teig Butter oder Margarine mit Handrührgerät mit Rührbesen auf höchster Stufe geschmeidig rühren. Zucker nach und nach unterrühren, so lange rühren, bis eine gebundene Masse entstanden ist. Eier nach und nach unterrühren (jedes Ei etwa 1/2 Minute).

4. Mehl mit Backpulver mischen, in 2 Portionen kurz auf mittlerer Stufe unterrühren. Russisch-Brot-Brösel unterrühren. Kirschen unterheben.

5. Den Teig in eine Springform (Ø 26 cm, gefettet) füllen und glatt streichen. Die Form auf dem Rost im unteren Drittel in den vorgeheizten Backofen schieben. Die Torte **etwa 40 Minuten backen.**

6. Die Form auf einen Kuchenrost stellen und etwa 10 Minuten abkühlen lassen. Dann den Rand der Springform lösen und entfernen. Die Torte erkalten lassen, vom Springformboden lösen und auf eine Platte legen.

7. Für den Guss aus Tortengusspulver, abgemessenem Saft und Zucker nach Packungsanleitung einen Guss zubereiten. Guss spiralförmig auf der Torte verteilen. Torte etwa 1 Stunde in den Kühlschrank stellen.

8. Zum Garnieren die Sahne mit Puderzucker steif schlagen, in einen Spritzbeutel mit Lochtülle (Ø etwa 10 mm) füllen. 12 gleich große Tupfen, für jedes Tortenstück einen, am Rand der Tortenoberfläche aufspritzen. Jeweils einen beiseitegelegten Russisch-Brot-Buchstaben daransetzen.

Russischer Hackfleischtopf I

Gut vorzubereiten

4 Portionen

Pro Portion: E: 28 g, F: 26 g, Kh: 7 g, kJ: 1581, kcal: 377, BE: 0,5

2	*große Zwiebeln*
2 EL	*Speiseöl, z. B. Sonnenblumenöl*
500 g	*Gehacktes vom Rind*
1 Stange	*Porree (Lauch)*
400 g	*passierte Tomaten*
250 ml (1/4 l)	*Fleischbrühe*
1 TL	*mittelscharfer Senf*
1 TL	*Paprikapulver edelsüß*
	Salz
	frisch gemahlener Pfeffer
150 g	*saure Sahne*

Zubereitungszeit: 25 Minuten
Garzeit: etwa 15 Minuten

1. Zwiebeln abziehen und fein würfeln. Speiseöl in einem Brattopf erhitzen. Die Zwiebelwürfel darin andünsten.

2. Das Gehackte in den Topf geben und unter Rühren so lange braten, bis es leicht braun und krümelig ist, dazu die Fleischklümpchen mit einer Gabel zerdrücken.

3. Porree putzen. Die Stange längs halbieren, gründlich waschen, abtropfen lassen, in Streifen schneiden. Die Porreestreifen mit passierten Tomaten, Fleischbrühe, Senf und Gewürzen zu dem Gehackten geben, zum Kochen bringen.

4. Den Hackfleischtopf zugedeckt etwa 15 Minuten bei schwacher Hitze garen, häufig umrühren.

5. Den Hackfleischtopf nochmals mit den Gewürzen abschmecken. Die saure Sahne erst kurz vor dem Servieren darübergießen.

Tipps: Der Hackfleischtopf eignet sich zum Einfrieren, dann die saure Sahne erst nach dem Auftauen und Erwärmen zugeben. Garnieren Sie den Hackfleischtopf nach Belieben zusätzlich mit 1 Esslöffel gehackten Kräutern, z. B. glatter Petersilie oder Oregano.

Beilage: Dazu Reis von Seite 204 servieren.

Sägespänekuchen | Einfach

Insgesamt: E: 80 g, F: 578 g, Kh: 607 g, kJ: 33224, kcal: 7940, BE: 50,0

Für den All-in-Teig:

150 g Weizenmehl
50 g Speisestärke
15 g Kakaopulver
4 gestr. TL Dr. Oetker Backin
200 g Zucker
1 Pck. Dr. Oetker Vanillin-Zucker
1 Prise Salz
4 Eier (Größe M)
200 g weiche Butter oder Margarine
2–3 EL Milch

Für die Buttercreme:

1 Pck. Dr. Oetker Pudding-Pulver Vanille-Geschmack
500 ml (1/2 l) Milch
75 g Zucker
200 g weiche Butter

Für den Belag:

75 g Butter
100 g Zucker
200 g Kokosraspel

Zubereitungszeit: 45 Minuten, ohne Abkühlzeit
Backzeit: etwa 20 Minuten

1. Den Backofen vorheizen.
Ober-/Unterhitze: etwa 180 °C
Heißluft: etwa 160 °C

2. Für den Teig Mehl mit Speisestärke, Kakao und Backpulver in einer Rührschüssel mischen. Restliche Zutaten hinzufügen und mit Handrührgerät mit Rührbesen zunächst kurz auf niedrigster, dann auf höchster Stufe in etwa 2 Minuten zu einem glatten Teig verarbeiten.

3. Den Teig auf ein Backblech (30 x 40 cm, gefettet) geben und glatt streichen. Das Backblech auf mittlerer Einschubleiste in den vorgeheizten Backofen schieben. Den Boden **etwa 20 Minuten backen.**

4. Backblech auf einen Kuchenrost stellen. Kuchenboden erkalten lassen.

5. Für die Buttercreme einen Pudding nach Packungsanleitung aus Pudding-Pulver und Milch, aber nur mit 75 g Zucker zubereiten und sofort in eine Schüssel geben. Frischhaltefolie direkt auf den Pudding legen, damit sich keine Haut bildet, und den Pudding bei Zimmertemperatur erkalten lassen.

6. Die Butter mit Handrührgerät mit Rührbesen geschmeidig rühren, dann den Pudding esslöffelweise unterrühren. Dabei darauf achten, dass Pudding und Butter Zimmertemperatur haben, da die Creme sonst gerinnt. Die Buttercreme auf den Kuchen geben, glatt streichen und fest werden lassen.

7. Für den Belag die „Sägespäne" zubereiten. Dazu Butter in einem Topf zerlassen. Zucker und Kokosraspel hinzufügen und unter Rühren leicht bräunen. „Sägespäne" etwas abkühlen lassen und gleichmäßig auf die Buttercreme streuen, evtl. leicht andrücken.

Tipp: Ohne „Sägespäne" lässt sich der Kuchen gut einfrieren.

Salami-Oliven-Kuchen I

Gut vorzubereiten

Insgesamt: E: 78 g, F: 197 g, Kh: 165 g, kJ: 11444, kcal: 2733, BE: 13,0

Zum Vorbereiten:

70 g schwarze Oliven, ohne Stein
150 g Salami, in dünnen Scheiben

Für den Teig:

200 g Weizenmehl (Type 550)
3 gestr. TL Dr. Oetker Backin
1 gestr. TL Salz
1 TL gerebelter Oregano
150 ml Buttermilch
3 Eier (Größe M)
100 ml Olivenöl

Zubereitungszeit: 35 Minuten
Backzeit: 50–60 Minuten

1. Zum Vorbereiten Oliven in einem Sieb abtropfen lassen und in dünne Ringe schneiden. Salami in kurze, schmale Streifen schneiden.

2. Den Backofen vorheizen.
Ober-/Unterhitze: etwa 180 °C
Heißluft: etwa 160 °C

3. Für den Teig das Mehl mit Backpulver, Salz und Oregano in eine Rührschüssel geben und mit einem Schneebesen verrühren. Buttermilch, Eier und Olivenöl hinzufügen, mit Handrührgerät mit Rührbesen unterrühren. Olivenringe und drei Viertel der Salamistreifen unterrühren.

4. Den Teig in eine Kastenform (25 x 11 cm, gefettet, mit Semmelbröseln ausgestreut) füllen, glatt streichen und mit restlichen Salamistreifen bestreuen. Die Form auf dem Rost im unteren Drittel in den vorgeheizten Backofen schieben. Den Kuchen **50–60 Minuten backen.**

5. Die Form auf einen Kuchenrost stellen. Den Kuchen etwa 10 Minuten in der Form stehen lassen, dann auf einen mit Backpapier belegten Kuchenrost stürzen. Den Kuchen umdrehen und erkalten lassen.

Tipp: Der Kuchen eignet sich auch für ein Picknick zum Mitnehmen.

Rezeptvariante: Für einen **Schinken-Champignon-Kuchen** (pro Kuchen: etwa 3,15 €) die Salami durch 125 g gewürfelten Schinken und die Oliven durch 170 g gut abgetropfte Champignonscheiben aus dem Glas ersetzen. Den pikanten Kuchen nach Belieben statt mit Oregano mit 1 Teelöffel italienischer Kräutermischung würzen.

Salzkartoffeln | Klassisch

4 Portionen (im Foto hinten)

Pro Portion: E: 4 g, F: 0 g, Kh: 30 g, kJ: 596, kcal: 142, BE: 2,5

1 kg Kartoffeln
1 TL Salz

Zubereitungszeit: 15 Minuten
Garzeit: 20–25 Minuten

1. Kartoffeln schälen, evtl. schlechte Stellen entfernen. Kartoffeln abspülen und abtropfen lassen.

2. Die größeren Kartoffeln ein- oder zweimal durchschneiden.

3. Kartoffeln in einen Topf geben und so viel Wasser hinzugießen, dass die Kartoffeln knapp bedeckt sind. Die Kartoffeln zugedeckt zum Kochen bringen. Salz hinzufügen. Die Kartoffeln in 20–25 Minuten gar kochen.

4. Die Kartoffeln abgießen. Kartoffeln im offenen Topf unter leichtem Schütteln abdämpfen.

Beilage: Salzkartoffeln passen gut zu Fleisch- und Fischgerichten mit Sauce.

Rezeptvariante: Für **Petersilienkartoffeln** (im Foto vorn, pro Portion: etwa 0,30 €) die Kartoffeln wie die Salzkartoffeln zubereiten und in 20–30 g zerlassener Butter und 1–2 Esslöffeln gehackter Petersilie (etwa 1/2 Bund) schwenken.

Sauerkirsch-Frischkäse-Torte I

Schnell – ohne zu backen

Insgesamt: E: 59 g, F: 308 g, Kh: 296 g, kJ: 17748, kcal: 4240, BE: 24,5

Für den Boden:

150 g Löffelbiskuits
125 g Butter

Für die Füllung:

1 Glas Sauerkirschen (Abtropfgewicht 350 g)
3 Blatt weiße Gelatine
200 g Doppelrahm-Frischkäse
400 g Schlagsahne
50 g Zucker
2 EL Zitronensaft

Für den Guss:

250 ml (1/4 l) Sauerkirschsaft (aus dem Glas)
1 Pck. ungezuckerter Tortenguss, klar
1 EL Zucker

Zubereitungszeit: 35 Minuten, ohne Kühlzeit

1. Für den Boden Löffelbiskuits in einen Gefrierbeutel geben. Beutel verschließen. Die Löffelbiskuits mit einer Teigrolle fein zerbröseln und in eine Rührschüssel geben. Butter zerlassen, zu den Bröseln geben und gut verrühren.

2. Einen Springformrand (Ø 26 cm) auf eine mit Tortenspitze oder Backpapier belegte Tortenplatte stellen. Die Bröselmasse darin gleichmäßig verteilen und mit einem Löffel gut zu einem Boden andrücken. Den Tortenboden in den Kühlschrank stellen.

3. Für die Füllung Kirschen in einem Sieb abtropfen lassen, dabei den Saft auffangen. 250 ml (1/4 l) davon abmessen, evtl. mit Wasser auffüllen. Die Kirschen auf dem Bröselboden verteilen.

4. Die Gelatine nach Packungsanleitung einweichen. Frischkäse mit 100 g Sahne, Zucker und Zitronensaft verrühren. Eingeweichte Gelatine leicht ausdrücken und in einem kleinen Topf unter Rühren bei schwacher Hitze auflösen. Gelatine mit 2–3 Esslöffeln der Frischkäsemasse verrühren, dann unter die restliche Frischkäsemasse rühren. Die Masse in den Kühlschrank stellen.

5. Sobald die Masse anfängt dicklich zu werden, die restliche Sahne steif schlagen und unter die Frischkäsemasse heben. Die Frischkäsecreme auf den Kirschen verstreichen. Die Torte etwa 1 Stunde in den Kühlschrank stellen.

6. Für den Guss aus Sauerkirschsaft, Tortengusspulver und Zucker einen Guss nach Packungsanleitung zubereiten. Dann den Guss auf die Frischkäsecreme geben und mithilfe eines Löffelstiels ein Marmormuster durch den Guss ziehen und die Torte mindestens 1 Stunde in den Kühlschrank stellen.

Sauerkrautsuppe mit Cabanossi

Zubereitung im Schnellkochtopf

4 Portionen

Pro Portion: E: 17 g, F: 29 g, Kh: 25 g, kJ: 1826, kcal: 437, BE: 2,0

2 Zwiebeln
1 Knoblauchzehe
300 g Cabanossi
750 g frisches Sauerkraut
500 g festkochende Kartoffeln
2 EL Speiseöl, z. B. Sonnenblumenöl
1 EL Tomatenmark
1 EL Paprikapulver edelsüß
1 1/4 l Fleischbrühe
1 rote Paprikaschote
frisch gemahlener Pfeffer
1/2–1 TL Chiliflocken oder Cayennepfeffer
2 TL Zucker

Zubereitungszeit: 30 Minuten
Garzeit: etwa 19 Minuten, ohne Ankochzeit

1. Zwiebeln und Knoblauch abziehen und würfeln. Cabanossi in Scheiben schneiden. Sauerkraut abtropfen lassen und fein schneiden oder hacken. Kartoffeln schälen, abspülen, abtropfen lassen und in Würfel schneiden.

2. Speiseöl in einem offenen Schnellkochtopf erhitzen. Die Cabanossischeiben, Zwiebel- und Knoblauchwürfel darin unter Rühren anbraten. Tomatenmark und Paprikapulver unterrühren.

3. Sauerkraut mit in den Topf geben und kurz andünsten. Kartoffelwürfel hinzugeben und unterrühren. Die Brühe hinzugießen.

4. Dann den Schnellkochtopf nach Herstelleranleitung verschließen und erhitzen. Wenn die gewählte Schnellgarstufe erreicht ist, die Zutaten etwa 8 Minuten garen.

5. In der Zwischenzeit die Paprikaschote halbieren, entstielen, entkernen und die weißen Scheidewände entfernen. Schote abspülen, abtropfen lassen und in Streifen schneiden.

6. Nach der Garzeit den Topf nach Herstelleranleitung öffnen. Paprikastreifen unterrühren und die Suppe im offenen Topf weitere etwa 3 Minuten kochen lassen.

7. Die Suppe mit Pfeffer, Chiliflocken oder Cayennepfeffer und Zucker abschmecken und servieren.

Hinweis: Die gewählte Schnellgarstufe kann je nach Modell, Hersteller bzw. Alter des Schnellkochtopfes unterschiedlich angezeigt werden.

Schafkäse-Tomaten-Pfännchen I

Vegetarisch
4 Portionen

Pro Portion: E: 10 g, F: 25 g, Kh: 3 g, kJ: 1125, kcal: 268, BE: 0,2

4 große Tomaten
200 g Schafkäse
1/2 Bund glatte Petersilie
6 EL Olivenöl
gemahlener weißer Pfeffer
Kräuter-Gewürzsalz

Außerdem:

Alufolie

Zubereitungszeit: 35 Minuten
Grillzeit: 10–12 Minuten

1. Tomaten abspülen, abtrocknen, halbieren und die Stängelansätze herausschneiden. Die Tomatenhälften in Scheiben schneiden. Den Schafkäse ebenfalls in Scheiben schneiden. Petersilie abspülen, abtropfen lassen und die Blättchen von den Stängeln zupfen. Blättchen klein schneiden.

2. Aus doppelt gefalteter Alufolie 4 rechteckige Formen falten (etwa 8 x 12 cm) und mit etwas von dem Öl auspinseln.

3. Käse, Tomaten und zerkleinerte Petersilie dachziegelartig einschichten und mit Pfeffer und Kräuter-Gewürzsalz bestreuen. Die Alupfännchen 10–12 Minuten auf den heißen Grillrost legen.

4. Die Pfännchen mit dem restlichen Öl beträufeln.

Tipp: Servieren Sie zusätzlich 4 Brötchen dazu (zusätzlich je Brötchen: etwa 0,30 €).

Rezeptvariante: Für **Zucchini-Käse-Pfännchen** (pro Portion: etwa 1,- €) 4 kleine Zucchini (etwa 600 g) putzen, abspülen und abtrocknen. Enden abschneiden. Die Zucchini längs bis kurz vor dem Ende dreimal einschneiden. In jeden Zucchinieinschnitt 1 längs halbierte Scheibe Raclette-Käse (6 Scheiben) stecken. Die Zucchini mit Salz und Pfeffer würzen. Die Alupfännchen mit 1–2 Esslöffeln Öl ausstreichen. Die Zucchinifächer darauflegen. Die Pfännchen auf den heißen Grill legen und etwa 15 Minuten garen. Anschließend die Pfännchen mit Paprikapulver bestreuen und servieren.

Schmandkuchen | Beliebt

Insgesamt: E: 49 g, F: 157 g, Kh: 441 g, kJ: 14291, kcal: 3411, BE: 37,0

Für den Knetteig:

175 g Weizenmehl
60 g Zucker
1 Pck. Dr. Oetker Vanillin-Zucker
1 Ei (Größe M)
100 g Butter oder Margarine

Für den Belag:

1 Pck. Dr. Oetker Pudding-Pulver Vanille-Geschmack
60 g Zucker
400 ml Milch
200 g Schmand (Sauerrahm)
2 Dosen Mandarinen (Abtropfgewicht je 175 g)

Für den Guss und zum Bestäuben:

1 Pck. ungezuckerter Tortenguss, klar
1 TL Zucker
250 ml (1/4 l) Mandarinensaft (aus den Dosen)
1 TL Puderzucker

Zubereitungszeit: 40 Minuten, ohne Kühlzeit
Backzeit: 60–70 Minuten

1. Den Backofen vorheizen.
Ober-/Unterhitze: etwa 200 °C
Heißluft: etwa 180 °C

2. Für den Knetteig Mehl in eine Rührschüssel geben. Restliche Zutaten hinzugeben und mit Handrührgerät mit Knethaken zunächst kurz auf niedrigster, dann auf höchster Stufe gut durcharbeiten. Anschließend den Teig auf der leicht bemehlten Arbeitsfläche kurz verkneten. Sollte er kleben, ihn in Frischhaltefolie gewickelt eine Zeit lang in den Kühlschrank stellen.

3. Zwei Drittel des Teiges auf einem Springformboden (Ø 26 cm, gefettet) ausrollen und mehrmals mit einer Gabel einstechen. Springformrand darumstellen. Die Form auf dem Rost auf mittlerer Einschubleiste in den vorgeheizten Backofen schieben. Den Boden **etwa 10 Minuten vorbacken.**

4. Den Boden in der Form auf einen Kuchenrost stellen und erkalten lassen. Die Backofentemperatur um 20 °C auf Ober-/Unterhitze: etwa 180 °C, Heißluft: etwa 160 °C herunterschalten.

5. Für den Belag aus Pudding-Pulver, Zucker und Milch nach Packungsanleitung, aber nur mit 400 ml Milch einen Pudding zubereiten. Den Pudding unter gelegentlichem Umrühren etwas abkühlen lassen. Schmand unterrühren. Mandarinen in einem Sieb abtropfen lassen, dabei den Saft auffangen und 250 ml (1/4 l) für den Guss abmessen, evtl. mit Wasser ergänzen.

6. Den restlichen Knetteig zu einer Rolle formen, als Rand auf den Boden legen und so an die Form drücken, dass ein etwa 3 cm hoher Rand entsteht. Die Puddingcreme in der Form verstreichen und mit den abgetropften Mandarinen belegen. Die Form auf dem Rost in den Backofen schieben. Den Kuchen **weitere 50–60 Minuten backen.**

7. Die Form etwa 5 Minuten auf einem Kuchenrost stehen lassen. Dann den Kuchen vorsichtig aus der Form lösen und auf einem mit Backpapier belegten Kuchenrost erkalten lassen.

8. Für den Guss aus Tortengusspulver, Zucker und Mandarinensaft nach Packungsanleitung einen Guss zubereiten. Guss auf dem Kuchen verteilen und etwa 30 Minuten in den Kühlschrank stellen. Vor dem Servieren den Kuchen am Rand mit Puderzucker bestäuben.

Pro Kuchen: etwa
2,95 €

Schneekönigin-Eistorte

Für Gäste – gut vorzubereiten – ohne zu backen

Insgesamt: E: 64 g, F: 435 g, Kh: 513 g, kJ: 26104, kcal: 6240, BE: 43,0

Für den Boden:

175 g Löffelbiskuits
125 g Butter

Zum Bestreichen:

100 g Zartbitter-Schokolade

Für die Creme:

100 g weiße Schokolade
800 g Schlagsahne
75 g Zucker
1 Pck. Dr. Oetker Vanillin-Zucker
1 Pck. Dr. Oetker Finesse Geriebene Zitronenschale
200 g Schaumgebäck (Mini-Meringues/ Mini-Baiser, nach Möglichkeit in Tropfenform)

Zubereitungszeit: 45 Minuten, ohne Kühl- und Gefrierzeit

1. Für den Boden Löffelbiskuits in einen Gefrierbeutel geben. Den Beutel verschließen. Löffelbiskuits mit einer Teigrolle fein zerbröseln und in eine Rührschüssel geben. Butter zerlassen, zu den Bröseln geben und gut verrühren.

2. Einen Springformrand (Ø 26 cm) auf eine mit Tortenspitze oder Backpapier belegte Tortenplatte stellen. Die Bröselmasse darin gleichmäßig verteilen und mit einem Löffel gut zu einem Boden andrücken. Tortenboden in den Kühlschrank stellen.

3. Zum Bestreichen Schokolade in Stücke brechen, in einem kleinen Topf im heißen Wasserbad bei schwacher Hitze unter Rühren schmelzen. Die Schokolade etwas abkühlen lassen.

4. Den Tortenboden mit einem Teil der Schokolade bestreichen. Schokolade fest werden lassen. Restliche Schokolade dünn auf ein Stück Backpapier streichen und zum Garnieren beiseitelegen (nicht kalt stellen).

5. Für die Creme weiße Schokolade in Stücke brechen, in einem kleinen Topf im heißen Wasserbad bei schwacher Hitze unter Rühren schmelzen, dann abkühlen lassen. Sahne mit Zucker, Vanillin-Zucker und Zitronenschale steif schlagen. Schaumgebäckstücke (8–10 Stück beiseitelegen) vierteln, mit der geschmolzenen Schokolade unter die Sahne heben. Die Creme auf dem Bröselboden verteilen und mit einem Löffel wellenartig verzieren.

6. Beiseitegelegtes Schaumgebäck dekorativ auf der Torte verteilen. Torte in den Gefrierschrank stellen und mindestens 5 Stunden gefrieren lassen.

7. Die Torte aus dem Gefrierschrank nehmen. Den Springformrand lösen und entfernen. Die beiseitegelegte Schokolade in Locken vom Backpapier schaben. Die Torte damit garnieren.

Tipps: Lassen Sie die Torte vor dem Servieren etwa 15 Minuten antauen. Aufgetaute Eistorte nicht noch einmal einfrieren.

Schoko-Kirsch-Gugelhupf I

Schnell

Insgesamt: E: 74 g, F: 215 g, Kh: 486 g, kJ: 17526, kcal: 4182, BE: 40,5

Zum Vorbereiten:

1 Glas Sauerkirschen (Abtropfgewicht 350 g)

Für den All-in-Teig:

200 g Weizenmehl
2 Pck. Dr. Oetker Pudding-Pulver Schokoladen-Geschmack
1 Pck. Dr. Oetker Backin
125 g Zucker
1 Pck. Dr. Oetker Bourbon-Vanille-Zucker
5 Eier (Größe M)
150 ml Sonnenblumenöl
125 ml (1/8 l) Buttermilch
100 g Raspelschokolade

Zum Bestäuben:

1 EL Puderzucker

Zubereitungszeit: 20 Minuten, ohne Abkühlzeit
Backzeit: etwa 75 Minuten

1. Zum Vorbereiten die Kirschen in einem Sieb gut abtropfen lassen.

2. Den Backofen vorheizen.
Ober-/Unterhitze: etwa 180 °C
Heißluft: etwa 160 °C

3. Für den Teig das Mehl mit Pudding-Pulver und Backpulver in einer Rührschüssel mischen. Zucker, Vanille-Zucker, Eier, Öl und Buttermilch hinzufügen. Die Zutaten in etwa 1 Minute mit Handrührgerät mit Rührbesen zunächst kurz auf niedrigster, dann auf höchster Stufe zu einem glatten Teig verarbeiten.

4. Raspelschokolade und Sauerkirschen vorsichtig unterheben. Den Teig in eine Gugelhupfform (Ø 22–24 cm, gefettet, bemehlt) füllen und verstreichen.

5. Die Form auf dem Rost im unteren Drittel in den vorgeheizten Backofen schieben und den Kuchen **etwa 75 Minuten backen.**

6. Den Kuchen nach dem Backen etwa 10 Minuten in der Form stehen lassen, dann aus der Form lösen, auf einen Kuchenrost stürzen und erkalten lassen.

7. Vor dem Servieren den Kuchen mit Puderzucker bestäuben.

Schokoladen-Aprikosen-Kuchen I

Für Kinder

Insgesamt: E: 73 g, F: 229 g, Kh: 486 g, kJ: 18225, kcal: 4352, BE: 40,5

Für den Belag:

2 Dosen Aprikosenhälften (Abtropfgewicht je 480 g)

Für den Teig:

200 g Weizenmehl
2 1/2 TL Dr. Oetker Backin
3 EL Kakaopulver
5 Eier (Größe M)
125 g Zucker
200 g weiche Butter
150 g Schokoladen-Pudding (aus dem Kühlregal)

2 EL Fruchtaufstrich Aprikose (ohne Fruchtstücke) oder Aprikosenkonfitüre

Zubereitungszeit: 15 Minuten, ohne Abkühlzeit
Backzeit: etwa 30 Minuten

1. Für den Belag die Aprikosenhälften in einem Sieb abtropfen lassen.

2. Den Backofen vorheizen.
Ober-/Unterhitze: etwa 180 °C
Heißluft: etwa 160 °C

3. Für den Teig Mehl mit Back- und Kakaopulver in einer Rührschüssel mischen. Restliche Zutaten hinzufügen und mit Handrührgerät mit Rührbesen auf höchster Stufe in etwa 2 Minuten zu einem glatten Teig verarbeiten.

4. Einen Backrahmen in der Größe des Backbleches auf ein Backblech (30 x 40 cm, gefettet) stellen. Den Teig einfüllen und glatt streichen.

5. Die Aprikosenhälften mit der Wölbung nach oben auf dem Teig verteilen.

6. Das Backblech im unteren Drittel in den vorgeheizten Backofen schieben. Den Kuchen **etwa 30 Minuten backen.**

7. Das Backblech auf einen Kuchenrost stellen. Den Kuchen erkalten lassen.

8. Den Fruchtaufstrich oder die Aprikosenkonfitüre in einem kleinen Topf zum Kochen bringen und die Aprikosen damit bestreichen.

Tipp: Der Kuchen kann auch in einer Fettpfanne zubereitet werden, wenn Sie keinen Backrahmen haben.

Rezeptvariante: Für einen **Schokoladen-Pfirsich-Kuchen** (pro Kuchen: etwa 4,90 €) verwenden Sie statt der Aprikosen 2 Dosen Tortenpfirsiche (Abtropfgewicht je 500 g). Diese gut abtropfen lassen und auf dem Teig verteilen. Zum Bestreichen des Kuchens brauchen Sie dann 3 Esslöffel Aprikosenkonfitüre.

Schokoladen-Gugelhupf

Beliebt – gefriergeeignet

Insgesamt: E: 73 g, F: 225 g, Kh: 348 g, kJ: 15539, kcal: 3717, BE: 29,0

Für den Rührteig:

150 g Zartbitter-Schokolade
4 Eiweiß (Größe M)
75 g Zucker
150 g weiche Butter oder Margarine
75 g Zucker
1 Pck. Dr. Oetker Vanillin-Zucker
1 Prise Salz
2 Eier (Größe M)
4 Eigelb (Größe M)
150 g Weizenmehl
1 gestr. TL Dr. Oetker Backin
10 g Kakaopulver

Zum Bestäuben:

1 EL Puderzucker

Zubereitungszeit: 30 Minuten, ohne Abkühlzeit
Backzeit: etwa 45 Minuten

1. Für den Teig Schokolade in Stücke brechen und in einem kleinen Topf im Wasserbad bei schwacher Hitze unter Rühren schmelzen lassen. Schokolade abkühlen lassen. Eiweiß mit Zucker so steif schlagen, dass ein Messerschnitt sichtbar bleibt.

2. Den Backofen vorheizen.
Ober-/Unterhitze: etwa 180 °C
Heißluft: etwa 160 °C

3. Die Butter oder Margarine mit Handrührgerät mit Rührbesen auf höchster Stufe geschmeidig rühren. Nach und nach Zucker, Vanillin-Zucker, Salz und die flüssige Schokolade unterrühren. So lange rühren, bis eine gebundene Masse entstanden ist.

4. Eier und Eigelb nach und nach unterrühren (jedes Ei etwa ½ Minute). Mehl mit Backpulver und Kakao vermischen und in 2 Portionen auf mittlerer Stufe unterrühren. Eischnee mit einem Teigschaber unterheben.

5. Den Teig in eine Gugelhupfform (Ø 22–24 cm, gefettet, mit Semmelbröseln ausgestreut) füllen und glatt streichen. Die Form auf dem Rost im unteren Drittel in den vorgeheizten Backofen schieben. Den Kuchen **etwa 45 Minuten backen.**

6. Die Form auf einen Kuchenrost stellen. Nach etwa 10 Minuten den Kuchen auf einen mit Backpapier belegten Kuchenrost stürzen, erkalten lassen. Den Kuchen vor dem Servieren mit Puderzucker bestäuben.

Tipp: Der Kuchen kann bereits am Vortag gebacken werden.

Schokoladenquark mit Bananen |

Beliebt

4 Portionen

Pro Portion: E: 20 g, F: 12 g, Kh: 32 g, kJ: 1358, kcal: 324, BE: 2,5

1–2 EL gehobelte Mandeln
100 g Zartbitter-Schokolade
500 g Magerquark
4–5 EL Milch
1 Pck. Dr. Oetker Vanillin-Zucker
1 EL Zucker
2 Bananen (etwa 200 g)

Zubereitungszeit: 20 Minuten, ohne Kühlzeit

1. Mandeln in einer Pfanne ohne Fett unter Rühren goldbraun rösten, dann auf einen Teller geben. Die Schokolade in Stücke brechen und in einem kleinen Topf im Wasserbad bei schwacher Hitze unter Rühren schmelzen.

2. Den Quark mit Milch geschmeidig rühren. Vanillin-Zucker, Zucker und Schokolade unterrühren.

3. Die Bananen schälen, längs halbieren und jeweils 1 Hälfte auf einen Dessertteller legen. Schokoladenquark in einen Spritzbeutel mit großer Sterntülle füllen und große Tuffs auf die Dessertteller spritzen. Die Tuffs mit den Mandeln bestreuen.

Tipp: Nach Belieben den Schokoladenquark mit Minzeblättchen garniert servieren.

Schupfnudeln mit Sauerkraut

Einfach – deftig

4 Portionen

Pro Portion: E: 19 g, F: 45 g, Kh: 56 g, kJ: 2963, kcal: 711, BE: 4,5

1 große Zwiebel
3 EL Sonnenblumenöl
2 TL Zucker
1 Dose Sauerkraut (Einwaage 810 g)
1 Lorbeerblatt
4 Wacholderbeeren
1 TL Instant-Gemüsebrühe
Salz
frisch gemahlener Pfeffer
4 Mettenden (etwa 300 g)
500 g Schupfnudeln (aus dem Kühlregal)
25 g Semmelbrösel
40 g Butter

Zubereitungszeit: 30 Minuten
Garzeit: etwa 35 Minuten

1. Zwiebel abziehen und in kleine Würfel schneiden. Öl in einer großen Pfanne erhitzen. Die Zwiebelwürfel darin andünsten. Zucker hinzugeben und karamellisieren lassen.

2. Sauerkraut, Lorbeerblatt, Wacholderbeeren und Gemüsebrühe ebenfalls in die Pfanne geben, mit Salz und Pfeffer würzen. Die Zutaten etwa 10 Minuten ohne Deckel garen lassen.

3. Den Backofen vorheizen.
Ober-/Unterhitze: etwa 200 °C
Heißluft: etwa 180 °C

4. Die Mettenden in Scheiben schneiden und mit dem Sauerkraut vermischen. Schupfnudeln in eine große, flache Auflaufform (gefettet) geben. Die Sauerkraut-Mettenden-Mischung darauf verteilen.

5. Den Auflauf mit Semmelbröseln bestreuen. Butter in kleinen Flöckchen daraufsetzen. Die Form auf dem Rost auf mittlerer Einschubleiste in den vorgeheizten Backofen schieben. Den Auflauf **etwa 25 Minuten garen.**

Rezeptvariante: Für **Schupfnudeln mit Gemüse** (pro Portion: etwa 1,05 €) 500 g Paprikaschoten halbieren, entstielen, entkernen und die weißen Scheidewände entfernen. Schoten abspülen, abtropfen lassen und in Streifen schneiden. 250 g Zucchini abspülen, abtrocknen und die Enden abschneiden. Zucchini längs halbieren und in dünne Scheiben schneiden. Jeweils 1 Zwiebel und Knoblauchzehe abziehen, fein würfeln. 3–4 Esslöffel Sonnenblumenöl in einer großen Pfanne erhitzen. Gemüse darin andünsten, mit Salz und Pfeffer würzen. 500 g Schupfnudeln (aus dem Kühlregal) hinzufügen. Das Ganze unter Rühren 5–7 Minuten bei mittlerer Hitze braten, mit Salz und Pfeffer abschmecken. Nach Belieben 1 Esslöffel gehackte Petersilie unterrühren.

Schweinebraten mit Kräuter-Senf-Hülle | Für Gäste

4 Portionen

Pro Portion: E: 44 g, F: 27 g, Kh: 6 g, kJ: 1856, kcal: 445, BE: 0,0

800 g	*Schweinenacken (ohne Knochen)*
	Salz
	frisch gemahlener Pfeffer
2 EL	*Sonnenblumenöl*
1	*Zwiebel*
1	*Knoblauchzehe*
2–3 EL	*mittelscharfer Senf*
25 g	*TK-Kräuter der Provence*
150 ml	*heiße Fleisch- oder Gemüsebrühe*
500 g	*Suppengrün (Möhren, Porree, Sellerie)*
20 g	*Butter*
125 ml (1/8 l)	*Gemüsebrühe*
evtl. 1 TL	*Speisestärke*
evtl. 1–2 EL	*Wasser*

Zubereitungszeit: 35 Minuten
Garzeit: etwa 50 Minuten

1. Den Backofen vorheizen.
Ober-/Unterhitze: etwa 200 °C
Heißluft: etwa 180 °C

2. Schweinenacken mit Küchenpapier trocken tupfen. Das Fleisch mit Salz und Pfeffer würzen. Das Sonnenblumenöl in einem Bräter erhitzen. Das Fleisch darin rundherum gut anbraten.

3. Zwiebel und Knoblauch abziehen und fein würfeln, mit Senf und Kräutern verrühren. Den Braten oben und an den Seiten mit der Senf-Kräuter-Mischung einstreichen.

4. Den Bräter auf dem Rost im unteren Drittel in den vorgeheizten Backofen schieben. Das Fleisch **etwa 15 Minuten garen.** Dann die Fleischbrühe hinzugießen. Den Bräter zurück in den heißen Backofen schieben. Braten **weitere etwa 35 Minuten garen.** Verdampfte Flüssigkeit nach und nach durch heiße Brühe ersetzen.

5. In der Zwischenzeit das Suppengrün putzen. Dazu Sellerie schälen. Möhren putzen und schälen. Sellerie und Möhren abspülen, abtropfen lassen. Porree putzen. Die Stange längs halbieren, gründlich waschen, abtropfen lassen.

6. Das vorbereitete Suppengrün in dünne Streifen schneiden. Etwa 15 Minuten vor dem Ende der Garzeit Butter in einem Topf zerlassen. Zuerst die Möhren- und Selleriestreifen darin andünsten, dann die Porreestreifen. Gemüsebrühe hinzugießen. Gemüse zugedeckt etwa 5 Minuten dünsten, mit Salz und Pfeffer abschmecken.

7. Den garen Braten aus dem Bräter nehmen und warm stellen. Sauce zum Kochen bringen. Nach Belieben Speisestärke mit Wasser anrühren und in die Sauce rühren. Die Sauce aufkochen lassen, mit Salz und Pfeffer abschmecken. Kräuter-Senf-Braten in Scheiben schneiden, mit Sauce und Gemüse servieren.

Beilage: Reichen Sie Spätzle von Seite 166 dazu.

Schweinebraten „Münchner Art" I

Zubereitung im Schnellkochtopf

4 Portionen

Pro Portion: E: 44 g, F: 35 g, Kh: 8 g, kJ: 2191, kcal: 524, BE: 0,5

Zum Vorbereiten:

1 kg	*Schweinenacken (mit Knochen)*
2–3 EL	*süßer Senf*
	frisch gemahlener Pfeffer
250 g	*Zwiebeln*
2 EL	*Sonnenblumenöl*
	Salz
125 ml (1/8 l)	*helles Bier*
2 TL	*Weizenmehl*
2 EL	*kaltes Wasser*

Zubereitungszeit: 25 Minuten, ohne Durchziehzeit
Garzeit: 40–45 Minuten, ohne Ankochzeit

1. Das Fleisch unter fließendem kalten Wasser abspülen und mit Küchenpapier trocken tupfen. Das Fleisch mit dem Senf einstreichen und mit Pfeffer bestreuen. Das Fleisch zugedeckt im Kühlschrank etwa 1 Stunde durchziehen lassen.

2. Zwiebeln abziehen und fein würfeln. Sonnenblumenöl in einem offenen Schnellkochtopf erhitzen. Das Fleisch mit Salz würzen und im Schnellkochtopf bei mittlerer Hitze von allen Seiten anbraten. Die Zwiebelwürfel hinzufügen und kurz mit anbraten.

3. Das Bier hinzugießen. Den Schnellkochtopf nach Herstelleranleitung verschließen und erhitzen. Wenn die gewählte Schnellgarstufe erreicht ist, das Fleisch 35–40 Minuten garen.

4. Nach der Garzeit den Topf nach Herstelleranleitung öffnen. Das Fleisch aus dem Topf nehmen und zugedeckt warm stellen. Die Sauce nach Belieben durch ein Sieb streichen und wieder in den Topf geben.

5. Mehl mit Wasser anrühren und in die Sauce einrühren. Die Sauce kurz aufkochen und etwa 5 Minuten im offenen Topf köcheln lassen. Die Sauce mit Salz und Pfeffer abschmecken. Das Fleisch vom Knochen lösen, in Scheiben schneiden und mit der Sauce servieren.

Hinweis: Die gewählte Schnellgarstufe kann je nach Modell, Hersteller bzw. Alter des Schnellkochtopfes unterschiedlich angezeigt werden.

Beilage: Servieren Sie Salzkartoffeln von Seite 214 und Erbsen-Möhren-Gemüse von Seite 52 dazu.

Schweinefilet mit Möhrenscheiben | Klassisch

4 Portionen

Pro Portion: E: 35 g, F: 12 g, Kh: 11 g, kJ: 1235, kcal: 295, BE: 0,0

1 kg Möhren
1 Zwiebel
30 g Butter
200 ml Gemüsebrühe
Salz
frisch gemahlener Pfeffer
Zucker

600 g Schweinefilet
2 EL Speiseöl, z. B. Sonnenblumenöl

einige Stängel Kerbel oder Petersilie

Zubereitungszeit: 30 Minuten

1. Möhren putzen, schälen, abspülen und abtropfen lassen. Möhren in Scheiben schneiden. Die Zwiebel abziehen und würfeln.

2. Butter in einer Pfanne zerlassen. Zwiebelwürfel hineingeben und darin glasig dünsten. Möhrenscheiben zugeben, kurz mit andünsten, dann mit Gemüsebrühe ablöschen. Die Möhren mit Salz, Pfeffer und Zucker würzen und etwa 5 Minuten zugedeckt garen lassen.

3. Inzwischen das Schweinefilet trocken tupfen, evtl. von Fett, Haut und Sehnen befreien. Das Fleisch in Medaillons schneiden.

4. Das Öl in einer Pfanne erhitzen, die Medaillons hineingeben und von beiden Seiten 3–4 Minuten braten. Die Medaillons mit Salz und Pfeffer würzen.

5. Kräuter abspülen, trocken tupfen und die Blättchen von den Stängeln zupfen.

6. Die Möhren mit den Kräuterblättchen bestreuen und mit den Medaillons servieren.

Schweinefleisch, süßsauer | Beliebt

4 Portionen

Pro Portion: E: 28 g, F: 18 g, Kh: 28 g, kJ: 1623, kcal: 388, BE: 2,0

450 g Schweineschnitzel
1 EL Currypulver
2 TL Sambal Oelek

1 rote Paprikaschote
1 Stange Porree (Lauch)
300 g frisches Ananasfruchtfleisch
6 EL Olivenöl
4 EL Weißweinessig
1 EL brauner Zucker
150 g Tomatenketchup

einige Stängel glatte Petersilie
Salz

Zubereitungszeit: 35 Minuten

1. Das Schnitzelfleisch mit Küchenpapier trocken tupfen und in dünne Streifen schneiden. Die Fleischstreifen mit Curry und Sambal Oelek vermischen.

2. Paprikaschote halbieren, entstielen, entkernen und die weißen Scheidewände entfernen. Schote abspülen, abtropfen lassen und in kleine Stücke schneiden.

3. Porree putzen, die Stange längs halbieren, gründlich waschen und abtropfen lassen. Porree in etwa 2 cm lange Stücke schneiden oder Porree aufblättern und in dreieckige Stücke schneiden.

4. Ananas in etwa 1 cm große Würfel schneiden. Das Öl in einem Wok oder einer großen Pfanne erhitzen. Die Fleischstreifen darin anbraten. Dann das Fleisch herausnehmen und zugedeckt warm halten.

5. Die Paprikastücke in den Wok oder die Pfanne geben und anbraten. Ananaswürfel und Porree hinzufügen und unter Rühren ebenfalls kurz anbraten. Essig, Zucker und Ketchup unterrühren.

6. Petersilie abspülen, trocken tupfen und die Blättchen von den Stängeln zupfen. Etwa die Hälfte der Blättchen kleiner schneiden und mit den Fleischstreifen unterrühren. Das Schweinefleisch süßsauer mit Salz abschmecken und sofort mit den restlichen Petersilienblättchen garniert servieren.

Beilage: 250 g Duftreis bietet sich hier als ideale Beilage an (Zusatzkosten pro Portion: etwa 0,20 €).

Schweinefleischcurry mit Mango | Zubereitung im Schnellkochtopf

4 Portionen

Pro Portion: E: 36 g, F: 29 g, Kh: 18 g, kJ: 2020, kcal: 484, BE: 1,0

700 g Schweinenacken (ohne Knochen)
2 EL Speiseöl, z. B. Olivenöl
Salz
frisch gemahlener Pfeffer
1 EL Currypulver
1 EL Tomatenmark
200 ml Gemüsebrühe

300 g Möhren
1 Mango (etwa 400 g)
1 Bund Frühlingszwiebeln (etwa 250 g)

Zubereitungszeit: 25 Minuten
Garzeit: etwa 10 Minuten, ohne Ankochzeit

1. Schweinefleisch unter fließendem kalten Wasser abspülen und mit Küchenpapier trocken tupfen. Das Fleisch in etwa 2 cm große Würfel schneiden.

2. Speiseöl in einem offenen Schnellkochtopf erhitzen. Die Fleischwürfel darin unter Rühren anbraten, mit Salz und Pfeffer würzen. Curry und Tomatenmark unterrühren.

3. Die Brühe hinzugießen. Den Schnellkochtopf nach Herstelleranleitung verschließen und erhitzen. Wenn die gewählte Schnellgarstufe erreicht ist, Curry etwa 7 Minuten garen.

4. In der Zwischenzeit die Möhren putzen, schälen, abspülen, abtropfen lassen und in dünne Scheiben schneiden. Die Mango halbieren. Das Fruchtfleisch vom Stein schneiden und schälen. Mangofruchtfleisch in Würfel schneiden. Frühlingszwiebeln putzen, abspülen, abtropfen lassen und in etwa 2 cm lange Stücke schneiden.

5. Nach der Garzeit den Topf nach Herstelleranleitung öffnen. Die Möhrenscheiben, Mangowürfel und Zwiebelstücke unter das Curry rühren. Das Curry weitere etwa 3 Minuten im offenen Topf köcheln lassen.

6. Das Curry nochmals mit den Gewürzen abschmecken und servieren.

Hinweis: Die gewählte Schnellgarstufe kann je nach Modell, Hersteller bzw. Alter des Schnellkochtopfes unterschiedlich angezeigt werden.

Tipp: Wer die Möhren nicht so bissfest haben möchte, kann sie etwas dicker schneiden und schon unter Punkt 3 mit in den Schnellkochtopf geben.

Beilage: Servieren Sie Reis von Seite 204 dazu.

Schweinegulasch mit Paprika

Zubereitung im Schnellkochtopf

4 Portionen

Pro Portion: E: 48 g, F: 33 g, Kh: 11 g, kJ: 2223, kcal: 532, BE: 0,5

1 kg	*Schweineschulter*
250 g	*Zwiebeln*
3 EL	*Olivenöl*
	Salz
	frisch gemahlener Pfeffer
2 EL	*Tomatenmark*
1 EL	*Paprikapulver edelsüß*
250 ml (1/4 l)	*Fleischbrühe*
je 1	*rote, gelbe und grüne Paprikaschote*

Zubereitungszeit: 30 Minuten
Garzeit: etwa 17 Minuten, ohne Ankochzeit

1. Schwarte von der Schweineschulter abschneiden. Wenn noch ein Knochen vorhanden ist, auch diesen herausschneiden. Das Fleisch unter fließendem kalten Wasser abspülen und mit Küchenpapier trocken tupfen. Dann das Fleisch in etwa 3 cm große Würfel schneiden.

2. Zwiebeln abziehen, halbieren und in Scheiben schneiden.

3. Olivenöl in einem offenen Schnellkochtopf erhitzen. Die Fleischwürfel darin unter Rühren anbraten, mit Salz und Pfeffer würzen. Die Zwiebelscheiben hinzufügen und kurz mit anbraten.

4. Tomatenmark und Paprikapulver unterrühren. Die Fleischbrühe hinzugießen. Den Schnellkochtopf nach Herstelleranleitung verschließen und erhitzen. Wenn die gewählte Schnellgarstufe erreicht ist, das Gulasch etwa 12 Minuten garen.

5. In der Zwischenzeit die Paprikaschoten halbieren, entstielen, entkernen und die weißen Scheidewände entfernen. Schoten abspülen, abtropfen lassen und in Stücke schneiden.

6. Nach der Garzeit den Topf nach Herstelleranleitung öffnen. Die Paprikastücke unter das Gulasch rühren und das Ganze weitere etwa 5 Minuten im offenen Topf köcheln lassen.

7. Gulasch nochmals mit den Gewürzen abschmecken und servieren.

Hinweis: Die gewählte Schnellgarstufe kann je nach Modell, Hersteller bzw. Alter des Schnellkochtopfes unterschiedlich angezeigt werden.

Beilage: Servieren Sie Salzkartoffeln von Seite 214 oder Nudeln/Spätzle von Seite 166 dazu.

Schwimmbadtorte | Etwas aufwendiger

Insgesamt: E: 64 g, F: 225 g, Kh: 513 g, kJ: 18242, kcal: 4357, BE: 43,0

Für den Biskuitteig:

2 Eier (Größe M)
2 EL heißes Wasser
80 g Zucker
1 Pck. Dr. Oetker Vanillin-Zucker
80 g Weizenmehl
½ gestr. TL Dr. Oetker Backin

Für den Rührteig:

50 g weiche Butter
50 g Zucker
1 Pck. Dr. Oetker Vanillin-Zucker
2 Eigelb (Größe M)
70 g Weizenmehl
1 Msp. Dr. Oetker Backin

Für den Belag:

2 Eiweiß (Größe M)
100 g Zucker
50 g gehackte Mandeln

Für die Füllung:

1 Dose Ananasstücke (Abtropfgewicht 255 g)
1 Pck. Dr. Oetker Pudding-Pulver Vanille-Geschmack
400 ml Ananassaft (aus der Dose), mit Apfelsaft ergänzt
400 g Schlagsahne
1 Pck. Dr. Oetker Sahnesteif
1 TL Zucker

Zubereitungszeit: 45 Minuten, ohne Abkühlzeit
Backzeit: 60–65 Minuten

1. Den Backofen vorheizen.
Ober-/Unterhitze: etwa 180 °C
Heißluft: etwa 160 °C

2. Für den Biskuitteig Eier und Wasser mit Handrührgerät mit Rührbesen auf höchster Stufe in etwa 1 Minute schaumig schlagen. Zucker mit Vanillin-Zucker mischen, in etwa 1 Minute einstreuen, dann noch etwa 2 Minuten weiterschlagen.

3. Mehl mit Backpulver mischen, auf die Eiercreme geben und auf niedrigster Stufe kurz unterrühren. Den Teig in eine Springform (Ø 26 cm, Boden gefettet, mit Backpapier belegt) füllen und glatt streichen. Die Form sofort auf dem Rost auf mittlerer Einschubleiste in den vorgeheizten Backofen schieben. Den Tortenboden **25–30 Minuten backen.**

4. Den Boden aus der Form lösen, auf einen mit Backpapier belegten Kuchenrost stürzen und erkalten lassen. Mitgebackenes Backpapier abziehen.

5. Für den Rührteig die Butter mit Handrührgerät mit Rührbesen auf höchster Stufe geschmeidig rühren. Zucker und Vanillin-Zucker unterrühren. So lange rühren, bis eine gebundene Masse entstanden ist. Eigelb nach und nach unterrühren. Mehl mit Backpulver auf mittlerer Stufe kurz unterrühren. Den Teig in einer Springform (Ø 26 cm, Boden gefettet) verstreichen.

6. Für den Belag Eiweiß steif schlagen. Zucker nach und nach unterschlagen. Die Masse auf dem Rührteigboden verstreichen und mit Mandeln bestreuen. Die Form auf dem Rost auf mittlerer Einschubleiste in den heißen Backofen schieben. Den Rührteigboden bei gleicher Backofeneinstellung **etwa 35 Minuten backen.**

7. Den Boden aus der Form lösen, sofort in 16 Stücke schneiden und auf einem mit Backpapier belegten Kuchenrost erkalten lassen.

8. Für die Füllung Ananas in einem Sieb abtropfen lassen. Dabei den Saft auffangen und mit Apfelsaft auf 400 ml ergänzen. Aus Pudding-Pulver und Saft nach Packungsanleitung, aber mit den hier angegebenen Zutaten einen Pudding kochen. Ananasstücke unterheben. Die Puddingmasse auf den Biskuitboden streichen und erkalten lassen.

9. Sahne mit Sahnesteif und Zucker steif schlagen. Die Sahne auf die erkaltete Puddingmasse streichen und mit dem geschnittenen Rührteigboden bedecken. Torte bis zum Servieren in den Kühlschrank stellen.

Pro Torte: etwa
3,60 €

Sommertorte mit Mandarinen

Für Kinder – ohne zu backen

Insgesamt: E: 93 g, F: 244 g, Kh: 471 g, kJ: 18937, kcal: 4525, BE: 39,5

Zum Vorbereiten:

1 Beutel aus
1 Pck. Götterspeise Zitronen-Geschmack
375 ml (3/8 l) klarer Apfelsaft
75 g Zucker

Für den Boden:

100 g Butter
150 g Butterkekse

Für den Belag und zum Garnieren:

2 Dosen Mandarinen (Abtropfgewicht je 175 g)
1 Beutel aus
1 Pck. Götterspeise Zitronen-Geschmack
350 ml Mandarinensaft (aus der Dose), evtl. mit Wasser ergänzt
150 g Zucker
400 g gekühlte Schlagsahne
250 g Magerquark

Zubereitungszeit: 60 Minuten, ohne Kühlzeit

1. Zum Vorbereiten die Götterspeise mit Fruchtsaft und Zucker nach Packungsanleitung zubereiten, in eine flache Form (evtl. Auflaufform) geben und im Kühlschrank fest werden lassen.

2. Für den Boden die Butter in einem Topf zerlassen. Butterkekse in einen Gefrierbeutel geben. Den Beutel fest verschließen. Die Butterkekse mit einer Teigrolle fein zerbröseln. Die Butterkeksbrösel unter die Butter rühren.

3. Einen Bogen Backpapier auf eine Tortenplatte legen und den geschlossenen Springformrand (Ø 26 cm) daraufstellen. Die Bröselmasse darin mit einem Löffel zu einem Boden andrücken. Den Bröselboden mindestens 20 Minuten in den Kühlschrank stellen.

4. Für den Belag die Mandarinen in einem Sieb abtropfen lassen, dabei den Saft auffangen. Den Saft evtl. mit Wasser auf 350 ml auffüllen. Die Götterspeise mit dem Mandarinensaft-Wasser-Gemisch und Zucker nach Packungsanleitung zubereiten, dann abkühlen lassen.

5. Sahne steif schlagen. Sobald die Götterspeise anfängt dicklich zu werden, erst den Quark unterrühren, dann die steif geschlagene Sahne unterheben. Ein Drittel der Creme auf dem Boden verstreichen. Etwa zwei Drittel der Mandarinen darauf verteilen. Übrige Creme darauf verstreichen. Die Torte etwa 3 Stunden in den Kühlschrank stellen.

6. Die Torte mit einem Tortenheber vom Backpapier lösen und das Backpapier unter dem Boden wegziehen. Den Springformrand vorsichtig mit einem Messer lösen und entfernen.

7. Zum Garnieren aus der vorbereiteten, fest gewordenen Götterspeise verschiedene Motive ausstechen oder -schneiden, dazu die Götterspeise auf eine Platte stürzen. Die Torte mit den Götterspeisemotiven und restlichen Mandarinen garnieren und bis zum Servieren in den Kühlschrank stellen.

Spaghetti aglio olio | Klassisch

4 Portionen

Pro Portion: E: 24 g, F: 20 g, Kh: 89 g, kJ: 2663, kcal: 637, BE: 7,5

5 l Wasser
5 gestr. TL Salz
500 g Spaghetti

3 Knoblauchzehen
1 kleines Bund Petersilie
40 ml Olivenöl
Salz
frisch gemahlener Pfeffer

100 g geriebener Parmesan-Käse

Zubereitungszeit: 10 Minuten

1. Das Wasser in einem großen Topf zugedeckt zum Kochen bringen. Dann Salz und Spaghetti hinzugeben. Die Spaghetti im geöffneten Topf bei mittlerer Hitze nach Packungsanleitung kochen lassen, dabei gelegentlich umrühren. Anschließend die Spaghetti in ein Sieb geben, mit heißem Wasser abspülen und abtropfen lassen.

2. In der Zwischenzeit Knoblauch abziehen und in dünne Scheiben schneiden. Petersilie abspülen und trocken tupfen. Die Blättchen von den Stängeln zupfen und klein schneiden.

3. Olivenöl in einer Pfanne erhitzen. Die Knoblauchscheiben darin glasig bis hellbraun dünsten. Spaghetti und Petersilie in das heiße Knoblauchöl geben und untermischen, mit Salz und Pfeffer würzen.

4. Spaghetti aglio olio am besten in einer vorgewärmten Schüssel oder in Tellern anrichten, mit Parmesan-Käse bestreuen.

Tipp: Wer es scharf mag, gibt beim Andünsten zum Olivenöl 1 getrocknete, zerbröselte rote Pfefferschote (Peperoncino) hinzu (pro Portion: etwa 0,75 €).

Spaghetti mit Möhren-Tomaten-Sauce | Vegetarisch

4 Portionen

Pro Portion: E: 20 g, F: 19 g, Kh: 84 g, kJ: 2488, kcal: 594, BE: 6,0

2 Zwiebeln
1 Knoblauchzehe
750 g Möhren
2 EL Olivenöl
Salz
frisch gemahlener Pfeffer
gerebelter Majoran
150 ml Gemüsebrühe

4 l Wasser
4 gestr. TL Salz
400 g Spaghetti

1 Dose stückige Tomaten (400 g)
100 g Schlagsahne
1 EL gehacktes Basilikum
50 g geriebener Parmesan-Käse

einige vorbereitete Basilikumblättchen

Zubereitungszeit: 30 Minuten

1. Zwiebeln und Knoblauch abziehen, in kleine Würfel schneiden. Möhren putzen, schälen, abspülen, abtropfen lassen und in kleine Stücke schneiden.

2. Olivenöl in einem Topf erhitzen. Zwiebel-, Knoblauchwürfel und Möhrenstücke darin andünsten. Das Gemüse mit Salz, Pfeffer und Majoran würzen.

3. Brühe hinzugießen, zum Kochen bringen und zugedeckt bei schwacher Hitze etwa 8 Minuten kochen.

4. In der Zwischenzeit Wasser in einem großen Topf zugedeckt zum Kochen bringen. Dann Salz und Spaghetti hinzugeben. Die Spaghetti im geöffneten Topf bei mittlerer Hitze nach Packungsanleitung kochen lassen, dabei gelegentlich umrühren.

5. Anschließend die Spaghetti in ein Sieb geben, mit heißem Wasser abspülen und abtropfen lassen. Spaghetti zugedeckt warm stellen.

6. Stückige Tomaten zu den vorgegarten Möhrenstücken geben. Nochmals mit Salz, Pfeffer und Majoran würzen, wieder zum Kochen bringen und weitere etwa 5 Minuten kochen lassen.

7. Die Möhren-Tomaten-Masse fein pürieren, Sahne unterrühren. Basilikum hinzufügen. Die Möhren-Tomaten-Sauce nochmals mit den Gewürzen abschmecken.

8. Spaghetti auf Tellern verteilen. Die Möhren-Tomaten-Sauce daraufgeben, mit Parmesan-Käse bestreut und mit Basilikumblättchen garniert servieren.

Spaghetti-Salat | Gut vorzubereiten

4 Portionen

Pro Portion: E: 17 g, F: 23 g, Kh: 61 g, kJ: 2200, kcal: 526, BE: 5,0

3 l	*Wasser*
3 gestr. TL	*Salz*
300 g	*Spaghetti*
100 g	*getrocknete Tomaten, in Öl*
1 Glas	*schwarze Oliven, ohne Stein (Abtropfgewicht 85 g)*
1	*Knoblauchzehe*
1 EL	*Tomatenmark*
etwa	
8 Stängel	*Basilikum*
3 EL	*Olivenöl*
	Salz, frisch gemahlener Pfeffer
60 g	*frisch gehobelter Parmesan-Käse*

Zubereitungszeit: 25 Minuten, ohne Abkühlzeit

1. Das Wasser in einem großen Topf zugedeckt zum Kochen bringen. Salz und Spaghetti zugeben. Die Spaghetti nach Packungsanleitung im geöffneten Topf bei mittlerer Hitze bissfest kochen, dabei gelegentlich umrühren.

2. Anschließend die Nudeln in ein Sieb geben, mit kaltem Wasser abspülen, abtropfen und erkalten lassen.

3. Die Tomaten in einem Sieb abtropfen lassen und in feine Streifen schneiden. Oliven halbieren. Knoblauch abziehen und fein hacken.

4. Knoblauch mit Tomatenstreifen, Oliven und Tomatenmark gut vermischen, die Spaghetti unterheben.

5. Basilikum abspülen und trocken tupfen. Blättchen von den Stängeln zupfen, fein schneiden, mit Olivenöl vermischen und mit Salz und Pfeffer würzen.

6. Basilikummischung unter die Spaghetti geben. Den Salat mit Parmesan bestreuen und servieren.

Tipps: Zusätzlich können Sie noch abgetropften, etwas zerpflückten Tunfisch aus der Dose (Abtropfgewicht 175 g, pro Portion: etwa 1,20 €) unter den Salat geben. Auch 200 g in Streifen geschnittener, gekochter Schinken (pro Portion: etwa 1,25 €) schmeckt sehr gut in diesem Salat.

Spiegeleiernester I

Für Kinder

10 Stück

Pro Stück: E: 5 g, F: 14 g, Kh: 31 g, kJ: 1137, kcal: 271, BE: 2,5

Für den Teig:

450 g TK-Blätterteig (10 quadratische Scheiben)

Für den Belag:

1 Dose Aprikosenhälften (Abtropfgewicht 240 g)
2 EL Milch
1 Pck. Backfeste Puddingcreme
250 ml (¹/₄ l) Milch
50 g gestiftelte Mandeln

Zum Bestreichen:

2 EL Aprikosenkonfitüre
1 EL Wasser

Zubereitungszeit: 35 Minuten, ohne Auftau- und Abkühlzeit
Backzeit: etwa 15 Minuten je Backblech

1. Die Blätterteigplatten nebeneinander auf die Arbeitsfläche legen und nach Packungsanleitung auftauen lassen.

2. Den Backofen vorheizen.
Ober-/Unterhitze: etwa 220 °C
Heißluft: etwa 200 °C

3. Die Aprikosen in einem Sieb abtropfen lassen und 10 Aprikosenhälften beiseitelegen. Die übrigen Hälften klein würfeln.

4. Die Hälfte der Blätterteigquadrate auf ein Backblech (30 x 40 cm, mit Backpapier belegt) legen.

5. Die Ränder mit Milch bestreichen.

6. Die Puddingcreme mit Milch nach Packungsanleitung zubereiten und die Aprikosenwürfel vorsichtig unterheben.

7. In die Mitte jeder Teigplatte 2 Teelöffel von der Puddingcreme geben. Je 1 Aprikosenhälfte mit der Schnittfläche nach unten darauflegen, die Teigränder mit Mandeln bestreuen.

8. Das Backblech auf mittlerer Einschubleiste in den vorgeheizten Backofen schieben. Spiegeleiernester **etwa 15 Minuten backen.** Die übrigen Nester ebenso auf Backpapier vorbereiten.

9. Die gebackenen Nester mit dem Backpapier vom Backblech auf einen Kuchenrost ziehen.

10. Die vorbereiteten Nester mit dem Backpapier auf das Backblech ziehen und backen.

11. Die Spiegeleiernester auf dem Kuchenrost erkalten lassen.

12. Zum Bestreichen Konfitüre mit Wasser in einem kleinen Topf unter Rühren aufkochen. Die Spiegeleiernester damit bestreichen und trocknen lassen.

Tipps: Wenn Sie keine Packung TK-Blätterteig mit quadratischen Teigplatten bekommen, können Sie auch eine Packung (450 g) mit rechteckigen Teigplatten verwenden. Halbieren Sie die 6 rechteckigen Platten, sodass Sie 12 Teigplatten erhalten. Legen Sie 12 Aprikosenhälften beiseite und würfeln Sie nur die restlichen. Ansonsten können Sie das Rezept wie beschrieben zubereiten. Bei Heißluft können Sie auch 2 Backbleche auf einmal in den Backofen schieben.

Für 10 Stück: etwa
3,85 €

Spiegeleiertoast | Einfach

4 Portionen

Pro Portion: E: 20 g, F: 24 g, Kh: 25 g, kJ: 1653, kcal: 394, BE: 2,0

8 Scheiben Toastbrot (etwa 9 x 8 ½ cm)
8 TL Olivenöl
Salz
frisch gemahlener Pfeffer
8 Eier (Größe M)

etwa 25 g geriebener Gouda- oder Emmentaler Käse
15 g gewürfelte, magere Schinkenwürfel

½ Bund Schnittlauch

Zubereitungszeit: 30 Minuten
Backzeit: etwa 10 Minuten je Backblech

1. Den Backofen vorheizen.
Ober-/Unterhitze: etwa 200 °C
Heißluft: etwa 180 °C

2. Toastbrotscheiben auf 1–2 Backbleche (mit Backpapier belegt) legen. Aus jeder Toastscheibe mit einer runden Ausstechform oder einem Glas (Ø etwa 5 cm) einen Kreis ausstechen. Die Brotkreise ebenfalls auf die Backbleche legen.

3. Die Brotscheiben und -kreise mit Olivenöl bestreichen, mit Salz und Pfeffer bestreuen.

4. Die Eier jeweils in einer kleinen Tasse aufschlagen und vorsichtig in die zuvor ausgestochenen Brotscheibenkreise gleiten lassen.

5. Die ausgestochenen Toastbrotkreise (Ø etwa 5 cm) mit Käse und Schinkenwürfeln bestreuen.

6. Die Backbleche nacheinander (bei Heißluft zusammen) auf mittlerer Einschubleiste in den vorgeheizten Backofen schieben. Spiegeleiertoasts **etwa 10 Minuten backen.**

7. In der Zwischenzeit Schnittlauch abspülen, trocken tupfen und in Röllchen schneiden. Spiegeleiertoasts und die Brotkreise mit Schnittlauchröllchen bestreuen und heiß servieren.

Spinatsuppe | Vegetarisch

4 Portionen

Pro Portion: E: 14 g, F: 14 g, Kh: 20 g, kJ: 1115, kcal: 266, BE: 1,5

4 Scheiben	*Toastbrot*
20 g	*Butter*
450 g	*gehackter TK-Spinat*
750 ml (3/4 l)	*Gemüsebrühe*
4	*Eier (Größe M)*
1–2 EL	*Speisestärke*
250 ml (1/4 l)	*Milch*
	Salz
	frisch gemahlener Pfeffer
	frisch geriebene Muskatnuss

Zubereitungszeit: 30 Minuten

1. Toastbrot entrinden und in Würfel schneiden. Butter in einer Pfanne zerlassen. Die Toastbrotwürfel darin unter Rühren bei mittlerer Hitze goldbraun rösten und herausnehmen.

2. Den unaufgetauten Spinat mit der Brühe in einen Topf geben. Den Spinat zugedeckt bei mittlerer Hitze auftauen lassen.

3. In der Zwischenzeit die Eier in kochendem Wasser in etwa 6 Minuten wachsweich kochen. Die Eier mit kaltem Wasser abschrecken und pellen.

4. Speisestärke mit etwas von der Milch glatt rühren, zu der restlichen Milch geben und in die Spinat-Brühe-Mischung rühren.

5. Die Suppe unter Rühren etwa 2 Minuten ohne Deckel kochen lassen.

6. Die Suppe mit Salz, Pfeffer und Muskatnuss würzen. Eier in Stücke oder Viertel schneiden und mit den Brotwürfeln zu der Suppe servieren.

Spitzkohl-Fleischwurst-Pfanne mit Spätzle | Schnell

4 Portionen

Pro Portion: E: 25 g, F: 44 g, Kh: 40 g, kJ: 2717, kcal: 650, BE: 3,0

1 Knoblauchzehe
1 große Zwiebel (100 g)
1 kleiner Spitzkohl (etwa 700 g)
400 g Fleischwurst
3 EL Olivenöl
125 ml (1/8 l) Fleischbrühe
100 g Schlagsahne
Salz, frisch gemahlener Pfeffer
evtl. Kümmelsamen
500 g frische Spätzle (aus dem Kühlregal)

Zubereitungszeit: 30 Minuten

1. Knoblauch und Zwiebel abziehen und fein würfeln. Vom Spitzkohl die äußeren schlechten Blätter entfernen. Kohl vierteln und den Strunk herausschneiden. Den Spitzkohl kurz abspülen, abtropfen lassen und in Streifen schneiden.

2. Die Fleischwurst enthäuten und in grobe Streifen schneiden.

3. Das Olivenöl in einem Topf erhitzen. Knoblauch und Zwiebeln darin andünsten.

4. Die Kohlstreifen hinzufügen und unter gelegentlichem Rühren mit andünsten.

5. Die Brühe und Sahne hinzugießen. Das Ganze kurz aufkochen und etwa 5 Minuten zugedeckt garen. Der Kohl sollte noch bissfest sein.

6. Kohl mit Salz, Pfeffer und evtl. Kümmel abschmecken. Spätzle unterheben. Die Fleischwurst hinzufügen und etwa 5 Minuten miterhitzen. Spitzkohl-Fleischwurst-Pfanne evtl. noch einmal mit den Gewürzen abschmecken.

Tipps: Wenn Sie keine Spätzle aus dem Kühlregal bekommen, können Sie auch 250 g getrocknete Spätzle verwenden, die Sie nach Packungsanleitung kochen und abgetropft hinzufügen (pro Portion: etwa 1,- €). Sehr gut schmeckt die Spitzkohl-Pfanne auch mit Streifen von Leberkäse statt der Fleischwurst (pro Portion: etwa 1,50 €).

Stachelbeerkuchen | Einfach

Insgesamt: E: 62 g, F: 182 g, Kh: 418 g, kJ: 15019, kcal: 3589, BE: 35,0

Zum Vorbereiten:

125 g Butter oder Margarine

Für den Belag:

1 Glas Stachelbeeren (Abtropfgewicht 360 g)

Für den All-in-Teig:

250 g Weizenmehl
3 gestr. TL Dr. Oetker Backin
150 g Puderzucker
1 Pck. Dr. Oetker Bourbon-Vanille-Zucker
1 Prise Salz
4 Eier (Größe M)
200 g Schmand (Sauerrahm)

Zum Bestäuben:

1 EL Puderzucker

Zubereitungszeit: 20 Minuten, ohne Abkühlzeit
Backzeit: 40–45 Minuten

1. Zum Vorbereiten Butter oder Margarine in einem Topf bei schwacher Hitze zerlassen und etwas abkühlen lassen.

2. Für den Belag Stachelbeeren in einem Sieb abtropfen lassen.

3. Den Backofen vorheizen.
Ober-/Unterhitze: etwa 180 °C
Heißluft: etwa 160 °C

4. Für den Teig Mehl mit Backpulver in einer Rührschüssel mischen. Puderzucker, Vanille-Zucker, Salz, Eier, Schmand und zerlassene Butter oder Margarine hinzufügen, mit Handrührgerät mit Rührbesen auf höchster Stufe in etwa 1 Minute zu einem glatten Teig verarbeiten.

5. Den All-in-Teig in eine Springform (Ø 26 cm, Boden gefettet) füllen und verstreichen. Stachelbeeren auf dem Teig verteilen, dabei am Rand etwa 1 cm frei lassen. Die Form auf dem Rost im unteren Drittel in den vorgeheizten Backofen schieben. Den Kuchen **40–45 Minuten backen.**

6. Die Form etwa 10 Minuten auf einen Kuchenrost stellen. Den Kuchen mit einem Messer aus der Form lösen und auf einem mit Backpapier belegten Kuchenrost etwa 1 Stunde erkalten lassen.

7. Den Kuchen mit Puderzucker bestäuben.

Tipps: Den Stachelbeerkuchen mit 200 g geschlagener Sahne servieren (Zusatzkosten: etwa 0,30 €). Der Kuchen ist ohne Puderzucker gefriergeeignet.

Steckrübensuppe mit Salami |

Raffiniert – klassisch

4 Portionen

Pro Portion: E: 9 g, F: 32 g, Kh: 10 g, kJ: 1516, kcal: 364, BE: 0,5

400 g Steckrübe
200 g Möhren
1 Zwiebel
3 Schalotten
1 EL Butter
1 l Gemüsebrühe
150 g Crème fraîche
Salz
frisch gemahlener Pfeffer
100 g Salami, am Stück
2 EL Butter
½ Bund glatte Petersilie

Zubereitungszeit: 30 Minuten
Garzeit: 20–25 Minuten

1. Die Steckrübe und die Möhren schälen, abspülen, abtropfen lassen und in Würfel schneiden. Zwiebel und Schalotten abziehen, halbieren und in Scheiben schneiden.

2. Butter in einem Topf zerlassen. Die Zwiebelscheiben darin andünsten. Steckrübe und Möhren zugeben, etwa 2 Minuten mit andünsten. Brühe hinzufügen und zum Kochen bringen. Das Gemüse in 20–25 Minuten gar kochen.

3. Gemüse pürieren. Crème fraîche unterrühren. Die Suppe mit Salz und Pfeffer abschmecken.

4. Die Salami in etwa 1 cm große Würfel schneiden. Butter in einer Pfanne zerlassen. Salamiwürfel und Schalottenscheiben darin anbraten.

5. Petersilie abspülen, trocken tupfen und die Blättchen von den Stängeln zupfen. Blättchen in feine Streifen schneiden.

6. Die Suppe mit Salamiwürfeln, Schalottenscheiben und Petersilie bestreut servieren.

Tipp: Die Steckrübe ist ein Wintergemüse, das regional wieder an Bedeutung gewinnt. Die Verwendung entspricht der von Möhren. Das Fruchtfleisch ist zart, leicht süßlich und gut verdaulich.

Beilage: Reichen Sie frisch aufgebackenes Baguette (300 g, etwa 0,70 €) dazu.

Stracciatella-Schoko-Torte |

Ohne zu backen

Insgesamt: E: 48 g, F: 286 g, Kh: 292 g, kJ: 16499, kcal: 3941, BE: 24,5

Für den Boden:

150 g Löffelbiskuits
100 g Butter

Für die Schokocreme:

1 Pck. Saucenpulver Schokoladen-Geschmack ohne Kochen
75 ml Milch
200 g Vanillejoghurt

Für die Stracciatella-Creme:

500 g Schlagsahne
2 Pck. Dr. Oetker Sahnesteif
30 g Zucker
70 g Zartbitter-Raspelschokolade

10 g Zartbitter-Raspelschokolade

Zubereitungszeit: 25 Minuten, ohne Kühlzeit

1. Löffelbiskuits in einen Gefrierbeutel geben. Den Beutel verschließen. Löffelbiskuits mit einer Teigrolle fein zerbröseln. Brösel in eine Rührschüssel geben. Butter zerlassen, zu den Biskuitbröseln geben und gut verrühren.

2. Einen Springformrand (Ø 26 cm) auf eine mit Tortenspitze oder Backpapier belegte Tortenplatte stellen. Die Bröselmasse darin gleichmäßig verteilen und mit einem Löffel gut zu einem Boden andrücken. Den Tortenboden in den Kühlschrank stellen.

3. Für die Schokocreme das Saucenpulver nach Packungsanleitung, aber nur mit 75 ml Milch und 200 g Joghurt zubereiten. Creme kuppelartig in die Mitte des Bröselbodens streichen, dabei einen etwa 2 cm breiten Rand frei lassen. Den Boden in den Kühlschrank stellen.

4. Für die Stracciatella-Creme Sahne mit Sahnesteif und Zucker steif schlagen. Raspelschokolade unterheben. Die Creme vorsichtig auf der Schokocreme verstreichen. Die Stracciatella-Schoko-Torte etwa 2 Stunden in den Kühlschrank stellen.

5. Zum Servieren den Springformrand lösen und entfernen. Die Torte mit Raspelschokolade bestreuen.

Tipp: Statt Vanillejoghurt können Sie auch Nussjoghurt verwenden.

Streuselkuchen aus Thüringen I

Raffiniert

Insgesamt: E: 100 g, F: 400 g, Kh: 780 g, kJ: 29540, kcal: 7060, BE: 60,0

Für den Hefeteig:

200 ml Milch
50 g Butter oder Margarine
375 g Weizenmehl
1 Pck. Dr. Oetker Trockenbackhefe
50 g Zucker
1 Pck. Dr. Oetker Vanillin-Zucker
1 Ei (Größe M)

Zum Bestreichen:

20 g Butter

Für die Streusel:

300 g Weizenmehl
150 g Zucker
1 Pck. Dr. Oetker Vanillin-Zucker
200 g Butter oder Margarine
10 g Kakaopulver

Zum Beträufeln:

125 ml (1/8 l) Milch
60 g Butter

Zum Bestreichen und Bestäuben:

100 g Butter
50 g Puderzucker

Zubereitungszeit: 35 Minuten, ohne Teiggeh- und Abkühlzeit
Backzeit: etwa 20 Minuten

1. Für den Teig Milch in einem kleinen Topf erwärmen. Butter oder Margarine darin zerlassen.

2. Mehl in einer Rührschüssel mit Trockenbackhefe vermischen. Die restlichen Zutaten und die warme Milch-Fett-Mischung hinzufügen, mit Handrührgerät mit Knethaken kurz auf niedrigster, dann auf höchster Stufe in etwa 5 Minuten zu einem glatten Teig verarbeiten. Den Teig zugedeckt an einem warmen Ort gehen lassen, bis er sich sichtbar vergrößert hat.

3. Den Backofen vorheizen.
Ober-/Unterhitze: etwa 200 °C
Heißluft: etwa 180 °C

4. Den Hefeteig leicht mit Mehl bestäuben, aus der Schüssel nehmen, auf der leicht bemehlten Arbeitsfläche kurz durchkneten und zu einer Rolle formen. Teig auf einem Backblech (30 x 40 cm, gefettet) ausrollen. Butter zerlassen. Den Teig damit bestreichen.

5. Für die Streusel Mehl mit Zucker, Vanillin-Zucker und Butter oder Margarine in einer Rührschüssel mit Handrührgerät mit Rührbesen zu Streuseln verarbeiten. Die Hälfte der Streusel großzügig auf dem Teig verteilen. Unter die restlichen Streusel Kakaopulver arbeiten und die Lücken damit füllen, sodass ein schwarz-weißes Muster entsteht.

6. Den Teig nochmals so lange an einem warmen Ort gehen lassen, bis er sich sichtbar vergrößert hat. Das Backblech auf mittlerer Einschubleiste in den vorgeheizten Backofen schieben. Kuchen **etwa 20 Minuten backen.**

7. Zum Beträufeln die Milch erhitzen und die Butter darin zerlassen. Den noch heißen Kuchen damit beträufeln und den Kuchen auf dem Backblech auf einem Kuchenrost erkalten lassen.

8. Zum Bestreichen Butter zerlassen, den Kuchen damit bestreichen und mit Puderzucker bestäuben.

Streuselkuchen mit Apfelmus I

Einfach

Insgesamt: E: 59 g, F: 230 g, Kh: 750 g, kJ: 22447, kcal: 5361, BE: 62,5

Für den Streuselteig:

500 g Weizenmehl
1 Pck. Dr. Oetker Backin
200 g Zucker
1 Pck. Dr. Oetker Vanillin-Zucker
1 gestr. TL gemahlener Zimt
1 Ei (Größe M)
250 g Butter oder Margarine

Für die Füllung:

3 Gläser Apfelmus (Einwaage je 360 g)
100 g Rosinen

Zubereitungszeit: 25 Minuten
Backzeit: etwa 50 Minuten

1. Für den Teig Mehl mit Backpulver mischen und in eine Rührschüssel geben. Zucker, Vanillin-Zucker, Zimt, Ei und Butter oder Margarine hinzufügen. Die Zutaten mit Handrührgerät mit Rührbesen zunächst kurz auf niedrigster, danach auf höchster Stufe zu Streuseln verarbeiten.

2. Gut die Hälfte der Streusel auf einem Backblech (30 x 40 cm, gefettet) verteilen und zu einem Boden andrücken.

3. Den Backofen vorheizen.
Ober-/Unterhitze: etwa 180 °C
Heißluft: etwa 160 °C

4. Für die Füllung Apfelmus auf dem Teig verteilen und verstreichen. Rosinen daraufstreuen und mit einem Löffel etwas eindrücken. Restlichen Streuselteig daraufstreuen.

5. Das Backblech auf mittlerer Einschubleiste in den vorgeheizten Backofen schieben. Den Kuchen **etwa 50 Minuten backen.**

6. Das Backblech auf einen Kuchenrost stellen. Den Kuchen erkalten lassen und in Stücke schneiden.

Tipp: Wer keine Rosinen mag, lässt sie einfach weg und spart damit etwa 0,20 €.

Pro Brot: etwa
1,95 €

Süßes Streuselbrot I

Gefriergeeignet

Insgesamt: E: 63 g, F: 129 g, Kh: 553 g, kJ: 15273, kcal: 3651, BE: 46,0

Für den Hefeteig:

300 g Weizenmehl
1 Pck. Dr. Oetker Trockenbackhefe
30 g Zucker
1 Pck. Dr. Oetker Vanillin-Zucker
1 Prise Salz
1 Ei (Größe M)
125 ml (1/8 l) lauwarme Milch
30 g weiche Butter oder Margarine

Für die Streusel:

150 g Weizenmehl
70 g Zucker
100 g weiche Butter

Zum Bestreichen:

150 g rote Konfitüre, z. B. Erdbeerkonfitüre
2 EL Milch

Zubereitungszeit: 35 Minuten, ohne Teiggehzeit
Backzeit: etwa 35 Minuten

1. Für den Teig Mehl mit Trockenbackhefe in eine Rührschüssel geben und gut vermischen. Zucker, Vanillin-Zucker, Salz, Ei, Milch und Butter oder Margarine hinzufügen.

2. Die Zutaten mit Handrührgerät mit Knethaken zunächst kurz auf niedrigster, dann auf höchster Stufe in etwa 5 Minuten zu einem Teig verarbeiten.

3. Den Teig zugedeckt so lange an einem warmen Ort gehen lassen, bis er sich sichtbar vergrößert hat (etwa 20 Minuten).

4. Für die Streusel Mehl, Zucker und Butter in eine Rührschüssel geben. Die Zutaten mit Handrührgerät mit Rührbesen zunächst kurz auf niedrigster, dann auf höchster Stufe zu feinen Streuseln verarbeiten.

5. Den Hefeteig leicht mit Mehl bestäuben, aus der Schüssel nehmen, auf der leicht bemehlten Arbeitsfläche nochmals kurz durchkneten und zu einem Rechteck (etwa 25 x 40 cm) ausrollen. Die Konfitüre glatt rühren, auf den Teig streichen, dabei rundherum einen etwa 2 cm breiten Rand frei lassen. Die Hälfte der Streusel darauf verteilen.

6. Den Teig von der langen Seite her aufrollen und mit der Naht nach unten in eine Kastenform (25 x 11 cm, gefettet) legen. Den Teiglaib mit Milch bestreichen, mit den restlichen Streuseln bestreuen und nochmals zugedeckt an einem warmen Ort gehen lassen, bis er sich sichtbar vergrößert hat (etwa 30 Minuten).

7. Den Backofen vorheizen.
Ober-/Unterhitze: etwa 180 °C
Heißluft: etwa 160 °C

8. Die Form auf dem Rost im unteren Drittel in den vorgeheizten Backofen schieben. Streuselbrot **etwa 35 Minuten backen.**

9. Das Streuselbrot etwa 5 Minuten in der Form auf einem Kuchenrost abkühlen lassen. Dann das Streuselbrot auf den Kuchenrost stürzen, wieder umdrehen und erkalten lassen.

Tipps: Wer auf die Konfitüre verzichten möchte, bestreicht den Teig mit 30 g zerlassener Butter und verteilt darauf die Hälfte der Streusel. Zusätzliches Aroma und Farbe gibt 1 Teelöffel gemahlener Zimt, den man unter das Mehl für die Streusel mischen kann (Zusatzkosten: etwa 0,15 €).

Tilapiafilet „Bordelaise“ I

Beliebt

4 Portionen

Pro Portion: E: 33 g, F: 38 g, Kh: 17 g, kJ: 2298, kcal: 549, BE: 1,5

4 Tilapiafilets (je etwa 180 g)
Salz
frisch gemahlener Pfeffer
70 g Semmelbrösel
6 EL Olivenöl
1 Bund Schnittlauch
5 Stängel Dill
2 EL körniger Senf
2 EL Butter

etwa 600 g Salatgurke
150 g Schmand (Sauerrahm)
1 Prise Zucker

Zubereitungszeit: 30 Minuten
Garzeit: 10–12 Minuten

1. Den Backofen vorheizen.
Ober-/Unterhitze: etwa 200 °C
Heißluft: etwa 180 °C

2. Fischfilets unter fließendem kalten Wasser abspülen, trocken tupfen, mit Salz und Pfeffer bestreuen. Die Fischfilets in eine Auflaufform (gefettet) legen.

3. Die Semmelbrösel mit dem Olivenöl zu einer krümeligen Masse verrühren. Kräuter abspülen und trocken tupfen. Schnittlauch in feine Röllchen schneiden. Etwas Dill zum Garnieren beiseitelegen. Restliche Dillspitzen abzupfen und fein hacken.

4. Die Kräuter mit dem Senf unter die Bröselmischung rühren. Die Masse mit Pfeffer und Salz abschmecken, auf den Fischfilets verteilen. Die Butter in Flöckchen daraufsetzen.

5. Die Form auf dem Rost auf mittlerer Einschubleiste in den vorgeheizten Backofen schieben. Die Fischfilets **10–12 Minuten garen.**

6. In der Zwischenzeit die Gurken abspülen, abtrocknen und die Enden abschneiden. Die Gurken in dünne Scheiben schneiden oder hobeln. Den Schmand glatt rühren, mit Salz, Pfeffer und Zucker würzen. Die Gurkenscheiben mit Schmand verrühren und nochmals abschmecken.

7. Die Fischfilets mit Schmandgurken servieren und mit beiseitegelegtem Dill garnieren.

Toast „Bandito“ und Salatteller I

Für Kinder

4 Portionen

Pro Portion: E: 19 g, F: 25 g, Kh: 36 g, kJ: 1872, kcal: 447, BE: 2,5

15 g Pinienkerne

Für den Salat:

8 Blätter grüner Salat oder Eichblattsalat
1 Bund Radieschen (etwa 250 g)
Saft von
1 Zitrone
Salz
gemahlener Piment
1 EL Honig
1 EL Olivenöl
2 Äpfel

Für die Toasts:

8 Scheiben Vollkorntoast
4 Tomaten
2 EL Pesto
8 Scheiben Geflügel-Fleischwurst (etwa 150 g)
100 g geraspelter Gouda-Käse

Zubereitungszeit: 35 Minuten

1. Pinienkerne in einer Pfanne ohne Fett leicht rösten und auf einen Teller geben.

2. Für den Salat Salatblätter abspülen, trocken tupfen und in Streifen schneiden. Die Radieschen putzen, abspülen trocken tupfen und vierteln. Zitronensaft, Salz, Piment, Honig und Öl verrühren.

3. Äpfel abspülen, abtrocknen, vierteln und entkernen. Apfelviertel mit Schale fein würfeln und in die Marinade geben. Radieschen und Salatstreifen unterheben.

4. Für die Toasts die Toastscheiben im Toaster rösten. Die Tomaten abspülen, abtrocknen, halbieren und die Stängelansätze herausschneiden. Die Tomatenhälften in Scheiben schneiden.

5. Toastscheiben mit Pesto bestreichen. Fleischwurst- und Tomatenscheiben darauf verteilen. Käse daraufstreuen.

6. Den Backofengrill vorheizen (auf etwa 240 °C). Die Toasts auf ein Backblech legen. Das Backblech in den Backofen schieben. Die Toasts unter dem Backofengrill etwa 2 Minuten grillen, bis der Käse zerlaufen ist.

7. Die gerösteten Pinienkerne auf den Salat streuen. Salat mit den Toasts servieren.

Tomaten-Mozzarella-Baguette I

Schnell – vegetarisch

4 Stück

Pro Stück: E: 18 g, F: 24 g, Kh: 36 g, kJ: 1810, kcal: 432, BE: 2,5

4 Baguettebrötchen (je etwa 60 g)
4 EL Olivenöl
4 Salatblätter
4 Fleischtomaten
250 g Mozzarella-Käse
2–3 Stängel Basilikum
Salz
frisch gemahlener Pfeffer

Zubereitungszeit: 15 Minuten

1. Brötchen waagerecht durchschneiden und mit dem Olivenöl beträufeln. Salatblätter abspülen und trocken tupfen. Die unteren Brötchenhälften mit je 1 Salatblatt belegen.

2. Die Fleischtomaten abspülen, trocken tupfen und die Stängelansätze herausschneiden. Die Tomaten in Scheiben schneiden. Mozzarella abtropfen lassen und ebenfalls in Scheiben schneiden.

3. Tomaten- und Mozzarella-Scheiben dachziegelartig auf den Salat legen. Das Basilikum abspülen und trocken tupfen. Die Blättchen von den Stängeln zupfen. Die Blättchen auf dem Tomaten-Mozzarella-Belag verteilen.

4. Alles mit Salz und Pfeffer würzen. Die oberen Brötchenhälften darauflegen.

Tomaten-Mozzarella-Pfannkuchen | Klassisch

4 Stück

Pro Stück: E: 26 g, F: 36 g, Kh: 33 g, kJ: 2368, kcal: 565, BE: 2,5

Für den Pfannkuchenteig:

150 g Weizenmehl
4 Eier (Größe M)
250 ml (1/4 l) Milch
1 TL Salz
1 Msp. frisch geriebene Muskatnuss

Für den Belag:

500 g kleine Tomaten
250 g Mozzarella-Käse

1/2 Bund Basilikum

Außerdem:

6 EL Olivenöl
Salz, frisch gemahlener Pfeffer

Zubereitungszeit: 30 Minuten, ohne Teigruhezeit

1. Für den Pfannkuchenteig Mehl in eine Rührschüssel geben. Eier mit Milch verschlagen und Salz und Muskat unterrühren. Eiermilch nach und nach unter Rühren zum Mehl geben, darauf achten, dass keine Klümpchen entstehen und den Teig 20–30 Minuten ruhen lassen.

2. Für den Belag Tomaten abspülen, abtrocknen, halbieren und die Stängelansätze herausschneiden. Tomaten in Scheiben schneiden. Käse abtropfen lassen und in dünne Scheiben schneiden. Basilikum abspülen, trocken tupfen und die Blättchen von den Stängeln zupfen.

3. Etwas von dem Öl in einer beschichteten Pfanne (Ø 28 cm) erhitzen. Den Teig gut durchrühren und ein Viertel des Teiges mit einer drehenden Bewegung auf dem Boden der Pfanne verteilen. Pfannkuchen von einer Seite etwa 2 Minuten goldbraun backen, bis die Teigoberfläche nicht mehr feucht ist.

4. Die Pfannkuchen wenden, nochmals etwas Öl in die Pfanne geben. 2–3 Scheiben Mozzarella-Käse und 5–6 Tomatenscheiben auf der gebackenen Pfannkuchenseite verteilen. Pfannkuchen in etwa 2 Minuten in der zugedeckten Pfanne fertig backen und warm stellen. Aus dem restlichen Teig weitere 3 Pfannkuchen backen.

5. Die gebackenen Pfannkuchen mit Salz und Pfeffer bestreuen und mit Basilikumblättchen garniert sofort servieren.

Tomatensalat

Klassisch

4 Portionen

Pro Portion: E: 2 g, F: 5 g, Kh: 6 g, kJ: 345, kcal: 82, BE: 0,0

750 g Tomaten

Für die Salatsauce:

1 Zwiebel
1–2 EL Weißwein- oder Kräuteressig
Salz
frisch gemahlener Pfeffer
1 Prise Zucker
2 EL Olivenöl
5 Stängel Basilikum

Zubereitungszeit: 10 Minuten, ohne Durchziehzeit

1. Tomaten abspülen, abtrocknen, halbieren und die Stängelansätze herausschneiden. Tomaten in Scheiben schneiden und in eine Schüssel geben.

2. Für die Sauce Zwiebel abziehen und fein würfeln. Essig mit Salz, Pfeffer und Zucker verrühren. Olivenöl unterschlagen. Die Sauce mit den Tomatenscheiben mischen. Den Salat kurz durchziehen lassen.

3. Basilikum abspülen, trocken tupfen und die Blättchen von den Stängeln zupfen. Einige Blättchen zum Garnieren beiseitelegen. Die restlichen Blättchen fein schneiden und unter den Salat geben. Den Tomatensalat mit den beiseitegelegten Blättchen garniert servieren.

Tipp: Den Salat zusätzlich mit 200 g Fetakäse (pro Portion: etwa 0,85 €) oder 125 g Mozzarella-Käse (pro Portion: etwa 0,75 €) servieren.

Tomatensuppe | Einfach

4 Portionen

Pro Portion: E: 5 g, F: 6 g, Kh: 13 g, kJ: 535, kcal: 126, BE: 0,0

1 1/2 kg Fleischtomaten
2 Zwiebeln
2 Knoblauchzehen
2 EL Speiseöl, z. B. Olivenöl
500 ml (1/2 l) Gemüsebrühe
1 Prise Zucker
Salz, frisch gemahlener Pfeffer
Cayennepfeffer
1 Lorbeerblatt
gerebelter Oregano
einige Blättchen Basilikum

Zubereitungszeit: 20 Minuten
Garzeit: etwa 15 Minuten

1. Tomaten abspülen, abtropfen lassen, vierteln und die Stängelansätze herausschneiden. Die Tomaten würfeln. Zwiebeln und Knoblauchzehen abziehen und fein würfeln.

2. Öl in einem Topf erhitzen. Zwiebel- und Knoblauchwürfel darin unter Rühren dünsten. Tomatenwürfel, Brühe, Zucker, Salz, Pfeffer, Cayennepfeffer, Lorbeerblatt und Oregano hinzufügen, zum Kochen bringen und zugedeckt etwa 15 Minuten bei schwacher Hitze kochen lassen.

3. Das Lorbeerblatt herausnehmen. Die Suppe pürieren und durch ein Sieb streichen. Die Suppe nochmals kurz aufkochen und mit den Gewürzen abschmecken. Basilikumblättchen abspülen und trocken tupfen. Die Suppe mit Basilikumblättchen bestreut servieren.

Tipps: Wenn es zum Monatsende besonders sparsam sein soll, können Sie anstelle von frischen Tomaten auch je 1 große und kleine Dose (800 g und 400 g) geschälte Tomaten verwenden (pro Portion: etwa 0,45 €). Servieren Sie die Suppe mit einigen Tropfen Olivenöl beträufelt und mit gerösteten Tomaten-Baguette-Scheiben. Dazu 8 dünne Baguettescheiben in 2 Esslöffeln Olivenöl rösten. Darauf 4 fein gewürfelte Tomaten verteilen, mit Salz und Pfeffer bestreuen (pro Portion: etwa 1,30 €).

Rezeptvariante: Für eine **Tomatensuppe mit Mozzarella-Klößchen** (pro Portion: etwa 1,65 €) 250 g Mozzarella-Käse abtropfen lassen, grob zerkleinern und pürieren. 1 Topf Basilikum abspülen, trocken tupfen und die Blättchen von den Stängeln zupfen. Die Blättchen hacken, unter die Mozzarella-Masse kneten, dann salzen und pfeffern. Aus der Mozzarella-Masse 18–24 Klößchen formen, in Suppentellern verteilen und die Suppe daraufgeben.

Tortellini-Auflauf mit Pesto

Einfach

4 Portionen

Pro Portion: E: 23 g, F: 48 g, Kh: 59 g, kJ: 3204, kcal: 765, BE: 5,0

200 g TK-Erbsen
2 Tomaten (etwa 100 g)
3 Scheiben Frühstücksspeck (Bacon, etwa 30 g)
4 EL Olivenöl
500 g frische Tortellini (aus dem Kühlregal, je nach Belieben mit Käse-, Spinat- oder Fleischfüllung)
100 ml Milch
200 g Schlagsahne
4 EL rotes Pesto (aus dem Glas)
Salz
frisch gemahlener Pfeffer
50 g geriebener Parmesan-Käse

Zubereitungszeit: 15 Minuten, ohne Auftauzeit
Garzeit: etwa 30 Minuten

1. TK-Erbsen auf einen großen Teller geben und auftauen lassen.

2. In der Zwischenzeit die Tomaten abspülen, abtrocknen, halbieren und die Stängelansätze herausschneiden. Tomaten entkernen und in Würfel schneiden.

3. Frühstücksspeck in grobe Stücke schneiden. Eine Pfanne ohne Fett erwärmen und die Speckstücke darin knusprig braten, dann die Speckstücke herausnehmen.

4. Olivenöl in der Pfanne erhitzen. Die Erbsen darin kurz andünsten. Tomatenwürfel hinzugeben und kurz mitdünsten.

5. Die Tortellini nach Packungsanleitung zubereiten, abtropfen lassen und in eine Auflaufform (gefettet) geben. Angedünstete Erbsen-Tomaten-Mischung und etwa die Hälfte der Speckstücke hinzugeben und unterrühren.

6. Den Backofen vorheizen.
Ober-/Unterhitze: etwa 200 °C
Heißluft: etwa 180 °C

7. Milch mit Sahne und 2 Esslöffeln Pesto verrühren, mit Salz und Pfeffer würzen. Pestosahne auf die Tortellini-Mischung gießen. Restliches Pesto in Klecksen darauf verteilen. Parmesan daraufstreuen.

8. Die Form auf dem Rost im unteren Drittel in den vorgeheizten Backofen schieben. Den Auflauf **etwa 30 Minuten garen.**

9. Zum Servieren den Auflauf mit den restlichen Speckstücken garnieren.

Tipp: Das rote Pesto kann durch grünes Pesto ersetzt werden.

Tortellini-Salat | Beliebt

4 Portionen

Pro Portion: E: 21 g, F: 24 g, Kh: 41 g, kJ: 1932, kcal: 461, BE: 3,0

500 g frische Tortellini mit Käsefüllung (aus dem Kühlregal)
250 g Tomaten
150 g gekochter Schinken, in Scheiben

Für die Salatsauce:

1 Knoblauchzehe
½ Bund Schnittlauch
3–4 EL weißer Balsamico-Essig
Salz, frisch gemahlener Pfeffer
1 Prise Zucker
4–5 EL Olivenöl

Zubereitungszeit: 30 Minuten, ohne Durchziehzeit

1. Die Tortellini nach Packungsanleitung zubereiten. Dann die Tortellini in ein Sieb geben, kurz mit kaltem Wasser abspülen, abtropfen und erkalten lassen.

2. Tomaten abspülen, trocken tupfen, vierteln und die Stängelansätze herausschneiden. Tomaten entkernen und in Spalten schneiden. Schinken in kleine Stücke schneiden.

3. Für die Salatsauce Knoblauch abziehen und zerdrücken. Schnittlauch abspülen und trocken tupfen. Schnittlauch in feine Röllchen schneiden. Essig mit Knoblauch verrühren, mit Salz, Pfeffer und Zucker würzen. Das Olivenöl unterschlagen. Schnittlauch unterrühren.

4. Tortellini, Schinken- und Tomatenwürfel mit der Sauce in einer Schüssel vorsichtig mischen und etwa 30 Minuten durchziehen lassen. Salat evtl. nochmals mit Salz und Pfeffer abschmecken.

Tränchentorte | Beliebt – gut vorzubereiten

Insgesamt: E: 120 g, F: 181 g, Kh: 540 g, kJ: 17964, kcal: 4291, BE: 45,0

Für den Knetteig:

150 g Weizenmehl
1 gestr. TL Dr. Oetker Backin
75 g Zucker
1 Pck. Dr. Oetker Vanillin-Zucker
1 Ei (Größe M)
50 g Butter

Für den Belag:

1 Dose Mandarinen (Abtropfgewicht 175 g)
500 g Magerquark
150 g Zucker
3 Eigelb (Größe M)
1 Pck. Dr. Oetker Pudding-Pulver Vanille-Geschmack
100 ml Speiseöl, z. B. Sonnenblumenöl
3 TL Zitronensaft
250 ml (1/4 l) Milch

Für die Baisermasse:

3 Eiweiß (Größe M)
100 g Zucker

Zubereitungszeit: 50 Minuten, ohne Kühlzeit
Backzeit: etwa 70 Minuten

1. Für den Teig Mehl mit Backpulver in einer Rührschüssel mischen. Restliche Teigzutaten hinzufügen, mit Handrührgerät mit Knethaken zunächst kurz auf niedrigster, dann auf höchster Stufe gut durcharbeiten. Dann den Teig auf der leicht bemehlten Arbeitsfläche kurz verkneten. Sollte er kleben, ihn in Frischhaltefolie gewickelt eine Zeit lang in den Kühlschrank stellen.

2. Zwei Drittel des Knetteiges auf dem Boden einer Springform (Ø 26 cm, gefettet) ausrollen und mehrmals mit einer Gabel einstechen. Den Springformrand um den Boden legen. Den Rest des Teiges zu einer Rolle formen, sie als Rand auf den Boden legen und so an die Form drücken, dass ein etwa 3 cm hoher Rand entsteht.

3. Den Backofen vorheizen.
Ober-/Unterhitze: etwa 180 °C
Heißluft: etwa 160 °C

4. Für den Belag Mandarinen in einem Sieb gut abtropfen lassen. Quark, Zucker, Eigelb, Pudding-Pulver, Öl, Zitronensaft und Milch verrühren. Die abgetropften Mandarinen unter die Quarkmasse heben, in die Springform füllen und glatt streichen. Die Form auf dem Rost im unteren Drittel in den vorgeheizten Backofen schieben. Die Torte **etwa 60 Minuten backen.**

5. Für die Baisermasse Eiweiß mit Handrührgerät mit Rührbesen auf höchster Stufe steif schlagen. Der Schnee muss so fest sein, dass ein Messerschnitt sichtbar bleibt, nach und nach Zucker unterschlagen.

6. Die Torte nach dem Ende der Backzeit aus dem Backofen nehmen und die Baisermasse darauf verstreichen. Die Torte auf dem Rost wieder in den heißen Backofen schieben und auf mittlerer Einschubhöhe bei gleicher Backofeneinstellung **weitere etwa 10 Minuten backen,** bis die Baisermasse Farbe angenommen hat.

7. Die Torte etwa 10 Minuten auf einem Kuchenrost abkühlen lassen, dann aus der Form lösen und auf dem Kuchenrost erkalten lassen. Die „Tränchen" bilden sich erst, wenn die Torte richtig ausgekühlt ist.

Türkischer Pilaw | Etwas Besonderes

4 Portionen

Pro Portion: E: 43 g, F: 7 g, Kh: 71 g, kJ: 2210, kcal: 529, BE: 5,5

4 Hähnchenbrustfilets (je etwa 150 g)
1 Gemüsezwiebel
2 rote Paprikaschoten
2 EL Olivenöl
Salz, frisch gemahlener Pfeffer
250 g Langkornreis
75 g Rosinen
500 ml (1/2 l) Hühnerbrühe
0,1 g Safran
gemahlener Ingwer

Zubereitungszeit: 25 Minuten
Garzeit: etwa 20 Minuten

1. Die Hähnchenbrustfilets unter fließendem kaltem Wasser abspülen und trocken tupfen. Das Fleisch in mundgerechte Stücke schneiden.

2. Die Zwiebel abziehen und würfeln. Paprikaschoten halbieren, entstielen, entkernen und die weißen Scheidewände entfernen. Die Schoten abspülen, abtropfen lassen und würfeln.

3. Öl in einem Bratentopf erhitzen. Die Hähnchenstücke darin von allen Seiten anbraten, mit Salz und Pfeffer würzen. Zwiebel- und Paprikawürfel dazugeben und 2–3 Minuten mitbraten, dabei gelegentlich umrühren.

4. Reis hinzugeben und etwa 2 Minuten unter Rühren mit anrösten, bis die Körner glasig sind. Rosinen unterrühren. Brühe hinzugießen. Das Ganze mit Safran, Ingwer, Salz und Pfeffer würzen.

5. Pilaw zugedeckt etwa 20 Minuten bei schwacher Hitze quellen lassen, bis die Brühe ganz aufgesogen und der Reis gar ist. Den Pilaw mit den Gewürzen abschmecken.

Tipp: Sie können zusätzlich 250 g enthäutete, entkernte Tomaten hinzugeben. So schmeckt der Pilaw noch fruchtiger (pro Portion: etwa 2,- €).

Kleine Warenkunde: Safran wird in der orientalischen Küche häufig verwendet. Er färbt die Speisen gelb und schmeckt etwas scharf-bitter. Safran gehört mit zu den teuersten Gewürzen der Welt.

Wattekuchen mit Mandarinen

Einfach

Insgesamt: E: 63 g, F: 187 g, Kh: 941 g, kJ: 23952, kcal: 5726, BE: 78,5

Für den All-in-Teig:

300 g Weizenmehl
3 gestr. TL Dr. Oetker Backin
300 g Zucker
½ Pck. Dr. Oetker Finesse Orangenschalen-Aroma
1 EL Orangensaft
4 Eier (Größe M)
150 ml Sonnenblumenöl
50 ml Zitronenlimonade

Für den Belag:

2 Dosen Mandarinen (Abtropfgewicht je 175 g)
340 g Aprikosenkonfitüre
½ Pck. Dr. Oetker Finesse Orangenschalen-Aroma

Für den Guss:

100 g Puderzucker
2–3 TL Orangensaft

Zubereitungszeit: 25 Minuten, ohne Abkühlzeit
Backzeit: etwa 20 Minuten

1. Den Backofen vorheizen.
Ober-/Unterhitze: etwa 180 °C
Heißluft: etwa 160 °C

2. Für den Teig Mehl mit Backpulver in einer Rührschüssel mischen. Zucker, Orangenschalen-Aroma, Orangensaft, Eier, Speiseöl und Limonade hinzufügen. Die Zutaten mit Handrührgerät mit Rührbesen auf höchster Stufe in etwa 2 Minuten zu einem glatten Teig verarbeiten.

3. Den Teig auf ein Backblech (30 x 40 cm, gefettet, bemehlt) geben und glatt streichen. Das Backblech auf mittlerer Einschubleiste in den vorgeheizten Backofen schieben. Den Kuchen **etwa 20 Minuten backen.**

4. Das Backblech auf einen Kuchenrost stellen, Kuchen abkühlen lassen.

5. Für den Belag die Mandarinen in einem Sieb gut abtropfen lassen. Aprikosenkonfitüre unter Rühren in einem Topf kurz aufkochen. Die Mandarinen und Orangenschalen-Aroma unterrühren. Die Masse auf dem Kuchen verteilen und erkalten lassen.

6. Für den Guss den Puderzucker mit Orangensaft zu einem Guss verrühren und mit einem Teelöffel auf den Kuchen träufeln.

Tipps: Bestreuen Sie den noch feuchten Guss mit 50 g Vollmilch-Raspelschokolade oder Schokostreuseln (Zusatzkosten: etwa 0,50 €). Statt Orangensaft können Sie auch den Mandarinensaft aus der Dose verwenden.

Weißkohl-Kartoffel-Gulasch mit Speck | Einfach

4 Portionen

Pro Portion: E: 16 g, F: 10 g, Kh: 32 g, kJ: 1206, kcal: 287, BE: 2,5

500 ml (½ l) Wasser
1 TL Salz
1 Lorbeerblatt
2 Gewürznelken
1 TL schwarze Pfefferkörner
200 g mild geräucherter, magerer Schinkenspeck

1 kleiner Kopf Weißkohl (etwa 750 g)
750 g festkochende Kartoffeln
1 Gemüsezwiebel (etwa 250 g)
2 EL Sonnenblumenöl
100 ml Gemüsebrühe
½ TL Kümmelsamen
Salz
frisch gemahlener Pfeffer

einige Petersilienblättchen
1–2 EL Schnittlauchröllchen

Zubereitungszeit: 40 Minuten
Garzeit: etwa 25 Minuten

1. Wasser in einem Topf zum Kochen bringen. Salz, Lorbeerblatt, Gewürznelken, Pfefferkörner und Speck hinzufügen, zum Kochen bringen und zugedeckt etwa 15 Minuten kochen.

2. In der Zwischenzeit von dem Weißkohl die äußeren, schlechten Blätter entfernen. Weißkohl vierteln, abspülen, abtropfen lassen und den Strunk herausschneiden. Kohl in Streifen schneiden.

3. Kartoffeln schälen, abspülen, abtropfen lassen und in kleine Würfel schneiden. Die Zwiebel abziehen und würfeln.

4. Sonnenblumenöl in einem Bräter oder Bratentopf erhitzen. Die Zwiebelwürfel darin glasig dünsten. Die Kohlstreifen hinzufügen und unter Rühren anbraten. Etwas von der Gemüsebrühe hinzugießen. Kartoffelwürfel hinzugeben und ebenfalls unter Rühren mit anbraten. Kümmelsamen, Salz und Pfeffer hinzugeben. Restliche Brühe hinzugießen.

5. Das Ganze zum Kochen bringen. Den gekochten Speck aus dem Specksud nehmen. Etwa die Hälfte des Specksuds zum Kartoffel-Kohl-Gemüse geben und unterrühren. Den gekochten Speck darauflegen. Gemüsegulasch zugedeckt etwa 25 Minuten garen. Dabei gelegentlich umrühren. Evtl. verkochte Flüssigkeit durch Specksud ersetzen.

6. Den garen Speck aus dem Gulasch nehmen, in dünne Scheiben schneiden und unter das Gemüsegulasch rühren.

7. Petersilienblättchen abspülen und trocken tupfen. Weißkohl-Kartoffel-Gulasch mit Schnittlauchröllchen bestreuen und mit Petersilie garniert servieren.

Tipp: Wenn Sie den Speck lieber knusprig mögen, dann den gekochten Speck in Scheiben schneiden und in einer erwärmten Pfanne knusprig ausbraten. Die Speckscheiben dann erst zum Servieren auf das Gulasch legen.

Weißkohl-Mett-Lasagne

Raffiniert – deftig

6 Portionen

Pro Portion: E: 31 g, F: 43 g, Kh: 20 g, kJ: 2490, kcal: 595, BE: 1,0

1 Weißkohl (etwa 1,2 kg)
1–2 TL Salz
500 g Kartoffeln
2 Zwiebeln
1 rote Paprikaschote
150 g geräucherter Bauchspeck
500 g gewürztes Schweinemett
3 Eier (Größe M)
200 g Schlagsahne
Salz
frisch gemahlener Pfeffer
Kümmelsamen
125 g Mozzarella-Käse

Zubereitungszeit: 35 Minuten
Garzeit: 50–60 Minuten

1. Weißkohl putzen, vierteln und den Strunk herausschneiden. Den Kohl abspülen und abtropfen lassen. Wasser in einem großen Topf zum Kochen bringen. Salz hinzufügen.

2. Die Weißkohlviertel nacheinander darin blanchieren, bis die äußeren Blätter sich lösen. Dann in ein Sieb geben, mit kaltem Wasser abschrecken und abtropfen lassen. Einige Kohlblätter ablösen und beiseitelegen.

3. Den Backofen vorheizen.
Ober-/Unterhitze: etwa 200 °C
Heißluft: etwa 180 °C

4. Die Kartoffeln schälen, abspülen, abtropfen lassen und in dünne Scheiben schneiden. Zwiebeln abziehen und in kleine Würfel schneiden. Die Paprika halbieren, entstielen, entkernen und die weißen Scheidewände entfernen. Die Schote abspülen, abtropfen lassen und in Würfel schneiden.

5. Speck zuerst in dünne Scheiben, dann in Streifen schneiden. Speckstreifen mit den Kartoffelscheiben in eine große, flache Auflaufform (gefettet) geben. Kohlviertel darauf verteilen. Schweinemett und Zwiebelwürfel darauf verteilen, mit den beiseitegelegten Kohlblättern zudecken, fest andrücken. Die Paprikawürfel streifenförmig auf die Lasagne streuen.

6. Eier mit der Sahne verschlagen, mit Salz und Pfeffer würzen und auf die Lasagne gießen, mit Kümmel bestreuen. Mozzarella abtropfen lassen, in Scheiben schneiden und auf den Paprikawürfeln verteilen.

7. Die Form auf dem Rost im unteren Drittel in den vorgeheizten Backofen schieben und die Lasagne **50–60 Minuten garen.**

Wiener Apfelstrudel |

Klassisch – beliebt

Insgesamt: E: 41 g, F: 147 g, Kh: 452 g, kJ: 13900, kcal: 3326, BE: 37,5

Für den Strudelteig:

200 g Weizenmehl
1 Prise Salz
75 ml lauwarmes Wasser
50 g zerlassene Butter oder Margarine oder 3 EL Speiseöl, z. B. Sonnenblumenöl

Für die Füllung:

1–1 ½ kg Äpfel, z. B. Cox Orange, Elstar
75 g Butter oder Margarine
50 g Semmelbrösel
50 g Rosinen
100 g Zucker
1 Pck. Dr. Oetker Vanillin-Zucker
50 g gehackte Mandeln

Zubereitungszeit: 50 Minuten, ohne Ruhezeit
Backzeit: etwa 50 Minuten

1. Für den Teig das Mehl in eine Rührschüssel geben. Übrige Teigzutaten hinzufügen, mit Handrührgerät mit Knethaken erst kurz auf niedrigster, dann auf höchster Stufe zu einem glatten Teig verarbeiten. In einem kleinen Topf Wasser kochen, das Wasser ausgießen und den Topf abtrocknen. Den Teig auf Backpapier in den heißen Topf legen, zugedeckt etwa 30 Minuten ruhen lassen.

2. Den Backofen vorheizen.
Ober-/Unterhitze: etwa 180 °C
Heißluft: etwa 160 °C

3. Für die Füllung Äpfel schälen, vierteln, entkernen und in feine Stifte schneiden. Butter oder Margarine zerlassen. Den Teig halbieren und jede Teighälfte auf einem großen, bemehlten Geschirrtuch ausrollen.

4. Die Teige dünn mit etwas von dem Fett bestreichen, dann mit den Händen zu je einem Rechteck (etwa 35 x 25 cm) ausziehen. Die Ränder, wenn sie dicker sind, abschneiden. Zwei Drittel des Fettes auf den Teigplatten verstreichen, Brösel daraufstreuen (an den Rändern etwa 2 cm frei lassen).

5. Nacheinander Apfelstifte, Rosinen, Zucker, Vanillin-Zucker und Mandeln darauf verteilen. Die frei gelassenen Teigränder der kurzen Seiten auf die Füllung klappen. Die Teigplatten mithilfe des Tuches von der längeren Seite her aufrollen und an den Enden gut zusammendrücken.

6. Die Strudel mit der Naht nach unten auf ein Backblech (30 x 40 cm, gefettet) legen. Das Backblech im unteren Drittel in den vorgeheizten Backofen schieben. Die Strudel **etwa 50 Minuten backen.**

7. Nach etwa 30 Minuten Backzeit die Strudel mit dem übrigen Fett bestreichen. Nach dem Backen die Strudel auf dem Backblech auf einem Kuchenrost erkalten lassen oder warm servieren.

Tipp: Dazu schmeckt Vanillesauce (Zusatzkosten für etwa 500 ml (½ l): etwa 0,60 €), die Sie mit etwas Zimt abschmecken können.

Wirsingauflauf | Dauert länger

4 Portionen

Pro Portion: E: 32 g, F: 22 g, Kh: 5 g, kJ: 1448, kcal: 347, BE: 0,5

	Salz
1 Kopf	*Wirsing (etwa 750 g)*
1	*Zwiebel*
375 g	*Gehacktes vom Rind*
1	*Ei (Größe M)*
2–3 EL	*Magerquark*
	frisch gemahlener Pfeffer
½ TL	*gerebelter Majoran*
75 ml	*Gemüsebrühe*
50 g	*geriebener Emmentaler Käse*
50 g	*Frühstücksspeck in Scheiben (Bacon)*

Zubereitungszeit: 45 Minuten
Garzeit: etwa 45 Minuten

1. In einem großen Topf reichlich Wasser zum Kochen bringen und Salz hinzufügen (auf 1 Liter Wasser 1 Teelöffel Salz). Inzwischen von dem Wirsing die äußeren, welken Blätter entfernen. Wirsing abspülen, abtropfen lassen und den Strunk keilförmig herausschneiden. Den Wirsing so lange in das kochende Wasser legen, bis sich die äußeren Blätter lösen. Diesen Vorgang wiederholen, bis alle Blätter sich lösen lassen. Die Blätter abtropfen lassen. Die dicken Blattrippen flach schneiden.

2. Zwiebel abziehen und fein würfeln. Gehacktes in eine Schüssel geben. Ei, Quark, Zwiebelwürfel hinzufügen und alles gut vermengen. Die Masse mit Salz, Pfeffer und Majoran abschmecken.

3. Den Backofen vorheizen.
Ober-/Unterhitze: etwa 200 °C
Heißluft: etwa 180 °C

4. Die Hälfte der Wirsingblätter in einer Auflaufform (gefettet) verteilen. Dann die Gehacktesmasse und anschließend die restlichen Wirsingblätter darauf verteilen. Gemüsebrühe daraufgießen. Käse daraufstreuen. Speckscheiben darauf verteilen.

5. Die Form auf dem Rost im unteren Drittel in den vorgeheizten Backofen schieben.

6. Den Auflauf **etwa 45 Minuten garen** (den Auflauf mit Alufolie zudecken, falls er zu stark bräunt).

Tipp: Geben Sie vor dem Servieren 1 abgezogene, in Scheiben geschnittene und in 1 Esslöffel Olivenöl angebratene Zwiebel auf den Auflauf (pro Portion: etwa 1,15 €).

Wirsingeintopf mit grünen Bohnen I

Deftig

4 Portionen

Pro Portion: E: 25 g, F: 14 g, Kh: 23 g, kJ: 1358, kcal: 324, BE: 2,0

½ Kopf	*Wirsing (etwa 500 g)*
200 g	*grüne Bohnen*
600 g	*vorwiegend festkochende Kartoffeln*
400 g	*Kasselerfleisch (ohne Knochen)*
1 ½ l	*Fleischbrühe*
2 EL	*Sonnenblumenöl*
	Salz
	frisch gemahlener Pfeffer
	frisch geriebene Muskatnuss

Zubereitungszeit: 30 Minuten
Garzeit: 20–35 Minuten

1. Wirsing putzen und halbieren. Den Strunk herausschneiden. Wirsing abspülen, abtropfen lassen und in schmale Streifen schneiden. Von den Bohnen die Enden abschneiden. Bohnen evtl. abfädeln, abspülen, abtropfen lassen und in Stücke schneiden. Kartoffeln schälen, abspülen, abtropfen lassen und in Würfel schneiden.

2. Das Kasseler mit Küchenpapier trocken tupfen. Die Brühe in einem Topf erhitzen. Kasseler hinzugeben und etwa 10 Minuten zugedeckt in der Brühe garen.

3. Inzwischen das Öl in einem zweiten Topf erhitzen. Wirsingstreifen und Bohnenstücke darin 5–8 Minuten unter gelegentlichem Rühren andünsten.

4. Das angedünstete Gemüse und die Kartoffelwürfel zum Kasseler in den Topf geben, mit Salz und Pfeffer würzen. Den Eintopf zugedeckt 10–15 Minuten leicht köcheln lassen.

5. Kasseler aus dem Topf nehmen und etwas abkühlen lassen. Das Fleisch in kleine Würfel schneiden und wieder in den Eintopf geben, alles kurz erwärmen und mit Salz, Pfeffer und Muskat abschmecken.

Tipp: Statt frischer Bohnen können Sie auch TK-Bohnen verwenden. Die angetauten, klein geschnittenen Bohnen brauchen nicht mit angedünstet werden. Sie können sie mit den Kartoffeln zugeben.

Rezeptvariante: Wirsingtopf mit Mettenden (pro Portion: etwa 1,05 €). Anstelle des Kasselers können Sie 4 Mettenden (Rauchenden) zum fast fertigen Eintopf geben. Den Eintopf dann wie im Rezept beschrieben, aber ohne Kasseler zubereiten. Mettenden in Scheiben schneiden, kurz vor dem Ende der Garzeit in den Eintopf geben und erwärmen. Anschließend den Eintopf abschmecken.

Wirsinggemüse | Vegetarisch

4 Portionen

Pro Portion: E: 6 g, F: 9 g, Kh: 6 g, kJ: 548, kcal: 132, BE: 0,0

1 kg Wirsing
1 Zwiebel
40 g Butter oder Margarine
etwa 125 ml (1/8 l) Gemüsebrühe
Salz
frisch gemahlener Pfeffer
1 Prise Zucker

Zubereitungszeit: 55 Minuten
Garzeit: etwa 15 Minuten

1. Von dem Wirsing die äußeren, welken Blätter entfernen. Den Wirsing achteln, abspülen und abtropfen lassen. Strunk herausschneiden. Den Wirsing in feine Streifen schneiden. Zwiebel abziehen und würfeln.

2. Butter oder Margarine in einem Topf zerlassen. Die Zwiebelwürfel darin kurz dünsten. Die Kohlstreifen zugeben und mitdünsten. Gemüsebrühe, Salz und Pfeffer zufügen. Die Kohlstreifen bei schwacher Hitze etwa 15 Minuten dünsten, dabei gelegentlich umrühren. Den Wirsing mit Salz, Pfeffer und etwas Zucker abschmecken.

Tipps: Den Wirsing als Beilage zu Fleischgerichten servieren. Kohl mit etwas gemahlenem Kümmelsamen würzen. Dadurch wird der Kohl leichter verdaulich. Anstelle von Wirsing können Sie auch Chinakohl (pro Portion: etwa 0,45 €) oder Spitzkohl (pro Portion: etwa 0,50 €) verwenden (Garzeit bei beiden Kohlsorten: 10–15 Minuten).

Rezeptvariante 1: Für **Rahmwirsing** (pro Portion: etwa 0,60 €) die Wirsingstreifen nur in 20 g Butter oder Margarine andünsten. Zum Schluss 1–2 Esslöffel Crème fraîche unterrühren und kurz miterwärmen. Vor dem Servieren den Rahmwirsing mit 1 Esslöffel Schnittlauchröllchen bestreuen.

Rezeptvariante 2: Für **Wirsing-Möhren-Gemüse** (pro Portion: etwa 0,50 €) nur 800 g Wirsing wie im Rezept beschrieben vorbereiten und zusätzlich 250 g Möhren putzen, schälen, abspülen, abtropfen lassen und in Streifen schneiden. 1 Knoblauchzehe abziehen und in Scheiben schneiden. Möhren und Knoblauch zusammen mit dem Wirsing wie im Rezept beschrieben dünsten.

Würstchenspieße | Beliebt

10 Stück

Pro Stück: E: 18 g, F: 24 g, Kh: 2 g, kJ: 1219, kcal: 291, BE: 0,2

je 1 rote, gelbe und grüne Paprikaschote (je etwa 200 g)
40 Nürnberger Würstchen (Rostbratwürstchen)
5 EL Speiseöl, z. B. Sonnenblumenöl

Außerdem:

20 Holz- oder Metallspieße (2 pro Würstchenspieß)

Zubereitungszeit: 10 Minuten
Grillzeit: etwa 10 Minuten

1. Paprikaschoten halbieren, entstielen, entkernen und die weißen Scheidewände entfernen. Die Schoten abspülen, abtropfen lassen und jede Hälfte in etwa 8 gleich große Spalten schneiden.

2. Auf 2 Spieße gleichzeitig (dann lassen sie sich später besser wenden) abwechselnd 4 Würstchen und 4–5 verschiedene Paprikaspalten aufreihen. Die Spieße von beiden Seiten mit dem Öl bestreichen.

3. Die Spieße auf den heißen Grill legen und etwa 10 Minuten grillen, dabei ab und zu wenden.

Wurst-Käse-Salat | Einfach

4 Portionen

Pro Portion: E: 29 g, F: 48 g, Kh: 4 g, kJ: 2357, kcal: 563, BE: 0,0

250 g Zwiebeln
250 g Emmentaler Käse
350 g Fleischwurst
75 g Gewürzgurken

Für die Sauce:

2 EL Weißweinessig
2 EL Wasser
1 TL mittelscharfer Senf
Salz
frisch gemahlener Pfeffer
Zucker
4 EL Sonnenblumenöl

1 EL Schnittlauchröllchen

Zubereitungszeit: 25 Minuten, ohne Durchziehzeit

1. Die Zwiebeln abziehen und zunächst in Scheiben schneiden, dann in Ringe teilen. Die Zwiebelringe in kochendes Wasser geben, etwa 2 Minuten kochen, dann in ein Sieb geben und abtropfen lassen.

2. Emmentaler entrinden und in Streifen schneiden. Fleischwurst enthäuten. Fleischwurst und Gewürzgurken in Scheiben schneiden.

3. Für die Sauce Essig mit Wasser, Senf, Salz, Pfeffer und Zucker verrühren. Öl unterschlagen. Die Salatzutaten mit der Sauce vermengen. Den Salat etwa 1 Stunde durchziehen lassen. Den Salat mit Schnittlauchröllchen bestreut servieren.

Tipp: Servieren Sie den Wurst-Käse-Salat als kleine Mahlzeit mit Baguette (300 g, etwa 0,70 €) oder in doppelter oder dreifacher Menge zubereitet als Partysalat.

Rezeptvariante: Für einen **Wurstsalat „Zigeuner Art"** (pro Portion: etwa 1,- €) 350 g Fleischwurst enthäuten und in Streifen schneiden. 1 Zwiebel abziehen und fein würfeln. 4 Gewürzgurken in Streifen schneiden. Perlzwiebeln aus einem Glas (Abtropfgewicht 185 g) in einem Sieb abtropfen lassen. 4 Tomaten abspülen, abtrocknen, vierteln und die Stängelansätze herausschneiden. Tomaten in Stücke schneiden. Die vorbereiteten Zutaten in einer Schüssel mischen. 3 Esslöffel Tomatenketchup vorsichtig unterheben. Den Salat mit etwas Gurkenflüssigkeit, Tabasco, Salz, Pfeffer und Paprikapulver edelsüß würzen und zugedeckt kalt gestellt etwas durchziehen lassen.

Wurstsalat | Deftig

4 Portionen

Pro Portion: E: 12 g, F: 29 g, Kh: 9 g, kJ: 1445, kcal: 346, BE: 0,0

300 g Fleischwurst
4 Frühlingszwiebeln
je 1 gelbe und rote Paprikaschote
1 rote Chilischote

Für das Senfdressing:

2 TL gekörnte Hühner- oder Gemüsebrühe
3–4 EL Rotweinessig
3–4 EL Speiseöl, z. B. Sonnenblumenöl
2 EL scharfer Senf
Salz
frisch gemahlener Pfeffer
1 Prise Zucker oder etwas Honig

einige gehackte Kräuter, z. B. Petersilie, Schnittlauch, Kerbel

Zubereitungszeit: 20 Minuten

1. Fleischwurst in dünne Scheiben schneiden.

2. Die Frühlingszwiebeln putzen, abspülen, abtropfen lassen und in feine Ringe schneiden. Die Paprikaschoten halbieren, entstielen, entkernen und die weißen Scheidewände entfernen. Schotenhälften abspülen, abtropfen lassen und in grobe Würfel schneiden. Chilischote halbieren, entstielen, entkernen, abspülen, abtropfen lassen und in kleine Würfel schneiden.

3. Die vorbereiteten Salatzutaten in einer Schüssel vermischen.

4. Für das Dressing gekörnte Brühe mit Essig und Speiseöl in einem kleinen Topf aufkochen. Dressing etwas abkühlen lassen. Senf unterrühren, mit Salz, Pfeffer und Zucker oder Honig abschmecken. Das Dressing mit den gehackten Kräutern unter den Wurstsalat mischen und in einer Schale anrichten.

Tipp: Zusätzlich etwa 150 g in Streifen geschnittenen Eisbergsalat unter den Wurstsalat mischen (pro Portion: etwa 1,20 €).

Beilage: Reichen Sie etwa 500 g Bauernbrot (Zusatzkosten: etwa 1,50 €) dazu.

Zebrakuchen | Einfach

Insgesamt: E: 77 g, F: 395 g, Kh: 688 g, kJ: 23835, kcal: 5697, BE: 57,5

Für den Teig:

5 Eigelb (Größe M)
250 g Zucker
1 Pck. Dr. Oetker Vanillin-Zucker
125 ml (1/8 l) lauwarmes Wasser
250 ml (1/4 l) Speiseöl, z. B. Sonnenblumenöl
375 g Weizenmehl
1 Pck. Dr. Oetker Backin
5 Eiweiß (Größe M)
2 EL gesiebtes Kakaopulver

Für den Guss:

150 g Puderzucker
2 EL Zitronensaft
3–4 EL Wasser

Zubereitungszeit: 25 Minuten, ohne Abkühlzeit
Backzeit: 50–60 Minuten

1. Den Backofen vorheizen.
Ober-/Unterhitze: etwa 180 °C
Heißluft: etwa 160 °C

2. Für den Teig Eigelb, Zucker und Vanillin-Zucker mit Handrührgerät mit Rührbesen schaumig rühren. Wasser und Öl unterrühren.

3. Mehl mit Backpulver mischen und in 2 Portionen kurz unterrühren. Eiweiß steif schlagen und unterheben. Den Teig halbieren und unter eine Hälfte des Teiges den Kakao rühren.

4. Für das Zebramuster zunächst 2 Esslöffel des hellen Teiges in die Mitte einer Springform (Ø 26 cm, Boden gefettet, mit Semmelbröseln bestreut) geben (nicht verteilen!). Auf den hellen Teig 2 Esslöffel von dem dunklen Teig geben (nicht daneben).

5. Den Vorgang wiederholen, bis der Teig aufgebraucht ist. Den Teig nicht glatt streichen.

6. Die Form auf dem Rost im unteren Drittel in den vorgeheizten Backofen schieben und den Kuchen **50–60 Minuten backen.**

7. Zebrakuchen etwa 10 Minuten auf einem Kuchenrost abkühlen lassen, dann aus der Form lösen und auf einem Kuchenrost erkalten lassen.

8. Für den Guss Puderzucker, Zitronensaft und so viel Wasser verrühren, dass ein dünnflüssiger Guss entsteht. Den erkalteten Kuchen damit überziehen und fest werden lassen.

Tipps: Ohne Guss ist der Kuchen auch gefriergeeignet. Wenn Sie den Kuchen ohne Guss zubereiten und nur mit 1 Esslöffel Puderzucker bestäuben, sparen Sie etwa 0,35 €.

Zitronenkuchen |

Für Kinder – beliebt
(im Foto vorn)

Insgesamt: E: 90 g, F: 320 g, Kh: 800 g, kJ: 27000, kcal: 6460, BE: 70,0

Für den Rührteig:
350 g weiche Butter oder Margarine
250 g Zucker
2 Pck. Dr. Oetker Finesse Geriebene Zitronenschale
5 Eier (Größe M)
275 g Weizenmehl
120 g Speisestärke
2 gestr. TL Dr. Oetker Backin

Für den Guss:
250 g Puderzucker
6–7 EL Zitronensaft

Zubereitungszeit: 35 Minuten
Backzeit: etwa 25 Minuten

1. Den Backofen vorheizen.
Ober-/Unterhitze: etwa 180 °C
Heißluft: etwa 160 °C

2. Für den Rührteig die Butter oder Margarine mit Handrührgerät mit Rührbesen auf höchster Stufe geschmeidig rühren. Nach und nach Zucker und Zitronenschale unterrühren. So lange rühren, bis eine gebundene Masse entstanden ist. Eier nach und nach unterrühren (jedes Ei etwa ½ Minute).

3. Mehl mit Stärke und Backpulver mischen und in 2 Portionen auf mittlerer Stufe unterrühren.

4. Den Teig auf ein Backblech (30 x 40 cm, in den Ecken gefettet, mit Backpapier belegt) geben und glatt streichen. Das Backblech auf mittlerer Einschubleiste in den vorgeheizten Backofen schieben. Den Kuchen **etwa 25 Minuten backen.**

5. Für den Guss Puderzucker sieben und mit so viel von dem Zitronensaft verrühren, dass ein dickflüssiger Guss entsteht.

6. Das Backblech auf einen Kuchenrost stellen. Den heißen Kuchen mit dem Guss bestreichen (je heißer der Kuchen, desto stärker zieht der Guss ein). Den Kuchen auf dem Backblech erkalten lassen.

Rezeptvariante: Für einen **Orangen-Schoko-Kuchen** (im Foto hinten, pro Kuchen: etwa 4,95 €) 1 Dose Mandarinen (Abtropfgewicht 175 g) in einem Sieb abtropfen lassen, dabei den Saft auffangen. Den Rührteig wie im Rezept beschrieben (aber statt mit geriebener Zitronenschale mit Orangenschalen-Aroma) zubereiten. Die Mandarinen zuletzt unterrühren. Den Teig auf das vorbereitete Backblech geben und glatt streichen. Den Kuchen wie beschrieben etwa 25 Minuten backen. Das Backblech auf einen Kuchenrost stellen. Danach 200 g Zartbitter-Schokolade in der Größe der vorgeformten Einteilung in Stücke brechen, sofort auf dem heißen Kuchen verteilen und etwas andrücken. Den Kuchen etwa 30 Minuten erkalten lassen. 175 g Puderzucker mit 4–5 Esslöffeln Mandarinensaft zu einem dickflüssigen Guss verrühren. Den Guss mit einem Teelöffel in die Zwischenräume geben und verstreichen.

Zitronen-Quark-Sahne-Torte I

Beliebt – klassisch – gut vorzubereiten

Insgesamt: E: 144 g, F: 304 g, Kh: 480 g, kJ: 22368, kcal: 5344, BE: 40,0

Für den Rührteig:

150 g	*weiche Butter oder Margarine*
150 g	*Zucker*
1 Prise	*Salz*
3	*Eier (Größe M)*
125 g	*Weizenmehl*
25 g	*Speisestärke*
1 gestr. TL	*Dr. Oetker Backin*

Für die Füllung:

10 Blatt	*weiße Gelatine*
400 g	*gekühlte Schlagsahne*
1 Pck.	*Dr. Oetker Finesse Geriebene Zitronenschale*
100 ml	*Zitronensaft*
150 g	*Zucker*
500 g	*Magerquark*
250 g	*Speisequark (40 % Fett)*

Zum Bestäuben:

1–2 TL	*Puderzucker*

Zubereitungszeit: 35 Minuten, ohne Kühlzeit
Backzeit: etwa 25 Minuten

1. Den Backofen vorheizen.
Ober-/Unterhitze: etwa 180 °C
Heißluft: etwa 160 °C

2. Für den Teig Butter oder Margarine in einer Rührschüssel mit Handrührgerät mit Rührbesen auf höchster Stufe geschmeidig rühren. Nach und nach Zucker und Salz unterrühren. So lange rühren, bis eine gebundene Masse entstanden ist. Eier nach und nach unterrühren (jedes Ei etwa 1/2 Minute).

3. Mehl mit Speisestärke und Backpulver mischen, in 2 Portionen kurz auf mittlerer Stufe unterrühren. Den Teig in eine Springform (Ø 26 cm, Boden gefettet) füllen und glatt streichen.

4. Die Form auf dem Rost auf mittlerer Einschubleiste in den vorgeheizten Backofen schieben. Den Tortenboden **etwa 25 Minuten backen.**

5. Den Boden aus der Form lösen und auf einem Kuchenrost erkalten lassen, anschließend einmal waagerecht durchschneiden. Den unteren Boden auf eine Tortenplatte legen. Den gesäuberten Springformrand darumstellen.

6. Für die Füllung Gelatine nach Packungsanleitung einweichen. Inzwischen die Sahne steif schlagen. Die Zitronenschale mit Zitronensaft, Zucker und Quark gut verrühren. Die Gelatine leicht ausdrücken und in einem kleinen Topf bei schwacher Hitze unter Rühren auflösen.

7. Gelatine zunächst mit etwa 4 Esslöffeln von der Quarkmasse verrühren, dann unter die übrige Quarkmasse rühren. Sahne sofort unter die Quarkmasse heben, auf den Tortenboden geben, glatt streichen.

8. Den oberen Tortenboden in 16 Stücke schneiden, auf die Füllung legen und die Zitronen-Quark-Sahne-Torte mindestens 3 Stunden in den Kühlschrank stellen.

9. Vor dem Servieren den Springformrand lösen und entfernen. Die Torte mit Puderzucker bestäuben.

Zitronen-Sahne-Rolle | Beliebt

Insgesamt: E: 48 g, F: 160 g, Kh: 272 g, kJ: 11520, kcal: 2752, BE: 24,0

Für den Biskuitteig:

4 Eier (Größe M)
1 Eigelb (Größe M)
80 g Zucker
1 Pck. Dr. Oetker Vanillin-Zucker
80 g Weizenmehl
½ gestr. TL Dr. Oetker Backin

Für die Füllung:

4 Blatt weiße Gelatine
400 g gekühlte Schlagsahne
4 EL Zitronensaft
70 g gesiebter Puderzucker
1 Pck. Dr. Oetker Finesse Geriebene Zitronenschale

1–2 TL Puderzucker

Zubereitungszeit: 45 Minuten, ohne Kühlzeit
Backzeit: etwa 10 Minuten

1. Den Backofen vorheizen.
Ober-/Unterhitze: etwa 200 °C

2. Für den Teig Eier und Eigelb in einer Rührschüssel mit Handrührgerät mit Rührbesen auf höchster Stufe in etwa 1 Minute schaumig schlagen. Den Zucker mit Vanillin-Zucker mischen, unter Rühren in etwa 1 Minute einstreuen und weitere etwa 2 Minuten schlagen.

3. Mehl mit Backpulver mischen und kurz auf niedrigster Stufe unterrühren. Den Teig gleichmäßig auf ein Backblech (30 x 40 cm, gefettet, mit Backpapier belegt) streichen.

4. Das Backblech auf mittlerer Einschubleiste in den vorgeheizten Backofen schieben. Die Biskuitplatte **etwa 10 Minuten backen.**

5. Die Biskuitplatte sofort nach dem Backen vom Rand lösen, auf ein mit Zucker bestreutes Backpapier stürzen und mit Backpapier erkalten lassen.

6. Für die Füllung Gelatine nach Packungsanleitung einweichen. Schlagsahne fast steif schlagen. Gelatine leicht ausdrücken und in einem kleinen Topf unter Rühren auflösen. Zitronensaft, Puderzucker und die Zitronenschale unter die aufgelöste Gelatine rühren.

7. Erst etwa 2 Esslöffel der Sahne mit einem Schneebesen mit der Gelatinemischung verrühren, dann sofort die Gelatinemasse unter die Sahne schlagen und die Sahne vollständig steif schlagen.

8. Mitgebackenes Backpapier vorsichtig von der Biskuitplatte abziehen. Biskuitplatte mit der Zitronensahne bestreichen, von der längeren Seite her aufrollen, mindestens 2 Stunden in den Kühlschrank stellen.

9. Vor dem Servieren die Rolle mit Puderzucker bestäuben.

Rezeptvariante: Für eine **einfache Biskuitrolle** (pro Biskuitrolle: etwa 2,35 €) aus 5 Eiern (Größe M), 1 Eigelb (Größe M), 75 g Zucker, 1 Pck. Dr. Oetker Vanillin-Zucker, 90 g Weizenmehl und ½ gestr. Teelöffel Dr. Oetker Backin wie im Rezept beschrieben einen Biskuitteig zubereiten, backen, stürzen und erkalten lassen. Etwa 375 g Konfitüre pürieren oder durch ein Sieb streichen. Das mitgebackene Backpapier von der Biskuitplatte vorsichtig abziehen und die Biskuitplatte mit der Konfitüre bestreichen. Die Biskuitplatte von der längeren Seite her aufrollen und mit Puderzucker bestäuben.

Zucchini-Porree-Tarte I

Einfach – für Gäste

4 Portionen

Pro Portion: E: 15 g, F: 39 g, Kh: 35 g, kJ: 2286, kcal: 546, BE: 2,5

150 g Porree (Lauch)
450 g Zucchini
70 g mittelalter Gouda-Käse
100 ml Olivenöl
2 EL Senfkörner
frisch gemahlener Pfeffer
120 g Weizenmehl
30 g Hartweizengrieß
3 gestr. TL Dr. Oetker Backin
1 gestr. TL Salz
50 ml Buttermilch
2 Eier (Größe M)

Zubereitungszeit: 30 Minuten, ohne Abkühlzeit
Backzeit: 35–40 Minuten

1. Den Porree putzen, die Stange längs halbieren, waschen, abtropfen lassen und quer in etwa 1 cm breite Streifen schneiden. Die Zucchini abspülen, trocken tupfen und die Enden abschneiden. Zucchini zuerst der Länge nach in etwa 1/2 cm dicke Scheiben und dann quer in dünne Streifen schneiden. Käse auf der Haushaltsreibe reiben.

2. Vom Olivenöl 2 Esslöffel in einem kleinen Topf erhitzen. Porreestreifen darin zugedeckt etwa 3 Minuten dünsten. Zucchinistreifen und Senfkörner hinzufügen und kurz miterhitzen.

3. Den Topf von der Kochstelle nehmen. Die Gemüsemasse abkühlen lassen, bis sie lauwarm ist, und mit Pfeffer würzen.

4. Den Backofen vorheizen.
Ober-/Unterhitze: etwa 180 °C
Heißluft: etwa 160 °C

5. Für den Teig Mehl, Grieß, Backpulver und Salz in eine Rührschüssel geben und mit einem Schneebesen verrühren. Buttermilch, Eier und restliches Olivenöl dazugeben und mit Handrührgerät mit Rührbesen unterrühren. Jeweils drei Viertel der Gemüsemasse und des geriebenen Käses unter den Teig rühren.

6. Den Teig in eine Tarteform (Ø 26–28 cm, gefettet, mit Semmelbröseln ausgestreut) füllen und glatt streichen. Restliches Gemüse darauf verteilen, mit dem restlichen Käse bestreuen. Die Form auf dem Rost auf mittlerer Einschubleiste in den Backofen schieben. Die Tarte **35–40 Minuten backen.**

7. Die Form auf einen Kuchenrost stellen. Die Tarte in der Form erkalten lassen. Zum Servieren die Tarte in Stücke schneiden.

Zuckerkuchen | Einfach

Insgesamt: E: 58 g, F: 143 g, Kh: 493 g, kJ: 14881, kcal: 3556, BE: 41,0

Für den Hefeteig:

50 g Butter
375 g Weizenmehl
1 Pck. Hefeteig Garant
75 g Zucker
1 Pck. Dr. Oetker Vanillin-Zucker
1 Prise Salz
1 Ei (Größe M)
150 ml Milch

Für den Belag:

75 g kalte Butter
120 g Zucker
150 g saure Sahne

Zubereitungszeit: 20 Minuten, ohne Abkühlzeit
Backzeit: etwa 20 Minuten

1. Für den Teig Butter zerlassen und abkühlen lassen. Das Mehl in einer Rührschüssel sorgfältig mit Hefeteig Garant vermischen. Zucker, Vanillin-Zucker, Salz, Ei, Milch und Butter hinzufügen und mit Handrührgerät mit Knethaken zunächst kurz auf niedrigster, dann auf höchster Stufe in etwa 2 Minuten zu einem glatten Teig verarbeiten.

2. Den Teig dann auf der leicht bemehlten Arbeitsfläche zu einer Rolle verkneten und auf einem Backblech (30 x 40 cm, gefettet) ausrollen.

3. Den Backofen vorheizen.
Ober-/Unterhitze: etwa 200 °C
Heißluft: etwa 180 °C

4. Für den Belag die Butter in Flöckchen gleichmäßig auf den Teig setzen. Den Zucker daraufstreuen. Das Backblech auf mittlerer Einschubleiste in den vorgeheizten Backofen schieben und den Kuchen **etwa 20 Minuten backen.**

5. Etwa 5 Minuten vor dem Ende der Backzeit das Gebäck gleichmäßig mit saurer Sahne bestreichen und fertig backen.

6. Das Backblech auf einen Kuchenrost stellen und den Kuchen erkalten lassen.

Tipps: Der Zuckerkuchen eignet sich zum Einfrieren, schmeckt aber am besten frisch. Zusätzlich können noch 50 g gehobelte Mandeln auf den Teig gestreut werden (Zusatzkosten: etwa 0,50 €).

Zwetschentarte | Etwas Besonderes

Insgesamt: E: 28 g, F: 122 g, Kh: 266 g, kJ: 9789, kcal: 2341, BE: 22,0

Für den Knetteig:
150 g Weizenmehl
etwa 1–2 EL kaltes Wasser
130 g sehr kalte Butter oder Margarine

Für den Belag:
500 g Zwetschen
½ Pck. Dr. Oetker Pudding-Pulver Karamell-Geschmack
250 ml (¼ l) Milch
2 gestr. EL Zucker

Zum Bestreuen und Bestäuben:
25 g Zucker
1 gestr. TL gemahlener Zimt
1–2 TL Puderzucker

Zubereitungszeit: 25 Minuten, ohne Kühlzeit
Backzeit: 35–40 Minuten

1. Für den Teig das Mehl in eine Rührschüssel geben. 1 EL Wasser und Butter oder Margarine hinzufügen, mit Handrührgerät mit Knethaken kurz auf niedrigster, dann auf höchster Stufe gut durcharbeiten. Evtl. restliches Wasser hinzugeben. Auf der bemehlten Arbeitsfläche zu einem glatten Teig verkneten, in Frischhaltefolie gewickelt 1 Stunde in den Kühlschrank stellen.

2. Für den Belag Zwetschen abspülen, abtropfen lassen, entstielen, halbieren und entsteinen. Zwetschenhälften nochmals längs durchschneiden.

3. Das Pudding-Pulver mit 6 Esslöffeln von der Milch und Zucker verrühren. Restliche Milch in einem Topf zum Kochen bringen, von der Kochstelle nehmen, das angerührte Pudding-Pulver einrühren. Pudding unter Rühren aufkochen lassen. Pudding etwas abkühlen lassen, ab und zu umrühren.

4. Den Backofen vorheizen.
Ober-/Unterhitze: etwa 200 °C
Heißluft: etwa 180 °C

5. Teig und Arbeitsfläche leicht mit Mehl bestäuben. Den Teig zu einer runden Platte (Ø etwa 32 cm) ausrollen. Den Teig in eine Tarteform (Ø etwa 28 cm, gefettet) legen und am Rand andrücken. Evtl. überstehenden Rand abschneiden, auf den Teigboden legen und andrücken. Den Teigboden mit einer Gabel mehrfach einstechen.

6. Die Form auf dem Rost auf mittlerer Einschubleiste in den vorgeheizten Backofen schieben. Tarteboden **etwa 10 Minuten vorbacken.** Die Form auf einen Kuchenrost stellen. Teigboden kurz abkühlen lassen.

7. Den Pudding auf dem Tarteboden verteilen und glatt streichen. Zwetschen dachziegelartig darauf verteilen, dabei leicht in den Pudding drücken. Zucker und Zimt mischen und auf die Zwetschen streuen.

8. Die Form auf dem Rost wieder in den heißen Backofen schieben. Die Tarte **weitere 25–30 Minuten backen.** Dann die Form auf einen Kuchenrost stellen. Die Tarte warm oder kalt servieren, vorher mit Puderzucker bestäuben.

Tipp: Sollten die Zwetschen sehr saftig sein, sie nicht vor, sondern erst nach dem Backen mit Zimt-Zucker bestreuen.

Zwiebel-Speck-Crêpes | Einfach

4 Stück

Pro Stück: E: 14 g, F: 34 g, Kh: 29 g, kJ: 1998, kcal: 477, BE: 2,0

Für den Crêpes-Teig:

120 g Weizenmehl
2 Eier (Größe M)
125 ml (1/8 l) Milch
125 g Schlagsahne
100 ml Mineralwasser
Salz
1 TL gerebelter Majoran

Für die Füllung:

400 g Gemüsezwiebeln
100 g Frühstücksspeck in Scheiben (Bacon)
1 EL Rapsöl
Salz, frisch gemahlener Pfeffer

6 EL Rapsöl

Zubereitungszeit: 30 Minuten, ohne Teigruhezeit

1. Für den Crêpes-Teig Mehl in eine Rührschüssel geben. Die Eier mit Milch, Sahne und Mineralwasser verschlagen. Eiermilch nach und nach unter Rühren zum Mehl geben, darauf achten, dass keine Klümpchen entstehen. Den Teig mit Salz und Majoran würzen. Den Teig 20–30 Minuten ruhen lassen.

2. Für die Füllung die Zwiebeln abziehen, halbieren und in Scheiben schneiden. Speck in feine Streifen schneiden. Öl in einer großen Pfanne erhitzen. Zuerst die Speckstreifen darin auslassen. Dann die Zwiebelscheiben hinzugeben und anbraten, mit Salz und Pfeffer würzen. Zwiebel-Speck-Füllung warm stellen.

3. Etwas von dem Öl in einer beschichteten Pfanne (Ø 28 cm) erhitzen. Teig gut durchrühren. Ein Viertel des Teiges in die Pfanne geben mit einer drehenden Bewegung gleichmäßig auf dem Boden der Pfanne verteilen. Crêpe von beiden Seiten goldbraun backen und warm stellen. Wenn der Crêpe gewendet wird, nochmals etwas Öl in die Pfanne geben. Ebenso weitere 3 Crêpes aus dem restlichen Teig zubereiten.

4. Die gebackenen Crêpes gleichmäßig mit der Füllung belegen, aufrollen und sofort servieren.

Tipp: Bestreuen Sie die aufgerollten Zwiebelcrêpes mit 100 g geriebenem Gouda-Käse und stellen Sie sie kurz unter den vorgeheizten Grill, bis der Käse zerläuft und leicht gebräunt ist (pro Stück: etwa 0,90 €).

Gut vorbereitet – entspannt kochen, backen und genießen

Selbst Gekochtes und Gebackenes: Jeder freut sich über ein Lob wenn es allen geschmeckt hat. Dass vielseitiger und frischer Genuss auch ein kleines Budget nicht überstrapaziert, möchten wir Ihnen in diesem Buch zeigen.

Planung im Voraus spart Zeit und Geld

- Erstellen Sie einen Speiseplan für eine Woche, mit Rezepten, die bei Ihnen jeder mag. Berücksichtigen Sie dabei ihre Vorräte – vor allem die, die schnell verbraucht werden müssen.
- Schreiben Sie auf, was Sie alles brauchen. Gleichen Sie die Liste mit Ihren Vorräten ab und machen Sie sich dann eine Einkaufsliste. Schreiben Sie die Lebensmittel, die Ihnen während der Woche ausgehen könnten, gleich mit auf.
- Überlegen Sie, wann Sie einkaufen können. Günstig ist es, für je 4 Tage (z. B. Montag bis Donnerstag) und für 3 Tage (z. B. Freitag bis Sonntag) zu planen, denn dann können Sie Frischprodukte (wie Milch, Obst und Gemüse) 2-mal wöchentlich wirklich frisch einkaufen.
- Berücksichtigen Sie bei Ihrer Planung aktuelle Handzettel und Werbeprospekte „Ihrer" Supermärkte. Hier finden Sie sicher das eine oder andere günstige Angebot, das genau zu Ihrem Speiseplan passt.

Tipps fürs Einkaufen schonen das Portemonnaie

- Kaufen Sie nur, was auf dem Einkaufszettel steht.
- Vermeiden Sie lange Einkaufswege mit dem Auto bzw. kalkulieren Sie die Fahrtkosten mit ein. Für ein bestimmtes Sonderangebot lohnt sich ein weiter Weg nur selten.
- Preise vergleichen lohnt sich! Denn oft gibt es das gleiche Produkt von einem anderen Hersteller deutlich günstiger. Achten Sie auch auf die Packungsgröße: Ist der Grundpreis je 100 Gramm bei einer Großpackung wirklich niedriger als bei der kleinen? Und vor allem: Brauchen Sie die Großpackung wirklich auf?
- Hungrig sollten Sie nie einkaufen. Denn wer Hunger hat, wird verführbar, und die Gefahr ist groß, dass Zusätzliches gekauft wird.
- Kaufen Sie frisches Obst- und Gemüse dann, wenn es bei uns Saison hat. Bei regionalen Produkten entfallen lange Transportwege. Die Ware ist meist nicht nur frischer, sondern auch preiswerter. Ist die jeweilige Saison vorbei, dann bringen TK-Produkte „vitamingeschonte" Vielfalt auf den Tisch und das zu günstigen Preisen.

Küchenmanagement

Werkzeug: Ein gutes Messerset, eine Reibe mit verschiedenen Einsätzen und 2–3 rutschfeste Schneidbretter erleichtern die Küchenarbeit ungemein. Es kommt nicht darauf an, eine große Menge Küchenwerkzeug zu haben, sondern qualitativ hochwertiges Material – denn es vereinfacht die Küchenarbeit, da es besser funktioniert, länger hält und nicht so schnell ersetzt werden muss.

An Morgen denken: Kartoffeln können Sie gleich für 2 Tage kochen. Wenn es sie am ersten Tag als Salzkartoffeln gibt, dann kommen sie am nächsten Tag als Bratkartoffeln oder Kartoffelsalat auf den Tisch.
Auch Reis und Nudeln müssen nicht jedes Mal „frisch" gekocht werden. Entsprechend Ihrer Wochenplanung können Sie sie auch gleich in größeren Portionen vorkochen.
Bohnen können an einem Tag als Gemüsebeilage dienen, Reste im Eintopf landen oder zu einem leckeren Bohnensalat verarbeitet werden.
TK-Produkte wie Fisch oder Fleisch, die aufgetaut verwendet werden, legen Sie bereits am Vortag in den Kühlschrank, so tauen sie schonend auf.

Lebensmittelvorrat anlegen

Eine Vorratshaltung wie zu Großmutters Zeiten ist heutzutage nicht mehr notwendig und auch kaum noch möglich. In der Regel fehlt der Platz, um Lebensmittel optimal zu lagern.
Doch eine Grundausstattung an Lebensmitteln schützt Sie vor preis- und zeitintensiven Spontaneinkäufen. Und Überraschungsgäste „verhungern" bei Ihnen dann auch nicht.

Vorschläge für den ungekühlten „Frische-Vorrat“

- Kartoffeln, Zwiebeln, evtl. Knoblauch
- etwas Obst (wie Äpfel, Kiwis oder Bananen) und Gemüse (wie Salatgurke, Tomaten, Möhren oder Kohlrabi), je nach persönlicher Vorliebe
- Zitronen

Vorschläge für den Vorratsschrank

- Nährmittel (z. B. Teigwaren, Weizenmehl [Type 405], Reis), getrocknete Hülsenfrüchte, Backzutaten (wie Backpulver, Trockenbackhefe, Vanillin-Zucker), aber auch Salz, Zucker, Speisestärke, Pudding- und Dessertsaucen-Pulver und weiße Gelatine
- evtl. gemahlene Mandeln und Haselnusskerne
- H-Milch, H-Schlagsahne
- Dosen und Konserven (z. B. passierte und/oder geschälte Tomaten, saure Gurken, Bohnen, Erbsen und Möhren, Sauerkraut)
- 2–3 Obstkonserven (z. B. Mandarinen, Sauerkirschen, Pfirsiche) und Konfitüre
- Senf, Ketchup, Tomatenmark, Instant-Brühe (z. B. Gemüse- oder Fleischbrühe), Speiseöl

Vorschläge für den TK-Vorrat

- Fisch (z. B. Seelachsfilet oder Fischstäbchen)
- evtl. Brot oder Brötchen
- Gemüse oder Gemüsemischungen (z. B. Erbsen, Spinat, grüne Bohnen)
- Pommes frites, Kroketten, Kartoffelpuffer oder Kartoffel-Wedges
- TK-Kräuter (z. B. gemischte Kräuter, Petersilie oder Schnittlauch)

Auch Schädlinge mögen Nährmittel

Nährmittel (wie z. B. Mehl) bieten ideale Lebensbedingungen für Motten, Milben und Käfer. Wenn Sie keine krabbelnde Überraschung erleben und Gesundheitsgefahren meiden möchten, sollten Sie Ihre Nährmittel regelmäßig überprüfen. Halten Sie Ihre Schränke sauber. Lagern Sie Ihre Nährmittel kühl und trocken, am besten in fest verschließbaren Gefäßen.
Im Verdachtsfall werfen Sie Produkte lieber weg.

Lagerung im Kühlschrank

Ganz oben können Käse und eventuelle Speisereste (in verschlossenen Vorratsbehältern) gelagert werden.

Darunter fühlen sich Milchprodukte (wie z. B. Quark und Joghurt) wohl.

In die Kühlschranktür passen Butter, Margarine, Eier, offene Konfitüre und meist auch Getränke.

Auf der Glasplatte ist die kälteste Zone, da kommen Fleisch, Wurstwaren und Fisch hin.

Obst und Gemüse gehören ins Gemüsefach.

Zusatztipp: Frische unverpackte Wurstwaren oder Käse von der Wurst- oder Käsetheke bewahren Sie im Kühlschrank am besten in dicht schließenden Frischhalteboxen auf.

Vorschläge für den „Kühlschrank-Vorrat"

- Eier (Größe M)
- Butter und Margarine
- Quark und Joghurt
- Frischmilch
- Crème fraîche oder saure Sahne, Schlagsahne
- Käse

Kühlschranktipps: Einige Lebensmittel gehören nicht in den Kühlschrank, z. B. Brot, Kartoffeln, Bananen und Speiseöl.
Ein Kühlschrank schützt auch nicht davor, dass Gerüche übertragen werden. Damit der Fruchtjoghurt nicht nach Käse schmeckt, verpacken Sie die Lebensmittel getrennt voneinander. Auf diese Weise vermeiden Sie auch, dass gegarte Speisen mit rohen in Berührung kommen.

Tipp: Wo auch immer Sie Ihre Vorräte lagern – im Küchenschrank, in der Speisekammer oder im Kühlschrank: Überprüfen Sie regelmäßig das Mindesthaltbarkeitsdatum. Hat sich irgendwo Schimmel gebildet oder unangenehmer Geruch breitgemacht? Dann hilft alles nichts: Entsorgen Sie überlagerte und verdorbene Lebensmittel! Das trifft auch auf Konserven zu, deren Deckel bzw. Böden sich nach außen wölben: Nicht öffnen, sondern weg damit!
Neu gekaufte Vorrats-Lebensmittel stellen Sie immer gleich hinter die „älteren" Vorräte, damit diese zuerst verbraucht werden.

Energiesparend kochen

- Kochen Sie möglichst nicht ohne Deckel – das verlängert nicht nur die Garzeit, sondern kostet auch Geld! Töpfe mit gut schließenden Deckeln sind ideal, um die Wärme im Topf optimal zu nutzen. Gut geeignet sind Glasdeckel, sodass man sieht, was im Topf vor sich geht. So brauchen Sie den Deckel nicht so oft abzunehmen, und schon haben Sie wieder Energie gespart.
- Kochen Sie im richtigen Topf – nicht zu groß und nicht zu klein – und auf der richtigen Plattengröße. Faustregel: Der Topfboden sollte der Plattengröße vom Herd entsprechen. Ein kleiner Topf auf einer größeren Kochstelle verbraucht unnötig Energie und Wärme geht verloren. Aber auch ein zu großer Topf auf einer kleinen Kochstelle ist nicht optimal. Der Vorgang des Ankochens dauert zu lang, da keine schnelle Wärmeübertragung erfolgen kann.
- Schalten Sie die Kochstelle erst ein, wenn der Topf mit dem Kochgut daraufsteht.
- Lassen Sie sich die Restwärme der Kochplatten bei Elektroherden und im Backofen nicht entgehen! Fast immer können Backofen oder Kochstelle schon 5 Minuten früher ausgeschaltet werden, ohne dass das Ergebnis darunter leidet.

Energiesparend backen

- Backen Sie mit Heißluft, wenn Sie mehrere Kuchen und Torten zubereiten. Dann können Sie, wenn die Backtemperaturen in den Rezepten gleich sind, 2 Backbleche oder Backformen auf dem Rost gleichzeitig in den Backofen schieben.
- Oder Sie planen die Zubereitung so, dass Sie die Kuchen direkt im Anschluss hintereinander backen können. Dann hat der Backofen schon die richtige Temperatur und Sie sparen sich das erneute Aufheizen des Backofens.
- Nutzen Sie die Restwärme kurz vor Beendigung der Backzeit und schalten Sie Ihren Backofen etwas früher ab.
- Beobachten Sie Ihr Gebäck zwischendurch nur durch die Scheibe der Backofentür. Jedes Öffnen der Backofentür kostet Wärme und somit Energie.

Suppen und Eintöpfe

Salate

Snacks und kleine Köstlichkeiten

Vegetarisches

Mit Fleisch und Wurst

Mit Fisch und Meeresfrüchten

Beilagen

Desserts

Kuchen und Torten

Für Fragen, Vorschläge oder Anregungen steht Ihnen der Verbraucherservice der Dr. Oetker Versuchsküche Telefon: 00800 71 72 73 74 Mo.–Fr. 8:00–18:00 Uhr (gebührenfrei in Deutschland) oder die Mitarbeiter des Dr. Oetker Verlages Telefon: +49 (0) 521 520658 Mo.-Fr. 9:00–15:00 Uhr zur Verfügung.

Schreiben Sie uns an Dr. Oetker Verlag KG, Am Bach 11, 33602 Bielefeld oder besuchen Sie uns im Internet unter www.oetker-verlag.de, www.facebook.com/Dr.OetkerVerlag oder www.oetker.de.

Umwelthinweis Dieses Buch und der Einband wurden auf FSC®-zertifiziertem, chlorfrei gebleichtem Papier gedruckt.
Die Einschrumpffolie – zum Schutz vor Verschmutzung – ist aus umweltfreundlichem und recyclingfähigem PE-Material.

FSC® www.fsc.org MIX Papier aus verantwortungsvollen Quellen FSC® C101807

Redaktion Andrea Gloß

Innenfotos Walter Cimbal, Hamburg (S. 17, 68, 74, 78, 105, 125, 167, 172, 191, 208, 276)
Fotostudio Diercks (Thomas Diercks, Kai Boxhammer, Christiane Krüger), Hamburg (S. 7–9, 12, 20, 22, 23, 27, 28, 44, 47–49, 52, 56–60, 63, 66, 67, 69, 70, 72, 73, 76, 77, 80, 81, 84, 86, 88, 90, 93, 98, 99, 102, 103, 107, 110–112, 115, 117, 120, 128, 129, 132–134, 137, 139, 144–146, 151, 155, 157, 159, 161, 170, 171, 173, 177, 181, 183, 188, 190, 193, 194, 199, 202, 203, 209, 213, 219, 221, 223, 233, 239, 240, 244, 247, 249, 250, 255, 256, 258, 263, 266, 270–274)
Ulrich Kopp, Sindelfingen (S. 236)
Ulli Hartmann, Halle/Westf. (S. 34, 38, 71, 85, 91, 97, 100, 109, 113, 114, 147, 153, 154, 165, 178, 192, 207, 211, 222, 224, 245, 251, 261)
Bernd Lippert (S. 79, 218)
Herbert Maass, Hamburg (S. 40, 104, 264)
Janne Peters, Hamburg (S. 31, 43, 51, 54, 106, 235, 269)
Antje Plewinski, Berlin (S. 5, 11, 14–16, 19, 21, 24, 26, 29, 30, 32, 35, 36, 39, 42, 46, 50, 53, 55, 61, 62, 64, 65, 83, 87, 89, 92, 94, 101, 108, 116, 118, 119, 121–124, 126, 127, 130, 131, 135, 136, 138, 141, 143, 148, 150, 162–164, 168, 169, 175, 176, 179, 180, 184–186, 189, 195–198, 200, 201, 204–206, 210, 212, 214, 215, 216, 217, 220, 225–227, 229–231, 234, 237, 242, 243, 246, 248, 252, 254, 257, 259, 260, 267, 268, 275, 278–281)
Hans-Joachim Schmidt, Hamburg (S. 37, 45, 75, 142, 149, 156, 158, 174, 187, 228, 241, 262, 265)
Axel Struwe, Bielefeld (S. 13, 25, 160)
Norbert Toelle, Bielefeld, (S. 33, 82, 95, 96)
Brigitte Wegner, Bielefeld (S. 6, 41, 152, 182, 253, 277)

Rezeptberatung Annette Elges, Bielefeld

Lektorat no:vum, Susanne Noll, Leinfelden-Echterdingen

Wir danken für die freundliche Unterstützung Fissler GmbH, Idar-Oberstein

Nährwertberechnungen Nutri Service, Hennef

Grafisches Konzept und Gestaltung MDH Haselhorst, Bielefeld
Titelgestaltung kontur:design GmbH, Bielefeld
Satz MDH Haselhorst, Bielefeld
Druck und Bindung Proost NV, Belgien

ISBN: 978–3–7670–1701–6